agenda Zeitlupe 13

Bernd Müller (Hrsg.)

Vorbild Niederlande?

Tips und Informationen zu
Alltagsleben, Politik und Wirtschaft

Mit Niederlande-Lexikon

Bernd Müller (Hrsg.)

Vorbild Niederlande?

Tips und Informationen zu
Alltagsleben, Politik und Wirtschaft

Mit Niederlande-Lexikon

agenda Verlag
Münster
1998

Liebe Leserin! Lieber Leser!

Die Landeszentrale für politische Bildung Nordrhein-Westfalen fördert die politisch bildende Literatur, indem sie entsprechende Buchprojekte initiiert, sie konzeptionell und redaktionell begleitet und finanziell unterstützt.

Auch dieses Buch ist unter maßgeblicher Beteiligung der Landeszentrale entstanden.

Dr. Ralph Angermund, Landeszentrale für politische Bildung NRW

Die Deutsche Bibliothek – CIP-Einheitsaufnahme

Vorbild Niederlande? : Tips und Informationen zu Alltagsleben, Politik und Wirtschaft ; mit Niederlande-Lexikon / Bernd Müller (Hrsg.). - Münster : Agenda-Verl., 1998
(Agenda Zeitlupe ; 13)
ISBN 3-89688-026-8

© 1998 Thomas Dominikowski
agenda Verlag Münster
Hammer Str. 223, D-48153 Münster
Tel. 02 51/79 96 10, Fax 02 51/79 95 19
Alle Rechte vorbehalten
Printed in the Netherlands
ISBN 3-89688-026-8

Inhalt

Dem Freund und Kollegen
Dieter Fischer
gewidmet.

Einleitung

Bernd Müller

»Gott ist allmächtig, und der Gulden ist sein Prophet« – auf diesen
Nenner brachte einmal ein libanesi-
scher Diplomat die Niederlande, als
er um eine kurze Charakterisierung
gebeten wurde. Und tatsächlich
scheinen in diesem Land ein strenger
Normen- und Wertekanon und das
Profitstreben die Klammer zu sein,
die die Gesellschaft zusammenhält.
Wie jede Formel ist sie natürlich ungerecht und klischeehaft, so wie jede
kurze Beschreibung kultureller Eigenarten, die mit Verkürzungen und
Stereotypen arbeiten muß.

*»f« ist das Symbol für den Gulden
Karikatur: Len Munnik*

In diesem Band, der verschiedene wissenswerte Bilder und Informationen über die Niederlande zusammenstellt, möchten wir eine
Handreichung bieten über »das, was ich immer schon über die Niederlande wissen wollte, mich aber nie zu fragen traute«: Hintergründe
über Politik, Wirtschaft und Gesellschaft bis hin zu einem Serviceteil
mit wichtigen Adressen und Ansprechpartnern für Deutsche in den
Niederlanden.

Im ersten Beitrag riskiert der Herausgeber einen Blick über den
Zaun in Nachbars Garten. Es ist ein sehr persönlicher Erfahrungs-
bericht, der versucht, dem Außenstehenden interne Befindlichkeiten
wie das Verständnis Holland-Niederlande, das Gefälle von Nord-Süd
und Ost-West anhand von Beispielen näherzubringen. Der Beitrag gibt
Hinweise, welche speziellen Bedeutungen bestimmte Ereignisse, per-
sönliches Handeln und Gruppenerlebnisse bei unseren Nachbarn haben und welche Unterschiede sich dabei gegenüber unserer deutschen
Erlebniswelt auftun. Er macht auf liebenswerte Eigenarten aufmerk-
sam, die, wenn man sie versteht, den Umgang miteinander wesentlich
vereinfachen und oft sehr bereichern. Schließlich wird vor einer Reihe

von Fettnäpfchen gewarnt, in die der deutsche Gast(-arbeiter/-student/
-dozent) lieber nicht treten sollte.

Holland ist nicht Deutschland in niederländischer Sprache: Wie die
meisten Besucher anderer Länder gehen wir automatisch davon aus,
daß die eigenen Normen und Verhaltensweisen nur in die andere Sprache übertragen werden müssen. Und damit ist für den Besucher die Sache erledigt. Das funktioniert leider nur in den wenigsten Fällen, auch
nicht zwischen den Niederlanden und Deutschland. Die Ähnlichkeit
der Kulturen auf den ersten Blick ist verfänglich und irreführend. Sobald es nur ein kleines Stück unter die Oberfläche des nichtssagenden
Smalltalks geht, zeigen sich gesellschaftliche und kulturelle Eigenheiten,
die ohne Hintergrundwissen kaum mehr nachvollziehbar sind.

Über diesen ersten atmosphärischen Artikel hinaus soll in einem
zweiten Teil des Buches eben ein solches Hintergrundwissen vermittelt
werden. Die wichtigsten Themen, die wir zur Zeit mit den Niederlanden in Verbindung bringen und mit denen wir das Vorbild Niederlande
identifizieren, werden jeweils aus niederländischer und deutscher Sicht
dargestellt.

Das Thema Liberalität in seiner speziell niederländischen Entwicklung lotet der renommierte Utrechter Historiker Hermann von der
Dunk aus. Er beschreibt auch die unterschiedlichen Bedeutungen, die
der Begriff und das gesellschaftliche Phänomen Liberalität für die Niederlande hat. Sehr kritisch bezieht der Sozialwissenschaftler Kurt Tudyka, der jahrelang als Hochschullehrer an der Universität Nijmegen
gearbeitet hat, Stellung gegen das gängige positive Vorurteil niederländischer Liberalität aus deutscher Sicht. Seine deutliche Kritik richtet
sich vor allem gegen die Idealisierung der politischen Kultur in unserem niederländischen Nachbarland, und er konfrontiert das Idealbild
mit der niederländischen Realität, die allzu oft keinen positiven Eindruck vemittelt.

Das sogenannte »Poldermodell« ist als wirtschafts- und sozialpolitisches Erfolgsmodell zur Zeit in aller Munde. Es sind vor allem die So-
zialpolitiker unserer großen Parteien, die im niederländischen Konsensmodell ein Vorbild für die Bekämpfung der Arbeitslosigkeit sehen
und dies mit der Hoffnung verbinden, daß mit den niederländischen
Rezepten auch die deutschen Probleme gelöst werden könnten. Das
Konzept, das sich hinter dem vielgepriesenen »Poldermodell« verbirgt,
stellt der Mitarbeiter des wissenschaftlichen Rates der Regierungspolitik (WRR) Kees van Paridon vor, der zugleich Professor für Deutschlandstudien an der Freien Universität Amsterdam ist. Professor Günther Schmid vom Wissenschaftszentrum Berlin teilt diese Euphorie

nicht. Seine Analyse holt das hochgelobte Konsensmodell auf den Teppich deutscher Realitäten.

Wie ist unser Nachbarland eigentlich organisiert? Wie funktionieren Politik, Verwaltung, Ausbildung und das Staatswesen? Diese Fragen beantwortet Ralf Kleinfeld von der FernUniversität Hagen in einem ausführlichen enzyklopädischen Teil.

Abschließend bieten wir Ihnen mit einem Serviceteil, den Guido van de Lageweg und Daphne Aichberger zusammengetragen und Simone Witt und Wiebke van der Kooi bearbeitet haben, einen Wegweiser mit wichtigen Adressen und Ansprechpartnern für Ihren Aufenthalt in unserem Nachbarland.

Vorbild Niederlande? Was können wir von den Niederländern lernen? Wie finde ich die Niederlande, wenn ich nach »Holland« fahre? Wie beispielhaft ist diese Kultur, die Gesellschaft für uns in Deutschland? Was sollten wir wissen, wenn wir nach »Holland« fahren, um dort zu arbeiten, zu studieren, Freundschaften zu pflegen oder einfach nur auf dem Ijsselmeer zu segeln? Das Buch soll Ihnen bei der Suche helfen, will einige Antworten geben und ein wenig den Weg weisen in einem Land, das sich zu entdecken lohnt und das auch für uns als Nachbarn voller Überraschungen steckt.

Bernd Müller

Wenn ein Deutscher einen Niederländer um eine Gefälligkeit bittet, bekommt er bisweilen die Redewendung zu hören: »Gib mir erst mein (meines Vaters/meines Opas) Fahrrad zurück!« Dies bezieht sich auf die Konfiszierung von Fahrrädern durch die Deutschen während der Besatzungszeit. Hier jedoch sagt Frau Antje mit dem Mercedes-Schlüssel in der Hand: »Ach, behalt es ruhig!«

Karikatur: Mat Rijnders. Aus der Karikaturenausstellung »Hallo Nachbar – Dag Buurvrouw« der Botschaft der Bundesrepublik Deutschland in Den Haag (1998).

Was man über »Holland« eigentlich wissen sollte

Bernd Müller

»Holland«

Hand aufs Herz, was wissen wir schon über die Niederlande? Wenn wir mal ganz ehrlich sind, bleibt bei den meisten von uns nur wenig mehr übrig als eine Sammlung Klischees, die unser westliches Nachbarland und seine Bewohner in einige wenige Schubladen steckt. Damit Sie nicht in Holland in Not geraten, soll Ihnen hier ein kurzer Blick hinter die Hollandbilder und Klischees gegönnt werden. Ein kleiner Leitfaden soll Sie um die wichtigsten »Fettnäpfchen« herumführen.

Wenn wir »Holland« hören, denken wir zuerst einmal an Nordseestrand, Windmühlen, Tomaten und Frau Antje. Das sind Klischees, die uns seit langem begleiten und die uns von der Hollandwerbung teilweise auch bewußt eingeredet und in Deutschland aufrechterhalten werden. Doch einige dieser positiven Klischees bekommen in Deutschland mittlerweile einen zusätzlichen negativen Stempel aufgedrückt. Die Strände sind überfüllt, deutsche Touristen werden abgezockt, die holländischen Tomaten schmecken nur nach Wasser, sogar an Frau Antje vergreift sich die »schamlose Journaille«. Mit verklärtem Blick beschwören einige noch die Freiheit, Lockerheit und Liberalität bei den westlichen Nachbarn. Wir sehen dann fröhliche junge Leute im Amsterdamer Vondelpark, deren Drogenkonsum von der Obrigkeit geduldet wird. Angesichts der Schwierigkeiten, die Einwanderer und Flüchtlinge in Deutschland haben, bewundern wir das multikulturelle Zusammenleben im Nachbarland.

Die Niederlande

Aber es fängt schon beim Namen an: Holland ist mehr als nur Holland. Das ist nicht nur so, weil es zwei davon gibt, nämlich Nordholland und Südholland, sondern weil auch das nur zwei von sechzehn Provinzen des Königreichs der Niederlande sind. Zwischen diesen Provinzen gibt es zwei große, aber fließende Kulturgrenzen: Der Norden unterscheidet sich genauso wesentlich vom Süden der Niederlande wie der Osten vom Westen.

Die holländischen Provinzen sind aber seit jeher die wichtigsten. Sie bilden das Kernland der Niederlande. Die meisten Menschen leben und arbeiten in Städten und Dörfern rund um das Dreieck Amsterdam, Utrecht und Rotterdam, in der sogenannten »Randstad«. Da spielt die Musik, meinen jedenfalls die Holländer.

Die Bewohner der anderen Provinzen sehen das ganz anders. Sie fühlen sich (wie ich meine zu Recht) von den arroganten Holland-zentristen und allen voran den Amsterdamern »untergebuttert« und diskriminiert. Dabei geht es um Ungerechtigkeiten auf kulturellem Ge-biet, aber auch um regionale Wirtschaftsförderung.

Besonders auffallend ist der Unterschied bei den kulturellen Mentali-täten. Die großen Flüsse sind dabei die bedeutendste Grenze. Südlich von Maas, Waal, Lek und Rhein leben die Menschen, von Norden aus gesehen, »burgundisch«. Das heißt, die Leute genießen das Leben, es-sen gerne und gut, feiern ausschweifende Feste, ja sogar Karneval, schlagen über die Stränge, sind hauptsächlich katholisch und schon deshalb – wie man meint – sowieso nicht vertrauenswürdig.

Das wird dadurch unterstrichen, daß die Grenze, die die beiden Sprechweisen der niederländischen Sprache trennt, mit dieser Mentali-tätsgrenze zusammenfällt. Die südliche Aussprache ist, ähnlich wie die Flämische, weicher und schwingender im Gegensatz zum harten nord-niederländischen Tonfall.

Am weitesten entfernt ist für die Nordlichter die Provinz Limburg, deren Hauptstadt Maastricht als südlichste Stadt der Niederlande von französischem Flair, belgischer Gastlichkeit und rheinisch-maasländi-scher Fröhlichkeit geprägt ist. In diesem Landstrich wird in den Dia-lekten des ehemaligen limburgischen Kohlenreviers mehr rheinisch als niederländisch gesprochen. Das ist für den Norden alles so südlich und fremd, daß die Region mit dem Begriff »Limbabwe« abgestempelt wird. Umgekehrt einen Limburger als Holländer zu bezeichnen ist, wie Sie jetzt verstehen werden, eine üble Verunglimpfung.

Mit dem Osten ist es aber kaum anders. Er wird, vom Westen aus betrachtet – und in Holland ist das die bedeutendste Perspektive –, mit Osteuropa assoziiert. Für den arroganten Holländer fängt schließlich schon hinter Utrecht mit dem Heidegebiet »de Hoge Veluwe« die sibi-rische Steppe an. Die Region Twente nahe der deutschen Grenze heißt dann auch »die hinterste Ecke« (het achterhoek). Weil die Menschen aus dieser Gegend in Amsterdam die »Tukker« genannt werden, heißt die Region im Jugendjargon auch »Tukkistan«.

In der regionalen Kultur und Sprache (regionale Dialekte) ist die Grenze zum benachbarten Münsterland fließend. Das gilt für die ganze deutsch-niederländische Grenze, im Norden zwischen Groningen und dem Emsland ebenso wie im Süden zwischen Limburg und dem Rheinland. Der Gedanke, der hinter der Euregio steht, trägt diesem Phänomen Rechnung. Die politische Grenze der Nationalstaaten, die ja auch noch die Grenze der Politik, Währungen, Wirtschafts- und Rechtssysteme, insbesondere aber der Hochsprachen, Kulturgeschichte und Zeitgeschichte ist, bleibt dabei eine feste Größe.

Die Friesen

Es bestehen aber nicht nur große Unterschiede zwischen Ost und West, Nord und Süd, sondern es gibt in den Niederlanden auch eine ethnische Minderheit, ein Volk, das seit Urzeiten an der Nordsee lebt: die Friesen. Die zweisprachige (friesisch-niederländisch) Provinz Friesland liegt östlich des Ijsselmeers, aber darüber hinaus finden sich viele friesisch-niederländische Dörfer und Städte in der Provinz Nordholland. Die Friesen haben eigene Medien und in Leeuwarden sogar eine eigene Universität. Weltweite Berühmtheit haben die friesischen Städte mit der einzigartigen Elf-Städte-Tour (Elfstedentocht), dem längsten und schwierigsten Eisschnellaufrennen der Welt gewonnen. Seitdem ist wohl auch die friesische Flagge weltbekannt: die weißgestreifte Fahne mit roten Seerosenblättern.

Die Bibellinie

Eine weitere Besonderheit stellt eine Region dar, die den Norden vom Süden trennt. Es ist die sogenannte Bibellinie (bijbelbelt), die sich von Zeeland über die Inseln zwischen Maas und Waal und über die Veluwe bis hoch nach Drente erstreckt. Sie ist eine Art Limes des calvinistischen Fundamentalismus. Nördlich davon leben die strenggläubigen Calvinisten, von denen die Fundamentalisten am Sonntag nicht Auto fahren und demonstrativ über die Straße zur Kirche gehen. Sie hören am Feiertag auch kein Radio oder sehen gar fern. Eis essen oder Fahrrad fahren gibt es am Sonntag natürlich auch nicht. Bei diesen ganz besonders Strenggläubigen werden weder Kinder noch Erwachsene geimpft, auch nicht gegen schwere Krankheiten wie etwa Polio. Man schließt auch keine Versicherungen ab. Es gibt diese frommen Gruppierungen in sehr unterschiedlichen Ausrichtungen, mehr oder weniger streng, aber fast immer mit völliger Lustfeindlichkeit als wesentlichem kulturellen Element. Diese Fundamentalisten sind als »Randgruppe« immerhin stark genug, um mit der dazugehörigen Partei (SGP) im Parlament vertreten zu sein. Vieles in den manchmal außerordentlich freizügigen Kulturen der großen Städte läßt sich als Reaktion gegen die kulturgeschichtlich gewachsene Lustfeindlichkeit der nördlichen Provinzen verstehen.

Bei den großen Gegensätzen, die es innerhalb der niederländischen Regionen und Provinzen gibt, spielt der Unterschied zwischen Land und Stadt eine bedeutende Rolle. Es gibt in den Niederlanden nur zwei wirklich große Städte. Das sind die Hauptstadt Amsterdam und die ökonomische Hauptstadt Rotterdam. Aber auch die Provinzhauptstädte haben teilweise Metropolen-Charakter. Das gilt vor allem für Städte wie Utrecht, Groningen, Breda und Maastricht als kulturelle Mittelpunkte ihrer Region und für Enschede, Arnhem, Eindhoven und Nijmegen als wichtige Wirtschaftszentren. Den Haag gewinnt in den letzten Jahren zunehmend an Bedeutung im Bereich Dienstleistung. Schließlich ist die Stadt nicht nur Regierungssitz, sondern auch Hauptstadt, allerdings nur der Provinz Südholland.

Identität

»Gott schuf die Erde, wir schufen Holland«, sagen die Niederländer. Und das stimmt auch, große Teile der heutigen Niederlande wurden buchstäblich aus dem Meer gezogen. Fast der gesamte Nordwesten des Landes liegt unter dem Meeresspiegel. Die Wasserwirtschaft, die nach einem unglaublich komplizierten und ausgeklügelten System das Land weitgehend trocken hält, ist eine bedeutende Ingenieurleistung. Besonders beeindruckend sind die Deltawerke, eine Sturmflutwehrung, die die Inseln im Rheindelta vor einer Hochwasserkatastrophe schützen soll. Sie gilt als ein Weltwunder der Neuzeit. Im Ijsselmeer ist auf riesigen Poldern eine ganz neue Provinz entstanden. Ein typisches Klischee in Deutschland über Holland ist, daß es keine Natur gibt. Landwirtschaftliche Großbetriebe produzieren hier unter idealen wirtschaftlichen Bedingungen Massenware. Die industrielle Milchproduktion z. B. ist in ihrer Qualität und Effizienz einzigartig in der Welt. Aber es gibt neben dem endlosen Ackerland, den kilometerlangen Treibhäusern auch Naturlandschaften, die einmalig in Europa sind. Das Wattenmeer mit den friesischen Inseln ist ein Paradies für alle Vogelkundler. Die Dünenlandschaften an der holländischen Küste und die Heidelandschaften von der Veluwe bis nach Drente sind die wichtigsten Naherholungsgebiete in den Niederlanden.

»Klein, aber fein«

Bei soviel Trennendem zwischen Nord und Süd, Ost und West fragen
Sie sich sicher, was denn die Niederlande zusammenhält. Was ist das
Bindemittel, das verbindende Element, das Selbstverständnis als Volk?
Es gibt inzwischen eine ganze Reihe von Untersuchungen über das
Bild, das die Niederländer von sich und ihren Nachbarn haben. Neben
der Erkenntnis, daß wir Deutschen dabei meistens ziemlich schlecht
wegkommen, zeigt sich, daß die meisten Menschen in unserem Nachbarland mit sich und ihren Niederlanden sehr zufrieden sind. Das
durchweg eher positive Selbstbild bezieht sich auf eine Reihe von Eigenschaften, die in Deutschland auch das Bild der Niederländer bestimmen. Allem voran sind da Liberalität und Freizügigkeit zu nennen.
Weitere Eigenschaften sind Weltoffenheit und Weltgewandtheit und
die Vorstellung, daß die meisten Niederländer mehrere Sprachen beherrschten. Die sprichwörtliche Sparsamkeit und die Krämerseele stehen dabei nicht im Widerspruch zu dem Glauben, moralische Integrität
als kulturgeschichtliches Phänomen gepachtet zu haben.

   »Worin ein kleines Land doch groß sein kann...« ist ein Leitsatz nationaler Identitätsbildung. Es folgt dann immer ein Beispiel, wie mit
beschränkten Mitteln wieder einmal David Holland irgendeinen Go-
liath in der Welt bezwungen hat. In dieser Haltung steckt damit ein
durchaus problematischer Gesichtspunkt: Es wird ein angeblich Großer als Gegenbild entworfen, auf dessen Kosten sich das dementspre-
chend »kleine« Holland profilieren kann. Identität durch Gegenidenti-
tät nennen das die Soziologen. Ich bin gut, weil ich besser bin als der
andere, ich bin besonders gut, weil ich trotz schlechterer Voraussetzungen besser bin als mein Gegenüber. Ich bin einsame Klasse, weil ich
trotz dieser miesen Voraussetzungen auch noch moralisch auf der Seite
des Guten stehe. Wen wundert es da, wenn neueste Untersuchungen
über das Selbstbild und das Bild der europäischen Nachbarn bei niederländischen Jugendlichen zeigen, daß sie vor allem sich selbst vor allen anderen große Klasse finden.

   Wesentliche Bestandteile der niederländischen nationalen Identität
werden aus dem Glauben gespeist, vor Gott vergleichsweise gut dazu-
stehen und z. B. als Volk die Besatzungszeit durch Nazideutschland
moralisch einigermaßen integer überstanden zu haben. Die meisten
Menschen identifizieren sich mit einer gemeinschaftlichen Opferrolle,
nur wenige mit dem kommunistischen und streng christlichen Widerstand. Die Niederländer haben während der Besatzungszeit tatsächlich
sehr viel Schreckliches erlebt. Das gilt besonders für die Menschen in

den nördlichen Landesteilen. Sie wurden im letzten Kriegswinter systematisch ausgehungert, es wurde wahllos gemordet, und die niederländischen Juden wurden zunächst ins Amsterdamer Ghetto gesperrt und dann zum großen Teil in die deutschen Vernichtungslager deportiert und ermordet.

Der niederländische Opfergang während des Zweiten Weltkriegs ist natürlich nur noch bei wenigen Menschen in unserem Nachbarland Bestandteil der eigenen, persönlichen Erinnerungen. Für die politische Kultur und nationale Identität ist heute die Überlieferung der niederländischen Rolle während der Besatzungszeit wichtig. Die beschränkte sich bis Ende der achtziger Jahre in den Erzählungen, in den Zeitungen, in der Schule und in den Medien im wesentlichen auf die Opferrolle und eine Identifizierung mit den Ermordeten Juden. Die eigentliche Besatzungszeit, »De Bezetting«, haben die meisten Menschen in den Niederlanden im Fernsehen »erlebt«. Sie fand nur in ihrem Bewußtsein statt, nämlich in der immer aufs neue wiederholten Serie von Loe de Jong, die versucht, alle Verbrechen der deutschen Besatzungszeit vollständig aufzulisten. Die ständig aktualisierte Wiederholung mythologisiert einerseits die niederländische Opferrolle und stilisiert andererseits alles Deutsche zur Kultur der Täter. Anne Frank wird in diesem Zusammenhang zur Symbolfigur. Der Mord an diesem Mädchen wird ständig zum stellvertreten Martyrium stilisiert und für den gemeinschaftlichen Persilschein der niederländischen Seele mißbraucht. Die Flecken auf dieser kollektiven Seele wurden 40 Jahre lang systematisch verdrängt. Aber langsam bröckeln in den Niederlanden auch diese Tabus. Die Kollaboration wird inzwischen wissenschaftlich erforscht und tritt auch in den Medien zunehmend in Erscheinung.

Hollandbilder

Mir scheint aus deutscher Sicht noch ein weiterer Aspekt wichtig, den ich zu den Betrachtungen von Hermann von der Dunk hinzufügen möchte. Es ist die Frage, wie viele unerfüllte Wünsche wir Deutsche den Niederländern stellvertretend aufladen. Es ist die Projektion eigener Idealvorstellungen auf das Nachbarland als »besseres Deutschland«. Das Zerrbild wird dort allerdings durch die Idealisierung der eigenen Lebenswirklichkeit durch die Niederländer noch verstärkt. Dieses Phänomen erklärt sich wieder durch den »Klein, aber fein«-Mythos, von dem ja schon die Rede war. Er macht große Anteile der kulturellen Identität in den Niederlanden aus.

Wenn wir als Deutsche in den Niederlanden aber das bessere Deutschland suchen, sind wir auf dem Holzweg. Das haben viele Emigranten der 68er Generation Anfang der siebziger Jahre schmerzlich erfahren, als sie scharenweise in die Niederlande zogen. Sie haben geglaubt, daß die Freizügigkeit Amsterdams und einiger Universitätsstädte wie z. B. Groningen und Nijmegen die angemessene Alternative zur als repressiv erfahrenen Bundesrepublik wären. Das stimmte in einigen Teilbereichen der politischen Kultur – die Bonner Republik durchlebte schließlich gerade eine sehr heftige Pubertät – natürlich auch. Darin stecken aber vor allem viele Wunschvorstellungen und Klischees, die dem Nachbarland und seinen Bewohnern in keiner Weise gerecht wurden.

Der erste Fehler ist die Unterstellung, daß die Niederländer so wären wie wir Deutschen, nur demokratischer, freier, toleranter, ungezwungener. Das ist ethnozentrisches Denken unter »linken« Vorzeichen. Die kulturelle Eigenständigkeit der Nachbarn wird dabei nämlich einfach ignoriert.

Die Niederlande haben eine eigene von der deutschen seit Jahrhunderten losgelöste politische Geschichte und Kulturgeschichte. Wir können zwar verstehen lernen, warum sie so anders sind, wie sie es sind – das lehren uns die Beiträge von Hermann von der Dunk und Kurt Tudyka in diesem Buch –, aber wir können die kulturellen Werte und die in 350 Jahren gewachsene politische Kultur keineswegs so einfach auf unsere Lebenswirklichkeit in Deutschland übertragen. Die Niederlande sind schlichtweg anders, bis ins Detail der jeweiligen Lebenswirklichkeit. Darin steckt keine Wertung. Sie sind nicht besser und nicht schlechter als all ihre Nachbarn, einschließlich der Deutschen. Das gilt auch, wenn neuesten Untersuchungen zufolge große Teile der niederländischen Jugend eine überhebliche Einstellung gegenüber den Nachbarn haben.

Liberalität

Wie sieht es also aus mit den Bildern, die wir im Kopf haben? Was ist nun mit der berühmten Liberalität der Niederlande und der Niederländer? Wichtig ist dabei in erster Linie, was wir mit der Vorstellung von Liberalität verbinden. Hermann von der Dunk und Kurt Tudyka gehen in ihren Beiträgen in diesem Buch sehr gründlich auf die verschiedenen Bedeutungsebenen von Liberalität in den Niederlanden und in der niederländischen Geschichte ein.

»Frischer Kaffee« – eine Anspielung auf die niederländische Drogenpolitik und die
»Koffieshops«.
                                          Karikatur: Nico Visscher (1993)

Die Liberalität in den Niederlanden hat viele Bedeutungen und einige
Grenzen, wenn damit Freizügigkeit, Offenheit, Toleranz und Flexibilität gemeint sind. Amsterdam ist dabei ein Symbol für Entgrenzung
und für die manifeste Grenze des Möglichen. Die Grenze dessen, was
in den Niederlanden erlaubt ist, wird hier getestet, erweitert und auch
wieder zurückgenommen. Die Hauptstadt hat – ähnlich wie Berlin bis
1989 – eine Stellvertreterfunktion: Hier ist möglich, was woanders unmöglich ist.

Solche Rollen übernehmen im bescheidenen Rahmen auch einige
Provinzmetropolen wie Groningen und Enschede. Ansonsten geht es
eher streng zu, auch bei der Liberalität, nach dem Leitgedanken: »Alles
was erlaubt ist, wird auch gleich Pflicht.«

Ein weiterer Rahmen, der die Freiheit einengt, ist das Geld. So muß
das bedeutendste Beispiel niederländischer Freizügigkeit in unserer
Zeit, die liberale Drogenpolitik, auch unter wirtschaftlichen Gesichts-
punkten gesehen werden. Es ist sinnvoll, eine liberale Drogenpolitik zu

betreiben, die Sucht als Krankheit und staatliche Intervention als Gesundheitsdienst vorsieht, weil das nachweislich kostengünstiger ist als eine repressive Politik.

Es ist um so sinnvoller, wenn dabei auch herauskommt, daß insgesamt weniger Kriminalität entsteht und durch die Trennung der verschiedenen Drogenmärkte schwere Verbrechen wie der Handel mit harten Drogen im großen Stil effektiver verfolgt werden können. In den Niederlanden führt diese Politik dazu, daß bedeutend weniger Menschen einen elenden Tod sterben müssen. Das ist der Erfolg liberalen und pragmatischen Handelns in Grauzonen zwischen Strafrecht und Gesundheitspolitik, die auch noch dem Anspruch nach moralischer Integrität genügt.

Offenheit

Es gibt in Deutschland auch einige Mißverständnisse in bezug auf die Offenheit gegenüber Fremden und Fremdem. So sind zum Beispiel die berühmten offenen Vorhänge und fehlenden Gardinen keineswegs ein Zeichen von Offenheit. Es gilt zunächst einmal als ungehörig, in diese offenen Fenster hinein zu gucken. Die praktische Bedeutung ist schlicht freie Sicht nach draußen und Licht im Innenraum, der im Wohnbereich traditionell quer durchs ganze Haus geht. Darüber hinaus gibt es aber auch eine symbolische Bedeutung, und die ist durchaus repressiv. Die offenen Vorhänge zeigen dem gesellschaftlichen Umfeld, daß der Bewohner tugendhaft ist: »Schaut her, ich habe nichts zu verbergen.«

Multikulturelles

Weltoffen und weltgewandt sind die Niederlande schon durch ihre jahrhundertelange Kolonialgeschichte. Wobei bei genauem Hinsehen auch heute immer wieder die Haltung der Kolonialherren durch die Weltbürgerfassade schimmert. Fast überall, besonders aber in den großen Städten, zeigt sich eine multikulturelle Gesellschaft. Wenn wir zwischen den Alteingesessenen (Autochthonen) und den Zugewanderten (Allochthonen) unterscheiden, ergeben sich verschiedene Gruppen von Fremden, die in unterschiedlicher Weise integriert sind. Da gibt es zunächst einmal niederländische Staatsbürger, die ihre ethnischen und kulturellen Wurzeln in den ehemaligen niederländischen Kolonien haben. Eine zweite große Gruppe bilden Ausländer, die als sogenannte »Gastarbeiter« mit ihren Familien aus den Ländern rund ums Mittelmeer wegen der günstigeren Arbeitsbedingungen u. a. nach Amsterdam kamen. Daneben gibt es als dritte Gruppe die vielen Ausländer aus den reichen Ländern, die in Amsterdam studieren, sich als Künstler oder in anderen Berufen niedergelassen haben. Weiter sind die illegalen Einwanderer als vierte Gruppe zu nennen, die schließlich geblieben sind. Die gesellschaftliche Akzeptanz der jeweiligen Gruppe richtet sich im wesentlichen nach dem Grad ihrer Assimilierung.

1. Die größte Gruppe Allochthoner ist aus der Sicht der Alteingesessenen eine koloniale Erblast, die sich in drei Bevölkerungsgruppen aufteilen läßt: Da sind zunächst die Menschen, die von den niederländischen Kolonialherren in den fünfziger Jahren aus der Republik Indonesien ausgewiesen wurden. Diese Menschen waren schon in Indonesien der Kultur des »Mutterlandes« sehr zugetan und haben sich nach der Übersiedlung schnell und ohne besondere Schwierigkeiten assimiliert. Das allerdings weitgehend auf Kosten ihrer eigenen kulturellen Identität.

   Das liegt bei den Molukkern völlig anders. Sie stellten einen großen Teil der niederländischen Kolonialarmee in Indonesien. Die molukkischen Soldaten der Kolonialarmee flüchteten mit ihren Familien 1949 in die Niederlande, wo die meisten von ihnen in ehemaligen Konzentrationslagern der deutschen Besatzungsmacht interniert wurden. Sie wollen sich bis heute nur sehr bedingt assimilieren.

   Ein weiterer Teil dieser Gruppe kommt aus dem Nachlaß der Westindischen Kompanie. Als die Kolonie Guayana im Jahre 1975 nach drei Jahrhunderten Ausbeutung schließlich ohne jegliche Vorbereitung in die Unabhängigkeit entlassen wurde, flüchtete etwa die Hälfte der surinamischen Bevölkerung (also 300.000 Menschen) in die Niederlande.

2. Unter den mediterranen Zugewanderten haben sich lediglich die Muslime in großer Zahl einer Assimilierung entzogen. Türken und Marokkanern wird mit einem »Rückführungsprogramm« der Weg zurück in die Heimat schmackhaft gemacht. Im Volksmund heißt das Programm treffend »Verpiß-dich-Prämie« (rot op premie). Muslime sind das bevorzugte Ziel der rassistischen Sprücheklopfer, die sich inzwischen auch im bürgelichen politischen Umfeld zu erkennen geben

3. Den Deutschen wie allen anderen westlichen Ausländern gegenüber offenbart sich das Nachbarland aber tatsächlich so offen und tolerant, wie es gängigen Vorstellungen entspricht. Sie werden schnell in

die Gesellschaft aufgenommen. Man findet sie in allen Branchen, an allen Fakultäten, in allen kulturellen und sogar in politischen Einrichtungen.

4. Als erstes der beiden Schlußlichter der zugewanderten niederländischen Gesellschaft müssen die illegalen Einwanderer gesehen werden, die aus Osteuropa oder aus Afrika ins Land kommen. Sie tauchen vor allem in den großen Städten wie Amsterdam unter. Die Osteuropäer kommen meist nur für kurze Zeit in die Niederlande, um unter schlechtesten Bedingungen (z. B. in der Blumenzwiebelindustrie) den »schnellen Gulden« zu machen.

5. Das zweite Schlußlicht bilden die Drogensüchtigen. Unter diesen Drop-outs sind die Junkies ohne niederländischen Paß ganz besonders elend dran. Das trifft in besonderem Maße deutsche und italienische Drogenflüchtlinge, die mit einer »Entmutigungspolitik« systematisch aus allen Hilfsprogrammen ausgegrenzt werden.

Im allgemeinen läßt sich aber sagen: Wenn man nicht aus der Reihe tanzt und sich, wie einige junge Muslime, in Gangs organisiert oder gar als Opfer der Kolonialgeschichte Ansprüche stellt wie Molukker und Surinamer, wird man in den Niederlanden toleriert und so viel und wenig integriert, wie man das selbst gerne will. Es gibt viele Möglichkeiten, die eigene kulturelle Identität zu wahren und zu pflegen. Es muß allerdings im Rahmen und in Anlehnung an das niederländische Säulensystem geschehen, nach dem Motto »Leben und leben lassen.«

Toleranz

Niederländische Toleranz heißt, alles ist erlaubt, solange es hinter verschlossenen Türen geschieht und den Nachbarn nicht belästigt. Es ist die Toleranz des »Was geht mich mein Nachbar an?« Diese Toleranz erwächst zunächst einmal aus dem Fundament des aufrechten Bedürfnisses, moralisch einwandfrei zu handeln. Weitere Elemente sind schlichte Gleichgültigkeit und der Wunsch, sich in der sicheren und bekannten Gesellschaft Gleichgesinnter abzukapseln.

Das hat in den Niederlanden Tradition. Die unterschiedlichsten gesellschaftlichen Gruppierungen und Bekenntnisse zu den gegensätzlichsten Lebensentwürfen können auf diese Weise auch auf sehr engem Raum friedlich nebeneinander her leben.

Darin steckt allerdings auch eine Tendenz der Ausgrenzung Fremder. Das gesellschaftliche Nebeneinander führt z.B. auch zu einer Gettoisierung der Zugewanderten, die in den meisten Großstädten inzwischen zu großen Problemen geführt hat.

Kultur

Die eigene Kultur wird den Ausländern gegenüber meistens eher schlechtgemacht. Dahinter steckt der Wunsch, nicht eitel zu erscheinen. Als Ausnahme gilt die bildende Kunst (z. B. van Gogh, Willem de Koning), die auf internationalen Auktionen Traumpreise erzielt und damit als akzeptiert angesehen werden kann. Selbstwertgefühle werden bei der kulturellen Identität weniger aus kulturellen Errungenschaften denn aus dem Glauben an moralische Integrität gezogen. Als Liebhaber niederländischer Literatur befinde ich mich bei vielen Gesprächen in der Situation, den Niederländern gegenüber ihre eigene Literatur und deren Beitrag zur europäischen Kultur verteidigen zu müssen. Es ist schade, daß die Niederlande ihre auswärtige Kulturpolitik auf äußerster Sparflamme halten. Der Beitrag, den die Niederlande in allen Bereichen von Kunst und Kultur der Welt zu bieten haben, ist immens. Hier zeigt sich die Kehrseite einer durch und durch pragmatischen Gesellschaft: Eine auswärtige Kulturpolitik wirft keinen Profit ab und muß demnach als Luxus und damit als überflüssig abgewiesen werden. In diesem Zusammenhang von Politik, Kunst und kultureller Identität kam es zu einer grotesken Situation, als sich weit mehr als der politisch korrekte Teil der niederländischen Bevölkerung mit dem Protest gegen die Verunglimpfung des amerikanischen Außenministers Alexander Haig identifiziert hat. Haig nannte die europäische Anti-Atomraketen-Bewegung »Hollanditis«. Das wurde zum Ehrenzeichen in den Niederlanden, wohl auch, weil man stolz war, daß ein Amerikaner endlich öffentlich ihr Königreich wahrgenommen hat.

Polyglott

Der Glaube, daß es selbstverständlich ist, als Niederländer viele Sprachen zu beherrschen – mehr und besser als alle anderen – führt manchmal zu peinlichen Situationen. Auch wenn es steif und fest behauptet wird, kann man sich bei einem deutsch-niederländischen Treffen nicht darauf verlassen, daß alle Beteiligten tatsächlich die deutsche Sprache beherrschen. Das darf übrigens auch niemandem übelgenommen werden, solange nicht alle Teilnehmer ebenso selbstverständlich gut Niederländisch sprechen.

Leider entspricht das niederländische Selbstbild in diesem Punkt schon lange nicht mehr der Realität und führt zu Verwirrungen. Die zweite Fremdsprache neben Englisch ist nur noch für einen verschwindend geringen Teil der Schüler in den Niederlanden Deutsch. An den Universitäten gibt es gerade noch insgesamt 200 Germanistikstudenten, gegenüber mehr als 1.000 Studenten, die in Deutschland Niederländisch studieren. Das Interesse für Fremdsprachen ist in den Niederlanden besonders bei jungen Leuten gering. Dieses Desinteresse wird von der staatlichen Öffentlichkeitsarbeit stark unterschätzt. Sie arbeitet sogar in die entgegengesetzte Richtung: In allen Medien wird regelmäßig für die mathematisch-naturwissenschaftliche Ausrichtung der eigenen Ausbildung geworben.

Umgangsformen

Private Kontakte unterliegen in den Niederlanden, wie überall in der Welt, einer ganzen Menge von informellen Regeln. Generell kann man sich darauf verlassen, als Gast ausgesprochen freundlich und offen aufgenommen zu werden. Gastfreundschaft gilt in den Niederlanden als hohes Gut, und gastfreundlich zu sein entspricht auch der Selbsteinschätzung der meisten Niederländer. Der Umgang ist schon bei einem ersten Kontakt weitaus weniger formell als in Deutschland. Es gehört zum guten Ton des Smalltalk, ein wenig selbstironisch tiefzustapeln und leicht verdaulich witzig zu sein. Je weniger sich dabei der fremde Gast selbst in den Vordergrund schiebt, um so schneller wird er einbezogen und im Kreis akzeptiert. Zurückhaltung ist dabei genauso geboten wie die Bereitschaft, auch auf Fragen einzugehen, die von einem klischeehaften Halbwissen über uns als Nachbarn zeugen. Das wäre umgekehrt schließlich genauso. Bei der Kritik an solch einem Halbwissen scheint es mir auch immer wichtig, sich in Erinnerung zu rufen, wie wenig man selbst über die Niederlande weiß.

Zunächst stellt sich für uns als Deutsche aber die Frage, wie ich mein Gegenüber anspreche. Außerhalb von Familie, Schule und Universität fange ich immer mit der formellen Sie-Form an. In den meisten Zusammenhängen wird ziemlich schnell zur Du-Form übergegangen. Das Signal ist, daß einer der beiden Gesprächspartner zur informellen Form übergeht, oder daß einer kurz vorschlägt, zur Du-Form zu wechseln. Dem sollte man sich auf keinen Fall verweigern! Innerhalb der Familie ist es so, daß erst seit den sechziger Jahren die jüngere Generation nicht mehr unbedingt die ältere mit Sie anreden muß. In der älteren Generation gilt das übrigens auch für Untergebene gegenüber Vorgesetzten.

Verabredungen

Verabredungen werden beinahe grundsätzlich mit gezücktem Terminkalender getroffen – auch wenn es nur zum Kaffee in der Kneipe um die Ecke ist. Trotz der obligatorischen Aufforderung zum Abschied: »Komm mal vorbei!« sollte man das nur bei sehr guten Freunden tun. Und auch da stößt man schnell auf Verwunderung und Irritation, wenn man unangemeldet erscheint. Die einfachste und gängigste Form der Verabredung ist die Tasse Kaffee. Sie wird im Nachbarbüro, im Nachbarzimmer auf der Studentenetage, auf dem Segelboot nebenan oder bei einen Treffen in der Stadt in einem Café oder einer Kneipe getrunken. Dabei müssen Sie damit rechnen, daß peinlich genau darauf geachtet wird, ob die Einladung im gerechten Wechsel erfolgt. Zu diesem Kaffee gehört übrigens kein Kuchen oder gar ein Stück Torte. Wenn dem so ist, handelt es sich schon um eine andere Qualität der Einladung. Das ist dann eine »Kaffee-Tafel«. Zum gewöhnlichen Kaffee gibt es pro Tasse ein Plätzchen. Sollte ein Teller mit Plätzchen auf dem Tisch stehen, dürfen Sie sich nur nach Aufforderung *ein* Plätzchen nehmen.

Über den ersten sozialdemokratischen Ministerpräsidenten Willem Drees – den Vater des niederländischen Sozialstaats – wird sogar kolportiert, daß er auch bei offiziellen Staatsbesuchen die Keksdose wieder wegstellte, wenn sich alle einmal bedient hatten.

Wenn sich das Kaffeetrinken aus welchen Gründen auch immer bis zur Essenszeit, also 18.00 Uhr, hinzieht, wird wahrscheinlich irgendwann gesagt: »Wir essen jetzt gleich.« Anders als in den meisten Ländern, die ich kenne, ist das aber keine Einladung zum Essen, sondern die freundliche Aufforderung zu gehen.

Üblich ist es auch, im informellen Kreis nach der Arbeit auf ein Glas in die Kneipe zu gehen. Ein solcher sogenannter »Borrel« kann aber auch als eigenständige Feier angeboten werden. Dazu gibt es normalerweise nichts zu essen. Bei Feierlichkeiten wird der »Borrel« mit Salzgebäck, Nüssen und manchmal auch mit kleinen Häppchen ausgestattet. Eines dieser Häppchen heißt »Bitterballen«. Sie werden auf einen Zahnstocher gespießt und mit Senf gegessen – Vorsicht, sie sind im Innern siedendheiß! Das Fest ist spätestens um 19 Uhr vorbei, weil bereits seit ca. 18 Uhr Essenszeit ist. Man geht dann üblicherweise nach Hause. Bei einem solchen Umtrunk oder wenn man sich abends in der Kneipe trifft, werden die Getränke nicht einzeln abgerechnet. Es werden »Runden« spendiert, die immer gleich beim Kellner oder an der Theke bezahlt werden müssen. Dabei wird sehr genau darauf geachtet, wer wie oft eine solche »Runde« ausgegeben hat. Auch hier empfiehlt es sich, als deutscher Gast weder zu spendabel (protzig) noch geizig aufzutreten!

Verabredungen zum Essen beziehen sich immer auf den Abend. In der Mittagspause trifft man sich zu einem belegten Brötchen und einem Kaffee. Ist man zu einem (Abend-)Essen verabredet, gehen beide oder auch mehrere Teilnehmer des Essens davon aus, daß am Ende jeder seine eigene Rechnung bezahlt. Es ist ein Zeichen von Vertrautheit, wenn trotz unterschiedlicher Einzelrechnung zu gleichen Teilen abgerechnet wird. Die Voraussetzungen sind anders, wenn ausdrücklich zum Essen eingeladen wird, also die Frage nicht »Sollen wir zusammen essen gehen?« lautet, sondern »Darf ich dich zum Essen einladen?« Je nachdem, wie der Abend verläuft (oder weiter verlaufen soll), kann das aber noch gegen Ende des Abendessens nachgeholt werden.

Einladungen

Bei einer Einladung nach Hause zum Essen sollte man auf jeden Fall ein Gastgeschenk mitbringen. Das kann ein schöner Blumenstrauß sein. Der muß übrigens im Gegensatz zur deutschen Sitte eingepackt abgegeben werden. Ansonsten ist eine Flasche Wein oder ein Buch ein gutes Gastgeschenk. Wichtig ist, darauf zu achten, daß es in keiner Weise protzig wirkt. Das gilt als unanständig und bedient darüber hinaus auch noch eines der vielen negativen Klischees in den Niederlanden über Deutsche.

Party

Einladungen zur Party sind oft mit dem Hinweis versehen, was von den Gästen erwartet wird. Das bezieht sich zunächst auf Gastgeschenke, auf die z. B. zugunsten eines großen Gemeinschaftsgeschenkes verzichtet werden soll. Auch um einen Beitrag zu den Kosten von Essen und Trinken wird oft schon bei der Einladung gebeten. Großen Stellenwert haben kleine Darbietungen (»stuntjes«), die auf keiner (Familien-)Feier fehlen dürfen. Dabei handelt es sich meistens um Parodien auf die zu feiernde Person. Sie werden von einem ebenfalls schon auf der Einladungskarte benannten Zeremonienmeister koordiniert. Neben Geburtstagen, Hochzeiten und Examen ist das Nikolausfest der Höhepunkt niederländischer Festlichkeit. »Sinterklaas« ist ein reines Familienfest, bei dem »Wichtelgeschenke«, die Wochen vorher ausgesucht wurden, mit einer persönlichen Ansprache in Reimform verteilt werden. Das Gedicht hebt meistens sehr ironisch und oft auch ein wenig bissig auf die liebenswerten Eigenheiten und Schwächen je eines Familienmitglieds ab. Dazu gibt es eine Überraschung, die wenig Geld kostet, aber den Geschmack und die Marotten der beschenkten Person sehr genau trifft. Der Nikolausabend ist für mich Inbegriff dessen, was die Niederländer unter Gemütlichkeit verstehen: die Kombination aus Gemütlichkeit, Frohsinn, menschlicher Wärme, Spaß, Ironie, Selbstironie, familiärer Vereinnahmung, aber auch Gruppenzwang.

Verhaltensregeln

Wie schon gesagt, ist bei all diesen Zusammenkünften eher Zurückhaltung geboten. Wir Deutsche gelten in den Niederlanden als besserwisserische, überhebliche Angeber, die Gespräche schnell an sich ziehen und die Themen dominieren. Uns wird dabei auch unterstellt, daß wir bei uns alles besser fänden. Wenn wir uns andersherum klein machen und sozusagen von der Last der jüngeren deutschen Geschichte gebeugt zum niederländischen Gesprächspartner aufblicken, bedienen wir ein anderes negatives Klischee: das vom typisch deutschen Untertanengeist. Nun kann man zu dem Schluß kommen, daß wir es den Niederländern sowieso nicht recht machen können. Das stimmt nur bedingt: Es bleibt jeder einzelnen Person, auch wenn sie deutscher Nationalität ist, selbst überlassen, wie viele der vorhandenen Vorurteile sie bedienen will und ob sie mehr oder weniger souverän mit diesen Klischees umgeht. Ich habe persönlich sehr gute Erfahrungen damit gemacht, sie einfach ganz offen anzusprechen und ihre Spitze gegebenenfalls mit ein wenig Spott und Ironie zu brechen.

Kritik und Selbstkritik

Weder Selbstlob noch Selbstkritik gegenüber der eigenen Kultur, Wirtschaft und Politik sollten übertrieben werden. Anders als für Deutsche ist es nach meiner Erfahrung für Niederländer kaum vorstellbar, Ausländern gegenüber wirklich kritisch mit der eigenen Kultur, Geschichte und Politik ins Gericht zu gehen. Unsere Nachbarn würden sich da sehr schnell als Nestbeschmutzer fühlen. So was tut man nicht!

Es kann Ihnen aber durchaus passieren, daß Ihnen bei einer kritischen Darstellung irgendeiner Begebenheit in Deutschland beigepflichtet wird, ohne daß Sie umgekehrt erfahren, wie so etwas in den Niederlanden gehandhabt wird. Das muß noch nicht einmal böser Wille sein. In dieser durchweg auf Konsens orientierten Gesellschaft wird eben nicht polarisierend Kritik an anderen geübt. Konflikte werden unter den Teppich gekehrt: »Gut verdrängt ist halb bewältigt.« Einem Ausländer gegenüber läßt man sich Konflikte oder auch nur Konfliktpotential nicht anmerken. Ich habe erlebt, wie zwei Welten von Selbstdarstellung und Selbstkritik aufeinanderprallten, als ich auf einer Tagung niederländischer und deutscher Journalisten sehr kritisch über das Verhältnis zwischen Politik und Journalismus in Deutschland gesprochen hatte. Entrüstet fragten die niederländischen Kollegen, ob das denn wirklich wahr sein könne, daß deutsche Journalisten, wenn auch nur in Einzelfällen, die professionelle Distanz zur Politik und zu Politikern teilweise aufgeben würden. Sie fanden solche »Kumpanei« für ihren ganzen Berufsstand schändlich. Der anwesende Pressereferent der Deutschen Botschaft in Den Haag war der Verzweiflung nahe. Das von ihm mühsam polierte Bild vom deutschen Journalisten lag in einem Scherbenhaufen. Die große Empörung legte sich erst im informellen Gespräch beim Abendessen. Da wurde von niederländischer Seite eingelenkt. Und es stellte sich Punkt für Punkt heraus, daß alle in Bonn kritisierten Phänomene genauso in Den Haag stattfinden. Die Irritation entstand also nicht wegen der Berufsauffassung der Journalisten, sondern aus der Tatsache heraus, daß jemand darüber kritisch gesprochen hatte. Man stellt sein Gegenüber auch nicht bloß. So sind politische Debatten, wie sie z.B. in deutschen Parlamenten geführt werden, in den Niederlanden undenkbar. Nur wer eine kritische oder noch besser eine leicht ironische Distanz zur eigenen Argumentation zur Schau stellen kann, wird wirklich ernst genommen. Wenn es der Sache dient, wird in dieser politischen Kultur auch eher einmal »fünfe gerade sein« gelassen und somit ein Problem schneller aus der Welt geschafft.

Probleme wälzen

Deutsche Gäste haben das Image, schnell Sachverhalte zu problematisieren, die im Gesprächszusammenhang eigentlich nicht so schwierig, vor allem aber gar nicht so wichtig sind. Es gehört sich in den Niederlanden nicht – so, wie es in Deutschland ja in bestimmten Kreisen durchaus üblich ist –, sich mit einer kleinen Gruppe auf einer Party in scheinbar tiefsinnigen Gesprächen abzukapseln. Solche meistens ja nur scheinbar philosophische Grübelei hat in Holland wenig Unterhaltungswert und gilt als Angeberei. Auch in bezug auf geistreiche Beiträge zu Gesprächen im informellen Zusammenhang gilt das Mittelmaß als Orientierungspunkt. Wer den Kopf zu weit aus dem Fenster hängt, wirkt zumindest unbescheiden.

Zum interessierten Smalltalk auf Partys und Empfängen, Familienfeiern, in der Kneipe oder im Studentenwohnheim gehört auch oft, daß der deutsche Gast auf Nazideutschland angesprochen wird. Er muß zum Beispiel auf einer niederländischen Gesellschaft immer damit rechnen, daß ihm mit einer die »Gnade der niederländischen Geburt« verinnerlichten Geste ein moralischer Zeigefinger unter die Nase gehalten wird. Dabei wird meistens die jüngste deutsche Geschichte in Allgemeinsätzen angesprochen, mit der abschließenden Aufforderung, sich doch einmal dazu zu äußern. Es lohnt sich für einen solchen Fall schon einmal ein paar passende Antworten parat zu haben auf die Fragen: Wo war dein Vater eigentlich im Krieg? Weißt du überhaupt, wer Anne Frank war? Hast du in der Schule überhaupt etwas über Deutschland während der Nazizeit gelernt?

Eine empörte Reaktion würde auf Unverständnis stoßen. Gerade Vertreter der jüngeren Generation glauben, sozusagen auf der Sonnenseite der Zeitgeschichte geboren zu sein. In einer solchen Situation ist große Zurückhaltung geboten. Natürlich geht die künstliche Identifikation mit den Opfern des Naziterrors auf eine Mythologisierung der niederländischen Geschichte zurück. Dennoch sind die Wunden und Traumata aus der Zeit der deutschen Besatzung 1940–1945 ein wichtiger Teil niederländischer Kultur, der als identitätsstiftendes Element gepflegt wird. Das gilt auch für ein allgemeines Unbehagen einem womöglich übermächtigen Deutschland gegenüber. Bei aller Sensibilität, die wir dabei an den Tag legen sollten, muß man sich Anfeindungen natürlich nicht gefallen lassen. Man kann ihnen am besten mit ruhig vorgetragenen sachlichen Argumenten begegnen. Auch angesichts neuer Erkenntnisse über Kollaboration und über die Bereicherung an dem Vermögen der Ermordeten wäre jegliche Häme völlig unangebracht.

Arbeit und öffentliches Leben

Auf den ersten Blick wirkt in den Niederlanden alles viel lockerer, ungezwungener und weniger verkrampft als in Deutschland. Und tatsächlich spielen z. B. hierarchische Unterschiede im persönlichen Umgang eine geringere Rolle als bei uns. Der locker-flockige Umgangston erleichtert die betriebsinterne Kommunikation enorm. Der Dienstweg ist nicht das Dogma, das interne Abläufe bestimmt. Der Professor an der Universität ist in erster Linie ein Kollege unter vielen Mitarbeitern. Das ist aber nicht so, weil das Arbeitsleben in den Niederlanden weniger Hierarchien hätte, sondern weil es praktisch ist. Die äußerlich flachen Hierarchien haben eine Kommunikationsfunktion und sind gleichzeitig auch ein Stück Unternehmenskultur, die auf einer allgemein verbreiteten Gemeinschaftsideologie beruht, die das ganze Königreich, aber auch kleinere Gemeinschaften mit einer Familie gleichsetzt. Das Zusammengehörigkeitsgefühl wird durch den schon beschriebenen kompensatorischen Faktor »klein, aber fein« noch unterstützt.

Diese Familienideologie, das kulturelle Zusammengehörigkeitsgefühl und die überschaubare Welt in den Grenzen des Landes werden in der Unternehmenskultur zu einem sehr positiven Instrument der inneren Führung. Es gibt also immer den kleinen oder kurzen Dienstweg, man greift zum Hörer und ruft bei Fragen kurz an – auch beim Chef. Diese Umgangsformen schaffen ein gutes Betriebsklima, bei dem sehr schnell zur vertraulichen Du-Form übergegangen wird. Die fröhliche – wenn es unangenehm ist – auch oft in einem Witz versteckte Bitte ist aber durchaus als Anweisung des Dienstherrn zu verstehen und wird auch so verstanden. Es geht nicht darum, im autoritären Sinne zu gehorchen, sondern das Selbstwertgefühl des Partners ungeschoren zu lassen.

Im Gegensatz zum persönlichen Umgang ist Schriftverkehr äußerst formell. Es wird penibel auf die sehr genau geregelten Anredeformen und Titulaturen geachtet. So wird z. B. ein normaler Mensch im Brief mit »edler Herr« angesprochen. Ein Akademiker heißt schon »edel gelehrter Herr«, und wenn er den Doktorgrad hat, ist er ein »sehr gelehrter Herr«. Professoren werden als »hochgelehrte Herren« angeschrieben. Wenn der Akademiker Jurist ist, wird die Gelehrtheit gar durch Strenge ersetzt. Einen Rechtsanwalt schreibt man als »gestrengen Herrn« an usw.

Bemerkenswert ist dabei vor allem die Diskrepanz zwischen dem Selbstbild der Niederländer und dem Bild, das sie von uns Deutschen haben. Obwohl jeder Akademiker voller Stolz auch den kleinsten akademischen Titel »doctorandus« (das entspricht etwa einem Diplom) mit dem Kürzel drs. im Namen führt, macht er sich mit großem Vergnügen über die angebliche Titelsucht der Deutschen lustig.

Das gesamte Arbeitsleben beruht auf dem Einverständnis über gemeinsame Ziele, Zusammenarbeit ohne Gesichtsverlust und auf schier endlosen Verhandlungen darüber. Ständig finden Besprechungen statt, in denen Ziele bis ins kleinste definiert, alle Eventualitäten ausgebreitet und Beziehungsgeflechte genauestens nachvollzogen werden. Es wird beinahe immer so lange verhandelt, bis eine gemeinsame oder zumindest eine für alle Beteiligten tragfähige Lösung gefunden ist. Koalitionsverhandlungen z. B. dauern in den Niederlanden oft Monate, aber die Regierungen halten dann auch meist die gesamte Legislaturperiode.

Schlußbemerkung

Es ist also im Grunde ganz einfach: Die Niederländer sind genau wie wir, nur eben völlig anders. Die vielen Ähnlichkeiten auf den ersten Blick, die engen Beziehungen in Wirtschaft, Politik und Kultur täuschen schnell darüber hinweg, wie grundlegend anders sich eine Mentalität und eine Kultur mit sehr verwandten Wurzeln über die Jahrhunderte entwickelt. Seit dem Westfälischen Frieden vor 350 Jahren stehen die Niederländer in einer Tradition bürgerlicher Werte unter calvinistischen Vorzeichen. Sie haben europäische Wurzeln, haben sich aber auch jahrhundertelang nach Westen und zu fernen Ländern hin orientiert. Über die Nordsee und den Atlantik sind nicht nur Waren, sondern auch Werte und Einstellungen gekommen, die die niederländische Kultur bis heute prägen.

»Ich bin Makler im Kaffeegeschäft«, so beginnt der bedeutendste Roman der niederländischen Literaturgeschichte »Max Havela« von Multatuli. Nicht von ungefähr versucht der Autor, seine Leser dadurch zu gewinnen und zu fesseln, daß er ihnen zunächst verspricht, es gehe um Kaffeehandel in und mit Indonesien. Es ist die »weite Welt«, Handel und Profit, die in unserem Nachbarland den größten Eindruck machen. Die östlichen Nachbarn, in erster Linie also wir in Deutschland, sind dagegen eine Neuentdeckung. Die Niederländer haben uns vor allem seit dem Überfall im Mai 1940 und der fünfjährigen Besatzungszeit während des Zweiten Weltkriegs die kalte Schulter gezeigt. Das hat sich mit der Öffnung Osteuropas spätestens seit 1989 geändert. Wir sollten die Chance nutzen und unsererseits die Nachbarn endlich kennenlernen. Werfen Sie also alle Klischees und Vorurteile, die in meinem Beitrag zusammengefaßt sind, über Bord und lernen Sie den Nachbarn im Westen kennen – das muß nicht nur die Schokoladenseite sein. Es gibt in diesem nur scheinbar kleinen Land unendlich viel zu entdecken: »Nichts ist befreiender«, sagte der 1997 verstorbene Publizist Willem Brugsma, »als sich von einem Vorurteil zu verabschieden.«

Die Liberalität der Niederlande

Merkmale und Entwicklung in historischer Perspektive

Hermann von der Dunk

Wie liberal sind die Niederlande? Eine scheinbar harmlose Frage, die sich jedoch, sowie man sich guten Mutes an den Versuch der Beantwortung macht, in ein Gewebe von denkbaren Fragerichtungen und folglich denkbaren Beantwortungen auflöst. Liberalität ist keine meßbare Größe. Obendrein kommt es bei dieser Art »Wie-Fragen« nach Gesinnung, Umgangsformen oder maßgeblichen Werten einer Gesellschaft (wie tolerant? – wie weltoffen? – wie pragmatisch oder utopisch?) auf den Vergleichspunkt an. Aus deutscher Sicht erscheinen die Niederlande nicht genauso wie aus belgischer oder amerikanischer. Auch hängt es davon ab, was genau unter »liberal« verstanden wird. Doch je vieldeutiger die Frage, desto freier der Spielraum für die Beantwortung.

Niederlande und Liberalität gehören in der allgemeinen, auch in Deutschland gängigen Vorstellung zusammen. Zum bekannten Bild zählen seit dem 17. Jahrhundert Freiheitssinn, Demokratie, Toleranz und folglich Liberalität. So sehen sich auch die Niederlande immer selbst. Die Liberalität bekam in jüngster Zeit für das Ausland, gerade auch für Deutschland, allerdings einen stark negativen Beigeschmack wegen der Drogenpolitik der Niederländer, von ihnen selbst als fortschrittlich-duldsam, als »permissiv«, von den anderen eher als lasch und unverantwortlich qualifiziert. Amsterdam wurde in der Massenpublizistik und der Meinung der Straße zur internationalen Laster- und Schieberhöhle, zu einem Neubabylon aufgebauscht.

Vielleicht ist es nicht ganz überflüssig, kurz zur sprachlichen Klärung daran zu erinnern, daß das Wörtchen »liberal« in der Umgangssprache zweierlei bedeuten kann: zum einen eine Mentalität, eine Art gesellschaftlichen Umgangs, zum anderen eine bestimmte politisch-ideologische oder ökonomische Konzeption. Liberalität – die mentale Haltung – darf natürlich nicht verwechselt werden mit Liberalismus, jener großen politisch-ideologischen Bewegung, die sich in liberalen Parteien kristallisierte, wenn auch eine gemeinsame Wurzel nicht geleugnet werden kann. Sie leiten sich beide nicht zufällig her von »liberal« (= frei, freiheitlich). Liberales Verhalten im menschlichen oder gesellschaftlichen Umgang (Liberalität) heißt Bereitschaft, dem anderen seine Freiheit zuzugestehen, ihn als Person oder als Gruppe nicht zu bevormunden und die eigenen Überzeugungen aufzudrängen, ihn gewähren zu lassen. Dieses Verhalten ist universal und überzeitlich, war vorhanden längst ehe der Begriff geprägt war. Der Liberalismus, die politische Konzeption und Ideologie, ist ein historisches Phänomen. Er wurzelt in Aufklärung und Vernunftrecht, wandte sich nicht nur gegen Absolutismus, Feudalismus und im Prinzip gegen jede Art Tyrannei (geistiger oder politischer Art), sondern auch gegen staatliche Einschränkung und Reglementierung der personalen und namentlich der wirtschaftlichen Freiheiten. Philosophischer Ausgangspunkt war der Glaube an den Fortschritt und an die Sonne der universalen Vernunft, welche die Nebel und Trübungen von Obskurantismus, Aberglauben und engstirnigem religiösen Dogmatismus vertreiben würden.

Aber man kann sehr wohl liberal im ersten Sinne sein, ohne es im zweiten zu sein, und umgekehrt. Als politische Richtung und Partei mußte sich der Liberalismus zwangsläufig auf Auseinandersetzungen und Konflikte einstellen, um seine Prinzipien zu realisieren, und das setzte und setzt in der Praxis seiner Bereitschaft, den anderen gelten zu lassen, notgedrungen Grenzen. Die Bekämpfung von Dogmatismus sowie staatlicher Eingriffe in den Privatbereich wurde selbst zum liberalen Dogma. Immerhin bleibt Liberalismus (sofern er nicht in völlige Perversion umschlägt) jenem Ursprung, dem Freiheitsideal (wie auch immer definiert) verhaftet. Dies war und ist auch seine praktische Schwäche, weil sie immer eine gewisse Toleranz des Gegners impliziert. Toleranz gehört nämlich zum Wesen des Liberalismus, und sie kann gleichzeitig als ein anderer Ausdruck für Liberalität angesehen werden.

Toleranz ist jedoch ein hintergründiger Begriff. Sie hat viele Gesichter, weil sie auf sehr unterschiedlichen Motiven beruhen kann und sich aus unterschiedlichen tieferen Ursachen herleitet. Exemplarisch für die religiöse Aufklärungstoleranz ist z. B. der berühmte Ausspruch Friedrichs II., in seinem Staat könne jeder nach seiner Façon selig werden. Der Preußenkönig dachte in dem Punkt liberal; so zwingend und autoritär die Persönlichkeit des großen Menschenverächters sonst auch war. Toleranz kann nicht nur aus Duldsamkeit, Weitherzigkeit, Freiheitssinn herrühren, sondern ebensowohl aus Lauheit, Bequemlichkeit, innerer Gleichgültigkeit. Mitunter kann sie eine Tarnung sein für Feigheit, Schwäche oder Angst vor Kontroversen. Sie kann umgekehrt Ausfluß eines Überlegenheitsgefühls sein, das daher rührt, daß es vom Sieg der eigenen Sache überzeugt ist und deshalb Geduld üben, das Heranreifen des anderen abwarten kann. Der Liberalismus konnte oftmals religiöse Toleranz und die Gleichberechtigung der Konfessionen propagieren im Glauben an den Fortschritt und die eigene überlegene vernünftige Weltsicht.

Toleranz kann jedoch auch das logische Ergebnis von Skepsis oder Agnostizismus sein: Wenn die Wahrheit jenseits menschlicher Erkenntnis liegt, wird jeder Streit hinfällig und jeder Gewissens- oder Denkzwang unsinnig. Es ist diese Toleranz, gegründet nicht im Überlegenheitsgefühl, sondern im Wissen um die menschliche Unzulänglichkeit, die Lessings Nathan predigt. Wobei natürlich immer noch ein indirektes, dialektisch gesiebtes Superioritätsgefühl im Spiel ist, ohne welches wohl keiner auskommt und das sich am reinsten zeigt in dem Ausspruch des Sokrates, daß er weiser sei als alle anderen, weil er wisse, daß er nichts wisse.

Der Liberalismus hatte aber seine historischen Vorläufer, die auf religiösem Gebiet – natürlich immer den historischen Umständen entsprechend – eine gewisse Toleranz übten oder in politischen Dingen eine moderate Haltung bevorzugten, was auch auf ein gewisses tolerantes Verhalten hinausläuft. Im moralischen Bereich kannte das 18. Jahrhundert den Begriff des »Libertinismus«, der freien, in diesem Fall auch oft als unsittlich und anrüchig verpönten erotischen Auffassungen. Aber »Libertijnen« (Libertiner) hießen auch schon im 16. und 17. Jahrhundert in den Niederlanden die religiös verhältnismäßig Undogmatischen oder Gemäßigten im Gegensatz zu den strenggläubigen Calvinisten. Und somit führt uns die Geschichte religiöser Toleranz, die ein Vorläufer des Liberalismus war, vor allem aber immer ein Zeichen von Liberalität, geradewegs auf die Niederlande hin.

Pluralismus und Oligarchie als Grundlage

Die Wurzeln des Pluralismus

Der prägende Faktor für die niederländische Gesellschaft, ohne den sie für Außenstehende niemals recht verständlich werden kann und der auch ihre Liberalität erklärt und zugleich bedingt, ist der Pluralismus. Er bestimmt fast unbewußt ihr Selbstverständnis.

Dieser Pluralismus hängt unlöslich zusammen mit der Entstehung des niederländischen Staatswesens infolge der großen Rebellion gegen Spanien im 16. Jahrhundert. Den damaligen Ständen und Provinzen ging es dabei um die Erhaltung ihrer Privilegien, ihrer »Freiheiten« gegenüber den Ansprüchen des spanischen Absolutismus. Die konfessionelle Frage war mit diesen Privilegien engstens verknüpft, da die Inquisition gleichzeitig ein Machtinstrument des Absolutismus war. So fand die blutig verfolgte calvinistische Minderheit, als sie in Aufruhr geriet, mächtige Verbündete, und für diese wurde der Kampf um ihre Rechte wiederum ein Kampf für größere Glaubensfreiheit.

Der neue Staat, der beim Westfälischen Frieden 1648 anerkannt wurde, war eine Konföderation. Es war die gemeinsame Bedrohung, welche die Mitglieder in einem fast acht Jahrzehnte dauernden Kampf zusammengeführt hatte und weiterhin zusammenhielt. Das hieß, daß die raison d'être dieser Konföderation – fortan »die Generalstaaten« oder die »Vereinigten Provinzen« genannt – in der Erhaltung ihrer regionalen Rechte und Autonomie bestand. Da die Calvinisten sich im Kampf als Kern des Widerstands erwiesen hatten, wurde die reformatorische Kirche die offizielle Staatskirche. Doch die Calvinisten bildeten keineswegs die Mehrheit. Ein beträchtlicher Teil der Bevölkerung blieb katholisch, wenn auch der Katholizismus zur feindlichen Konfession erklärt und seine Gottesdienste verboten wurden. Er galt als geheime fünfte Kolonne der vertriebenen spanischen Monarchie. Nebenher existierten obendrein protestantische Minderheiten wie Lutheraner, Mennoniten, Sozinianer usf.

Trotz ihres offiziellen Status wurde die reformierte Kirche aber niemals allmächtig. Es war eine Konsequenz des Kampfes gegen Inquisition und Absolutismus, daß die Obrigkeit in der jungen Republik keine gewaltsame Unterdrückung religiöser Minderheiten zulassen konnte. Sowohl vor als auch nach der offiziellen Anerkennung konnten die Provinzen sich keine offenen inneren Glaubenskämpfe erlauben. Das hätte ihre Widerstandskraft nach außen gefährlich unterminiert. Obendrein konnten sie das bedeutende wirtschaftliche Potential einiger Minderheiten nicht entbehren. Kurz, das Vorhandensein beträchtlicher religiöser Minderheiten, zusammengedrängt auf verhältnismäßig kleinem dicht besiedelten Territorium, brachte den Pluralismus und eine ausgesprochen pragmatische Toleranz hervor. Andersgläubige mußten schlichtweg geduldet werden. Die Niederlande sind deshalb zu Recht in vielen Sprachen ein Plural, wie jüngst ein Publizist feststellte.[1] Zu ihrem Selbstbild gehört unverbrüchlich, daß sich die Nation aus verschiedenen Teilen – man spricht von »volksdelen« – zusammensetzt. Und zwar wird dabei nicht wie in Deutschland an viele Länder, geographisch und historisch-kulturell unterschiedliche Territorien gedacht, sondern an die konfessionell-weltanschaulichen Unterschiede. Und während im deutschen Fall die bunte regionale Vielfalt als Bereicherung, die religiösen Gegensätze hingegen eher als Störfaktor und Defizit im Hinblick auf die Einigkeit der Nation aufgefaßt wurden, galten und gelten in den Niederlanden Unterschiede und Gegensätze, Fraktionsbildungen im Bereich des Religiösen und Ideologischen als gesundes und normales Attribut einer freiheitlichen Gesellschaft.

Hinzu kam noch die führende Rolle der weitaus mächtigsten und reichsten Provinz, Holland. Und dessen Dominanz und Reichtum beruhten größtenteils auf seinem weltweiten Handel, der eine Mentalität nüchterner, rein pragmatischer Toleranz erforderte. Das holländische Handelspatriziat, die führende soziale Schicht in der Republik, bildete ein Gegengewicht gegen die Ansprüche der calvinistischen Kirche. Die Handelsherren tendierten vielfach zu den moderaten »Libertinern«, während die calvinistische Orthodoxie im Volk ihren Rückhalt fand.

Huizinga und andere Historiker haben immer wieder den bürgerlichen Charakter der Kultur der Niederlande hervorgehoben.[2] Gerade Holland war geprägt vom städtischen Bürgertum. Im Europa der absolutistischen Monarchie und des Feudalismus bildeten die Niederlande einen Sonderfall. Auch wenn der Kontrast in der niederländischen Historiographie zweifelsohne u. a. unter Berufung auf die Autorität Huizingas gerne etwas überbetont zu werden pflegt – er gehört zum tradierten nationalen Selbstbild –, so offenbaren die charakteristischen Merkmale der Kultur und der Gesellschaft einen ausgesprochen bürgerlich unaristokratischen, vor allem unhöfischen Geist, eine Tendenz zum erdnahen Gegenständlichen (etwa in der Malerei), zum handfesten ungeschminkten Realismus. Dabei macht sich ohne Frage auch der Einfluß des Calvinismus mit seiner asketischen, jedem Prunk abholden Moral bemerkbar. Aber das Zusammentreffen von Calvinismus und nüchtern-kalkulatorischer Gesinnung ist eben keineswegs unlogisch, wie schon Max Weber aufgezeigt hat.

Das oligarchische Regierungssystem

Aus der Dominanz des städtischen Patriziats sowie aus der konföderativen Struktur der Republik rührt auch der zweite entscheidende Faktor her: das oligarchische Regierungssystem. Es prägte die politische Kultur gewissermaßen bis in die jüngste Zeit. Nach der Befreiung von der spanischen Krone war der absolutistische Monarch, der Alleinherrscher als Tyrann verpönt. An seine Stelle traten die Deputierten der Provinzen und die ständischen und die städtischen Regierungskollegien. Sie rekrutierten sich aus einer schmalen sozialen Oberschicht. Für die politischen Beschlüsse in den Gremien war im Prinzip eine Majorität, bei bestimmten Fragen sogar ein Konsens erforderlich. Die höchste Instanz war die Generalversammlung (die »Generalstaaten«); sie bestand aus den Vertretern der souveränen Provinzen, die formal als Gesandte ihrer Provinzialversammlungen auftraten. Letztere waren wiederum nur die Vertreter der provinzialen Stände, so daß – rein theoretisch – die eigentliche Souveränität auf dieser tieferen Ebene lag. In der Praxis konnte das nur funktionieren, indem von der Spitze aus die Richtlinien für die gemeinsame Unionspolitik ausgegeben wurden und natürlich eine Arbeitsteilung entstand, wobei namentlich der sogenannte holländische Ratspensionär als wichtigster Beamter eine Art Kanzlerstellung in der gesamten Konföderation innehatte. Immerhin blieb auch er formal Diener der provinzialen und der städtischen Gremien, und so entstand eine politische Kultur, in der Politik immer als Sache einer gemeinsamen kleinen Elite galt, eben einer Oligarchie.

Der einzige, der sich in dieser Union zum wirklichen Oberhaupt und Herrscher berufen fühlen konnte, war der Statthalter von Oranien, der das Oberkommando über die (meist aus ausländischen Söldnern bestehenden) Truppen führte und wichtige Befugnisse bei der Besetzung der Magistratur in den verschiedenen Provinzen besaß. Eigentlich war er, der ursprünglich die spanische Krone vertrat, eine Anomalie. Doch dank der entscheidenden Rolle Wilhelms von Oranien und seiner Nachfolger während des großen Aufstandes behielt er seine oben genannte Stellung bei, und die Oranier gewannen eine tiefe symbolische Bedeutung im Volk als Anführer des Freiheitskampfes. In Krisensituationen konnten sie zeitweilig eine halbmonarchische Machtposition erwerben. Doch immer fanden sie einen Widerpart im selbstbewußten holländischen Patriziat, das, sobald die Lage es zuließ, ihre Macht wieder einzuschränken suchte.

Kompromiß und pragmatische Toleranz

Die alte Republik, die 1795 von den französischen Revolutionsheeren liquidiert wurde, war ein höchst eigenartiges Gebilde. Für die Entwicklung der politischen Kultur und das, was man die niederländische Liberalität nennen kann, lagen hier jedoch bedeutsame Wurzeln und Voraussetzungen:
1. Die konföderative Struktur ohne starke souveräne Spitze führte, gemeinsam mit der Dominanz einer bürgerlich-patrizischen Oligarchie, zu einem komplizierten politischen Entscheidungsprozeß auf verhältnismäßig breiter Basis. Viele mußten gehört oder berücksichtigt werden, und das Schließen von Kompromissen war häufig

unumgänglich. Der Kompromiß wurde damit zu einer normalen Praxis und hatte nicht jenen negativen Beigeschmack, der im Deutschen in dem bekannten und spontanen Prädikat »faul« liegt. Der selbstherrliche Fürst, der starke Mann galt als Bedrohung. Die Oligarchie beruhte auf dem Prinzip der Gleichheit unter Gleichen, und damit war ein Ansatz gegeben für einen viel umfassenderen Gleichheitsgedanken, wie er sich dank Aufklärung und Vernunftrecht entwickelte.

2. Das oligarchische System begünstigte den Repräsentativgedanken, auch wenn das noch nicht mit dem System moderner Demokratie verglichen werden kann. Die führenden Gremien sahen sich immerhin als Repräsentanten entweder ihrer Provinz oder ihrer Fraktion oder ihrer sozialen Schicht. Auch darin lag der Keim für ein modernes parlamentarisches Wahlsystem. Das Majoritätsprinzip war bis auf die höchste Ebene oft unerläßlich.

3. Als See- und Handelsrepublik waren die Niederlande in hohem Maße an Freihandel und Frieden interessiert. Da sie sich teils auf fremdländische Söldnertruppen stützten, konnte dabei eine Identifikation mit Soldatentum und heroischen Werten nicht recht aufkommen. Die kalkulatorische, sachliche Einstellung des Geschäftsmannes vertrug sich schlecht mit Militarismus und Heldenbewunderung.

4. Der religiöse Pluralismus führte sowohl zu einer pragmatischen Toleranz als auch – als Komplementärreaktion – zu einem extrovertierten öffentlichen Bekenntnisdrang. Die niederländische Toleranz, die von Zeitgenossen im 17. und 18. Jahrhundert immer gerühmt wurde, war selbstredend eine relative, den damaligen Zeiten entsprechende. Sie war Gewissens- und Druckfreiheit, doch schloß sie die entschiedene Diskriminierung von Katholiken, Juden und vielen Sekten, was Aufstieg, Staatsämter und politischen Einfluß anbelangt, im Alltag keineswegs aus. Immerhin wurde die Republik in Europa ein bekanntes, vielgepriesenes Asyl für Verfolgte. Gerade weil man in der Praxis Andersgläubige gelten ließ und gelten lassen mußte, war die Betonung der eigenen Konfession und Prinzipien als klare Abgrenzung und Abschirmung gefordert. Daher gab es eine deutliche Unterscheidung zwischen einer Ebene theologisch-prinzipieller Fragen und der Alltagsrealität.

Je unumgänglicher hier Kompromisse und Einschränkungen waren, desto stärker war dort das Bedürfnis, die eigene Identität hervorzuheben. Das galt namentlich für die religiösen Minderheiten. Durch den großen Aufstand waren jedoch Politik und Religion innig verquickt. Der Calvinismus mit seiner »innerweltlichen Askese« (Max Weber) kannte die Trennung von Innerlichkeit und Außenwelt des Luthertums nicht – und darum auch nicht den politischen Quietismus, den vieldiskutierten Untertanengeist in den deutschen Ländern, wo der Fürst die Konfession bestimmte. Obendrein war auch die calvinistische Kirchenorganisation weniger hierarchisch. Sie förderte eine protodemokratische Gesinnung. Der viel zitierte Realismus, der nüchterne Kaufmannsgeist war nur die eine – für das Ausland sichtbare und relevante – Seite des Holländers. Die andere, der extrovertierte Bekenntnisdrang, wurde lange Zeit etwas verdeckt. Der Calvinismus, der die Gleichheit aller als sündige Kreaturen lehrt, erzog zum Egalitarismus. Denn nach der calvinistischen Lehre offenbart sich die Prädestination, die göttliche Vorbestimmung und Prägung des menschlichen Schicksals und Heils, nicht in weltlicher Macht, sondern gerade in Fleiß, Demut und Askese.

Eine faszinierende Frage ist in unserem Zusammenhang immer wieder, inwiefern die geographische Struktur, die Landschaft im Verein mit der Geschichte Mentalität und Kultur beeinflussen. Das wasserreiche Territorium der Niederländer mit seinen zahlreichen Flüssen, Seen und Kanälen begünstigte von Anfang an die lokale Autonomie. Es war denkbar ungeeignet für den Aufbau einer großräumigen Zentralherrschaft. Nicht zufällig waren die Seeprovinzen, Holland voran, das militärische Bollwerk der Aufständischen gewesen. Die Flachlandschaft mit ihrem geraden Horizont und ihrem weiten hohen Himmel über Grasland und Kanälen mutet fast an wie eine Illustration des Glaubens an die beherrschende Hoheit Gottes über eine Gesellschaft kleiner, im Grunde gleich unvollkommener Seelen, die durch zahlreiche Gräben in ebenso zahlreiche kleine Sektionen aufgeteilt ist. Menschliche Größe und Hierarchie bekommen dabei etwas Künstliches, wirken sekundär.

Der Protestantismus, der sich allgemein an das persönliche Gewissen in Glaubensfragen richtet, und die egalitäre Tendenz, die in der calvinistischen Lehre und Kirchenorganisation angelegt ist, generierten auch das, was vielfach als »Individualismus der Holländer« erscheint und ohne den Hintergrund des niederländischen Sektierertums nicht gedacht werden kann, vielmehr seine andere Seite darstellt. Der einzelne fühlt sich – leichter als in einer hierarchischen monokonfessionellen Gesellschaft – dazu berechtigt, als gleichwertiges Mitglied innerhalb der Gemeinschaft seine Meinung zu vertreten, mitzureden, und sich nach außen hin gegen Andersgesinnte zu profilieren. Das Fehlen einer höfischen Kultur mit ihrer ausgeklügelt-verfeinerten Etikette und ihrer

Empfindlichkeit für Rangfragen machte und macht sich heute noch bemerkbar im direkten und so oft unverblümten Umgangston der Niederländer, der Ausländer häufig überrascht, gelegentlich auch schokkiert.

Zentralisierter Staat und Regentendemokratie

Reformen und Traditionen

Es bleibt eine offene Frage, inwiefern die alte Republik, deren führende Eliten im Laufe des 18. Jahrhunderts zusehends Zeichen von sozialem Inzest, von Abkapselung und von Patronagewirtschaft aufwiesen, aus eigener Kraft zu entscheidenden Reformen fähig gewesen wäre. In der Geschichtsschreibung wurde sie überwiegend verneint. Allerdings gab es eine bürgerlich-demokratische Bewegung, die »Patrioten«, die gleichzeitig auf größere nationale Einheit drängte. Sie wurde 1787 von den Preußen niedergeschlagen, nachdem sich die mit den Hohenzollern verwandten Oranier ernstlich bedroht fühlten. Die Restauration gelang also nur dank ausländischer Hilfe. Sie dauerte jedoch nicht lange, denn die Revolution erhielt bald gleichfalls ausländische Hilfe, von den Franzosen. Der unter ihrem Druck geschaffene zentralisierte Einheitsstaat konnte sich immerhin auch auf eine starke autochthone Strömung stützen. Nach dem Ende Napoleons kehrten die 1795 verjagten Oranier zurück. Das große Tabu, das auf der erblichen Monarchie geruht hatte, war durchbrochen, nachdem Napoleon seinen Bruder als König von Holland eingesetzt hatte. Auch nach 1814 blieben die Niederlande eine zentralisierte, fortan oranische Monarchie.

Nachdem die Union mit Belgien infolge der belgischen Revolution von 1830 in die Brüche gegangen war, blieb der Norden, die alte Republik (samt der neuen Provinz Limburg) als europäischer Kleinstaat zurück, der allerdings ein gewaltiges Kolonialreich besaß, das im Laufe des 19. Jahrhunderts eingehender kolonisiert und nutzbar gemacht wurde. In Europa war strikte Neutralität geboten, und sie wurde bis 1940 erfolgreich behauptet. Dies ist ein ebenso wesentlicher Punkt wie der alte Pluralismus, die Tradition pragmatischer Toleranz und der oligarchische Regierungsstil. Die Niederlande waren in der Weltpolitik Zuschauer; eine Rolle, die sich schon im 18. Jahrhundert mit dem Niedergang der alten internationalen Machtstellung angebahnt hatte. Kriege und blutige Gewalt kannten die Niederländer bis zum Zweiten Weltkrieg nur aus den Zeitungen.

In kultureller Hinsicht ein recht weltoffenes Durchgangsland, das sich sehr empfänglich zeigte für Einflüsse der drei großen Nachbarn, England, Frankreich und in der zweiten Hälfte des 19. Jahrhunderts namentlich auch Deutschland, waren sie politisch und sozial eher introvertiert, ganz fixiert auf die inneren Gegensätze. Man kann in diesen Gegensätzen die moderne Version des alten religiösen Pluralismus sehen. Die traditionelle Vormachtstellung der reformierten Kirche war nach Aufklärung, Revolution und napoleonischem Zwischenspiel nicht mehr gut denkbar. Unter dem Druck einer liberalen Bewegung im gehobenen Bürgertum und nach den europäischen Ereignissen des Revolutionsjahres 1848 kam es zu einer liberalen Verfassung, die noch bis heute das Grundmuster der konstitutionellen parlamentarischen Monarchie bildet. Dabei wurden die Neutralität des Staates in Glaubensfragen und die Gleichberechtigung aller Religionen vor dem Gesetz festgelegt. Die traditionelle pragmatische Toleranz wurde nun ein in der Verfassung verankertes liberales Prinzip.

Das hieß freilich nicht, daß in der Realität auch Gleichheit herrschte. Die protestantische Kirche, die »Nederlands Hervormde Kerk«, blieb nach wie vor das natürliche Heim für die Führungsschichten und für einen Großteil der Bevölkerung im Norden. Allerdings war die Kirche erheblich aufgeklärter und undogmatischer geworden, weswegen sich eine strenggläubige Minderheit abspaltete und die »Gereformeerde Kerk« gründete. Die politischen und sozialen Eliten, die sich noch teils aus dem republikanischen Patriziat, teils aus den neu Nobilierten aus dem Bürgertum der napoleonischen Periode rekrutierten, waren aber unverändert selbstredend Protestanten.

In der oft freisinnigen und aufgeklärten Einstellung der Eliten lag allerdings der Keim für Veränderungen und Differenzierungen: Der alte Gegensatz zwischen Strenggläubigen und Libertinern oder Moderaten trat erneut zutage. Von letzteren führt eine geistige Linie zu den Liberalen. Wie überall fand der Liberalismus unter den Gebildeten und der höheren Mittelklasse seine größte Anhängerschaft. Das Kleinbürgertum sowie die Landbevölkerung bildeten in gewissen Gegenden, etwas vereinfachend gesagt, den Rückhalt des orthodoxen Calvinismus. So wuchs allmählich aus den alten Eliten eine modernere protestantisch-liberale politische Führungsschicht heraus. Alle wichtigen Ämter waren und blieben lange Zeit in ihren Händen, sowohl in der Magistratur als auch im diplomatischen Dienst.

Minderheiten wie Remonstranten, Lutheraner, Juden u. a. genossen zwar vollkommene Glaubensfreiheit und das Recht auf eigene Schulen (wenn auch auf eigene Kosten!), aber sie fanden noch fast keinen Zu-

gang zu den höheren Positionen. Da herrschte in der Praxis das ungeschriebene, aber selbstverständliche Gesetz der Rekrutierung aus dem
eigenen Kreis.

Der katholische Süden war immer ein rückständiges »unholländi-
sches« Gebiet gewesen. Im liberalen Staat konnte nun die umfassende
Emanzipation der Katholiken einsetzen, die jedoch erst im 20. Jahrhundert zur tatsächlichen politischen Gleichberechtigung und zum
Durchbruch in die Machtzentren geführt hat.

Das offizielle und das historische Selbstverständnis der Nation
wurden jedenfalls bis tief in unser Jahrhundert noch von der liberal-
protestantischen Elite geprägt. Namentlich der rechtgläubige Protestantismus, der in verschiedenen christlich-orthodoxen Parteien sein
Sprachrohr fand, sah sich selbst noch immer als den eigentlichen und
wahren historischen Kern der Nation. Er hielt lange an der traditionellen Vorstellung fest, die Niederlande seien im Wesen protestantisch,
und zwar calvinistischer, ausgesprochen anti-papistischer Ausrichtung.
Erst in den siebziger Jahren brachten die gesellschaftliche Modernisierung und die rasch um sich greifende, fast dramatische Entkonfessiona-
lisierung Katholiken und Protesteanten zu einer gemeinsamen Partei
CDA (Christen Democratisch Appél) zusammen.

Der Übergang zur Demokratie

Die liberale Verfassung von 1848 ersetzte das alte System der Eliten-
herrschaft durch ein modernes Wahlsystem. Der traditionelle Pluralismus erleichterte ohne Frage die Akzeptanz des parlamentarischen Systems mit seinen verschiedenen konfessionell-ideologisch legitimierten
politischen Parteien. Zusammenarbeit bei gleichzeitiger Anerkennung
prinzipieller Unterschiede (wobei die Ideologie teilweise den Platz der
Religion übernahm), Majoritätsprinzip, Kompromißbereitschaft, Ela-
stizität und Pragmatismus in der Alltagspraxis – dies waren Dinge, die
schon Ansätze und gewisse Entsprechungen in der Vergangenheit fanden. Der Übergang zur demokratischen Gesellschaft und zur Moder-
nität, die Emanzipation der Mittelschichten und später auch der Arbeiterschaft verliefen, im Vergleich zu den Nachbarländern, in den
Niederlanden ohne tiefgehende Brüche, ohne Gewalt vor allem, allmählich, flüssig.

Vorbedingung dafür waren die grundsätzliche Neutralität und die
Zuschauerrolle in der internationalen Politik. Von Belang war auch,
daß die Industrialisierung mit ihren Begleiterscheinungen, sozialem
Elend und Klassenkonflikten, ziemlich spät und in gemächlichem Tem-

po einsetzte. Man hatte Zeit, und nahm sich Zeit. Der Zwang zu raschem kompromißlosen Handeln war kaum gegeben. Wie ein charakteristisches holländisches Diktum lautet: »Haastige spoed is zelden goed« (zu deutsch: »Eile mit Weile«!).

Andererseits kann man an dieser Entwicklung eben auch unschwer die Erbschaft der patrizischen Oligarchie erkennen. Sie bremste die vollwertige soziale und politische Gleichberechtigung immer wieder ab, und auch das war ein Faktor, der ohne Frage eine gewalt- und bruchlose Entwicklung hin zu einer modernen Gesellschaft ermöglicht hat. Wie gesagt, blieben die liberal-protestantischen politischen Eliten bis weit in unser Jahrhundert hinein vorherrschend, wobei Patronage und informale Kooptation innerhalb des eigenen Kreises in der Praxis, allen Gleichheitsprinzipien zum Trotz, große personelle und mentale Kontinuität gewährleisteten. Im diplomatischen Dienst und in der höheren Magistratur findet sich ein Kanon bestimmter, immer wieder auftauchender Namen. Für Außenstehende war der Einstieg zwar niemals prinzipiell unmöglich, aber doch praktisch meistens schwierig. Die Tendenz zu einem grundsätzlichen Egalitarismus wurde somit »ausbalanciert«. Dabei zeigten sich, wie in der alten Republik, die Grenzen der Liberalität. Darauf wird zurückzukommen sein.

Die Regentendemokratie

Wie in anderen westlichen Ländern war ein gewisser vager, allgemeiner Liberalismus das Credo der aufsteigenden Mittelschichten geworden; in den Niederlanden häufig im Bunde mit einem moderaten Protestantismus. Liberalismus kann somit auch die Tonart der führenden wirtschaftlichen und kulturellen Kreise genannt werden. Er war – und das erinnert an das alte Handelspatriziat – keine ausgesprochen doktrinäre Überzeugung. Die Niederlande haben – außer Thorbecke, dem Vater der Verfassung von 1848 und dem großen Staatsmann des niederländischen Liberalismus – keinen liberalen Denker von Format hervorgebracht, keinen Benjamin Constant, keinen Guizot oder Stuart Mill, nicht einmal einen Rotteck, einen Welcker oder einen Friedrich List. Das hängt zweifelsohne zusammen mit der schwachen philosophischen Ausrichtung der Niederländer. Der Platz der Philosophie wurde seit altersher, angesichts des Ursprungs des Staates aus den Glaubenskämpfen heraus, von der Theologie besetzt. Es war ein durchaus pragmatischer Liberalismus, der das allgemeine aufgeklärte Weltbild übernahm und in Sachen des Glaubens selbstredend Freiheit walten ließ.

So bildete sich innerhalb der parlamentarischen Monarchie mit ihren Parteien und allgemeinem Wahlrecht (seit 1917, bzw. 1922 für Frauen) ein System der politischen Entscheidungen heraus, das als »Regentendemokratie« bezeichnet zu werden pflegt: Eine soziale Elite, deren Abgrenzung nach unten allerdings niemals prinzipiell und eindeutig war, regierte im Namen aller, sowohl in den meisten Parteien – ausgenommen die Sozialisten – als auch vor allem außerhalb, im diplomatischen Dienst und in der Magistratur. Sie regierte verhalten, als ein aufgeklärtes, dennoch standesbewußtes Regententum. Das Wort »Herrschaft« ist hier insofern eine etwas schiefe Bezeichnung, als sie in der Regel mit sehr sichtbaren äußeren Zeichen von Macht assoziiert wird. Gerade sie waren, infolge bürgerlicher Kultur und Normen, verpönt, zumindest stark abgeschwächt. Es handelte sich jedenfalls im Selbstverständnis mehr um Verwaltung im Stil einer großen Aktiengesellschaft. Und dabei übernahm man im Umgangs- und Regierungsstil Wesentliches vom republikanischen Patriziat. Von großer Bedeutung dabei ist, daß – sehr im Unterschied z. B. zu Deutschland und auch zu Frankreich mit ihrer monarchisch-absolutistischen Vergangenheit – der Staat im niederländischen Denken niemals als eigene natürliche, fast metaphysische Größe, als ein Phänomen sui generis aufgefaßt wurde, sondern immer als unentbehrliches Instrument, als Gehäuse der Gesellschaft. Darin läßt sich ebenfalls noch eine Fernwirkung der Konföderation mit ihren kontroversen Souveränitätsansprüchen und ihren diffusen Machtstrukturen erkennen.

Die Monarchie erscheint vor diesem Hintergrund, wie schon seinerzeit die Statthalter, als Anomalie. Sie erbte von diesen jedoch eine gewisse Bedeutung als Symbol einer überregionalen Einheit. Die Oranier wurden als Rebellenführer so etwas wie Schutzheilige der eigenen Freiheiten, und für einen Teil der Bevölkerung umgibt sie immer noch diese Aureole. Sie sind Garant nationaler Identität, und sie besetzen eine affektive (orange-)farbige Stelle im kollektiven Bewußtsein. Ganz ohne monarchistische Sentimentalitäten kam die so republikanisch-bürgerliche Gesellschaft offensichtlich doch nicht aus. Das Königshaus ist das nationale Aushängeschild, es steht unter »Denkmalschutz«. Die Presse übt ihm gegenüber größte Selbstdisziplin. Eventuelle Skandale erfuhr man durch ausländische Blätter. Das hehre Bild sollte möglichst ungetrübt bleiben, und die Königinnen verstanden es bislang, ihre Rolle zwischen würdevoller dynastischer Repräsentation und konstitutionell eingerahmter moderner Offenheit so zu spielen, wie die Nation es gerne sieht. Latente republikanische Strömungen bekamen bisher deshalb keinen Angriffspunkt.

Hermann von der Dunk

Versäulte Gesellschaft und Beamtendemokratie

Das versäulte System

Im Zuge der Parteienbildung und der Politisierung breiterer Schichten spaltete sich die Gesellschaft unterdessen um die Jahrhundertwende mehr und mehr in weltanschaulich-konfessionelle Segmente – ein Prozeß, der als »Versäulung« bekannt wurde und der gleichzeitig eine Emanzipation wie eine Art Gegenemanzipation war.[3] Mit der Verbreitung von allgemeiner Bildung und mit dem Fortschritt der Kommunikation stellte sich namentlich für die Konfessionellen das Problem der Säkularisierung, d.h. der Verführung zu »Unglauben« und Apostasie. Dem suchte man vorzubeugen, indem man die eigene Gefolgschaft zusehends intensiver auf allen möglichen kulturellen und sozialen Ebenen sowie in entsprechenden politischen Parteien organisierte und so gegen Andersdenkende zusammenband und abschirmte. Für die Arbeiterschaft galt ohnehin (wie überall), daß der Sozialismus sie zur selbstbewußten Klasse zusammenzuschweißen suchte; eine Strategie, die sowohl ihrer Identitätsbildung als auch ihrer Emanzipierung diente. Es war vielleicht kein Zufall, daß es die orthodoxen Protestanten waren, die angesichts der Bedrohung, die seitens des Liberalismus und der Säkularisation wie des anwachsenden Katholizismus erwuchs, sich als erste zu einer modernen Partei formierten.

Beim Katholizismus, der sich einen gleichrangigen Platz noch erkämpfen mußte, lagen die Dinge in dieser Hinsicht ähnlich wie beim Sozialismus: Emanzipation unter der paternalistischen Anleitung der eigenen Führung hieß die ungeschriebene Devise. Es formierte sich ein protestantischer, ein katholischer, ein sozialistischer und ein liberaler, in konfessioneller Hinsicht neutraler Volksteil. Man kann darin die sowohl geistige als auch organisatorisch-moderne Fassung des alten religiösen Pluralismus sehen. Keine Gruppierung oder Partei konnte dabei eine klare Vorherrschaft gewinnen. In etwa quer zu dieser Versäulung lag, jedenfalls noch während des Interbellums, die erwähnte ältere liberal-protestantische Elite, aus der sich vorzugsweise die höheren Staatsbeamten rekrutierten. Immerhin drangen allmählich auch die katholische und die sozialistische Vorhut in diese Schicht vor; ein Prozeß, der insbesondere nach 1945 einsetzte. Formal und in der Theorie blieben die führenden Spitzen der jeweiligen Säule bzw. Partei Vertreter auf Abruf. In der Praxis waren es natürlich kleinere Kreise, welche die Entscheidungen »vorkochten« und den Kurs bestimmten.

Demokratiebestrebungen

Trotz Krieg, Besatzung und Wiederaufbau blieb dieses versäulte System in seinem Grundmuster noch erhalten, ungeachtet aller dramatischen Erlebnisse und neuen Anforderungen und Probleme, vor die sich die Nation nach 1945 gestellt sah. Die Kulturrevolution der späten sechziger Jahre eröffnete dann auch den Angriff auf diese – nun als »verkalkt« und undemokratisch verschrieene – Regentenherrschaft der versäulten Eliten, die nun überwiegend seitens der jungen Generation im Namen eines radikalen Demokratieideals unter Beschuß genommen wurden. Dies geschah vor dem Hintergrund einer nunmehr rasch fortschreitenden Auflösung der »Säulen« als Folge der weltweit veränderten Kommunikationsmöglichkeiten und -formen sowie des siegreichen Einzugs des Fernsehens. Die Abriegelung und die traditionelle Bevormundung der eigenen Gefolgschaft waren damit illusorisch geworden.

Es kam zu einer Demokratisierungswelle auf breiter Front, die sich vor allem in einem neuen Umgangsstil äußerte sowie einem ziemlich rabiaten Einbruch in bestimmte Tabuzonen. Feminismus, Emanzipation der Homosexuellen, freieres Sexualverhalten – dies waren Neuerungen, die in den Niederlanden besonders stürmisch in wenigen Jahren die kulturelle Landschaft stark veränderten. Der traditionelle Regentenstil bewies, aller Kritik zum Trotz, jedoch auch seine Stärke, nämlich durch das was etwas doppelzüngig als »repressive Toleranz« bezeichnet zu werden pflegt: Anders als in Deutschland oder in Frankreich (wo die Rebellion der Radikalen freilich auch bedeutend heftiger und militanter war) reagierten die Eliten kompromißbereit, machten sogleich Konzessionen, öffneten ihre Reihen, banden so die Stürmer und Dränger ein und zogen sie mit in die Verantwortung. Eine kleine Minderheit extremer Reformer geriet dabei ins Abseits und wurde isoliert. Die traditionelle Abscheu der Niederländer vor blutiger Gewalt bestimmte zweifellos auf beiden Seiten die Taktik und erklärt auch die pragmatische Liberalität den Radikalen gegenüber. Zu Terrorismus kam es nicht.

Freilich erklärt sich diese Liberalität auch aus der heimlichen Unsicherheit der alten Eliten. Die demokratischen Werte, die ihnen empört entgegengehalten wurden, waren schließlich auch ihre eigenen Grundwerte, die sie nur anders, mehr im herkömmlichen Regentenstil ausgelegt hatten. Die Konfrontation rührte nicht an einen tieferen Konsens.

Die Reaktion auf den plötzlichen Experimentierrausch und auf die reichlich utopischen Vorstellungen von Gleichheit und direkter Demokratie, die unter Progressiven, namentlich im Studenten- und im Intellektuellenmilieu, grassierten, blieb nicht aus, konnte nicht ausbleiben, wenn man nicht in anarchische Zustände abrutschen wollte. Paradoxerweise entwickelte sich seit den siebziger Jahren in der weitgehend entsäulten, kulturell stark veränderten Gesellschaft eine technokratische Staatsbürokratie, die unbemerkt hinter der Fassade des Parlamentarismus und der formal demokratisierten Institutionen das Steuer in die Hand nahm.

Es ist eine Ironie der Geschichte, daß ein Teil der früheren progressiven Idealisten als Apparatschiks in diesem System endete. Dabei darf man jedoch nicht etwa an eine irgendwie geschlossene Klasse oder Schicht denken, wie die alten versäulten Eliten es immer waren. Die politischen Parteien fungieren vielmehr quasi als Aufzug zum »politischen Dachboden«, und, dort angekommen, wird jeder wie von selbst Mitglied in Stil und Methoden der technokratischen Bürokratie. Dabei hat sich (wie übrigens auch in anderen westlichen Staaten) der Parlamentarismus zusehends in ein monistisches System verwandelt: Die Volksvertretung vertritt sich selbst, d. h. die Interessen der eigenen Parteispitze im Gerangel um die Regierungsmacht.

Die prinzipielle Trennung zwischen Exekutive und Legislative entartete in eine Trennung zwischen Regierungsparteien und Opposition, die teils noch dadurch verwischt wird, daß es in den Niederlanden immer nur Koalitionsregierungen auf der Grundlage von mühselig ausgehandelten Kompromißprogrammen geben kann. Die Reaktionen im Parlament lassen sich somit wie ein Automatismus vorhersagen. Das hat wiederum zu selbstherrlichen Entscheidungen der Ministerien geführt, wobei das parteipolitisch gespaltene Parlament nicht das erforderliche Gegenspiel bietet und der Bürger sich regelmäßig überrumpelt fühlt. Es handelt sich dabei allerdings um ein Grundproblem der modernen Demokratie, das als solches nicht spezifisch niederländisch ist.

Eine Schlußbilanz

Die Frage nach der Liberalität

Wie verhält es sich nun vor dem Hintergrund dieser – hier notgedrungen sehr pauschal skizzierten – Entwicklung mit der Liberalität? Inwiefern stimmt das bekannte Bild, inwiefern muß es spezifiziert oder eingeschränkt werden? Prinzipielle Toleranz, in dem Sinn, daß gesetzliche Einschränkungen wegen des Glaubens oder der politischen Überzeugung verpönt sind, daß jeder das Grundrecht auf freie Meinungsäußerung besitzt, – sie war schon im Keim in Verfassung und gesellschaftlichem Verhalten während der alten föderativen Republik als Konsequenz des Pluralismus vorhanden, und dies in einer Epoche, als das zu den Ausnahmen zählte. Die Niederlande als Asyl für Verfolgte – das war kein reiner Mythos, wenn auch mit Einschränkungen. Der Staat war nicht an dem Glauben der Verfolgten interessiert, hingegen sehr an ihrer Börse. Wo es sich um mittellose Flüchtlinge handelte, war er weniger großzügig, wie sich namentlich nach 1933 deutschen Emigranten gegenüber zeigte, wo er die Grenzen aus ökonomischen und politischen Motiven sogar schließlich abriegelte. Von privater Seite gab es dagegen viel Hilfsbereitschaft und Solidarität.

In der weitgehend versäulten Vorkriegsgesellschaft darf diese prinzipielle Toleranz freilich nicht verwechselt werden mit geistiger und sozialer Offenheit. Die Abschottung der verschiedenen Segmente erschwerte die Integration von Außenstehenden, ihre Akzeptanz war oft nur theoretischer Natur, nicht aber real. Da wirkte noch der alte Kooptations- und Patronagestil fort. Ihrem Selbstbild nach waren die Niederlande allerdings ein freiheitliches, humanes und vor allem friedliebendes, durch und durch bürgerliches Land. Wenn man immer wieder betont, daß es hier keinen echten Nationalismus gab – sehr im Gegensatz etwa zu Deutschland oder Frankreich und vielen anderen Völkern –, dann deshalb, weil bei diesem Begriff gleich Aggressivität, Kriegsbereitschaft und Eroberungslust mitgedacht werden. Für einen Kleinstaat kam dies nun einmal ohnehin nicht in Frage. Vor allem Huizinga hat hier scharf zwischen Nationalismus in diesem negativen Sinne und einem natürlichen Patriotismus unterschieden.[4]

Man kann dem entgegenhalten, daß sich in dieser Unterscheidung eine nationale Selbstgefälligkeit zeigt, die nichts als eine Variante von Nationalstolz, eine Art verhinderter Nationalismus ist. Wie immer man das Phänomen auch definiert – zweifellos liegt in dieser Optik auch eine Kompensation für die spätere Schwäche. Das Bewußtsein eigener Kleinheit, der »Kalimero-Komplex«[5] ist der siamesische Zwilling des Superioritätsgefühls. Die Zuschauerrolle und der starke Hang zur Nabelschau zeitigten eine gewisse moralische Überheblichkeit bei gleichzeitiger Unerfahrenheit mit Gewaltsituationen. Um so härter kam die Besatzung durch Hitler-Deutschland an.

Auswirkungen der Besatzung im Zweiten Weltkrieg

Diese Besatzung bestimmte nach dem Krieg eindringlich die niederländische Gesellschaft und ihre Werte. Der Faschismus galt fortan als das

Böse schlechthin, ebenso wie der Rassismus, namentlich nach der Kulturwende der sechziger Jahre. Hier kann von einem allgemeinen selbstverständlichen Konsens gesprochen werden. Das zählebige negative Deutschlandbild hängt eng damit zusammen. Deutschland fungiert als Kontrastnation (wobei immer noch an das Dritte Reich gedacht wird) und somit als Bestätigung der eigenen Identität. Obschon von seiten der Regierung und von anderen Instanzen in den letzten Jahren eine gewisse Aufklärungspolitik in Gang gesetzt wurde – schon im Hinblick auf die enge Partnerschaft mit Deutschland und die europäische Integration – bleiben Vorurteile und negative Stereotypen in der Bevölkerung haften, auffallenderweise gerade bei Jugendlichen.

»Wann ist dein Krieg endlich vorbei, Opa?«   *Karikatur: Fritz Behrendt (1985)*

Die Besatzung, der Terror, das Leiden der Opfer, vor allem der jüdischen – all dies bildet eine unversiegbare Quelle für die Publizistik und die Medien, die das Negativbild wachhalten. Fraglos spielt da auch, was die Juden angeht, ein Schuldgefühl mit, weil die eigenen Behörden willige Helfer bei der Deportation waren und die Masse passiv blieb, was in der Historiographie und in der Öffentlichkeit seit den sechziger Jahren zu ausgiebigen und eindringlichen Diskussionen geführt hat. Im Schatten dieser traumatischen Erfahrung werden andere Dinge an den Rand des Bewußtseins gedrängt, wie etwa verbrecherische Gewaltakte von niederländischen Truppen im Kolonialkrieg gegen Indonesien. Selbstverständlich darf man, was Indonesien betrifft, nicht übersehen, daß es sich um einen unbarmherzigen revolutionären Krieg handelte, in dem auf beiden Seiten Grausamkeiten an der Tagesordnung waren. Der springende Punkt ist jedoch, daß diese Dinge lange Zeit erfolgreich vertuscht werden konnten, schon weil sie dem Selbstbild von Humanität und Anstand nicht entsprachen, und daß sie, auch nach ihrem bruchstückhaften Bekanntwerden, die Öffentlichkeit nur vorübergehend beschäftigten. Dabei spielte sicherlich auch eine Rolle, daß sie die emotionalen Gegensätze zwischen den Kriegsveteranen, die sich seither ungerecht behandelt und verkannt fühlen, und allen denjenigen aufgebrochen hätten, die nachträglich den Kolonialismus und seine Methoden verurteilen, also einem Großteil der heutigen Generation. Deshalb behandelte man diese Episode in der Öffentlichkeit und in den Medien etwas vorsichtig, was freilich nicht recht mit dem unverminderten Interesse an der Aufdeckung von Greueln aus der Nazizeit oder sonstwo korrespondiert.

Mentalitäten und Verhaltensmuster

Die Aufweichung der versäulten Gesellschaft aufgrund von sozialer Mobilität und Modernisierung bedeutete gleichzeitig eine Verwischung traditioneller Abgrenzungen zwischen den gesellschaftlichen Gruppen und ihren geistigen Orientierungsmustern – und somit auch eine Aufweichung des Pluralismus, der diese klaren Abgrenzungen voraussetzte. Deshalb entstand eine Scheu, den allgemeinen Konsens durch das Aufbrechen moralischer Kontroversen zu stören. Man kann dies auch als eine Variante der pragmatischen Toleranz bezeichnen, die vermeidet, was zu tiefgehenden Zwisten und Brüchen führen könnte.

Dieser Konsens, eine Art Katechismus politisch-ideologischer Rechtgläubigkeit, der seit der »Kulturrevolution« der späten sechziger Jahre in noch erhöhtem Maße auf dem Bekenntnis zu allgemeiner Emanzipation, Antifaschismus, Antirassismus und folglich der Verurteilung von Diskriminierung beruht, bekam eine zusätzliche Bedeutung nach dem Verschwinden alter Orientierungsmarken. Die Gesellschaft teilt sich andererseits nach wie vor in zahlreiche Schichten, die sich aufgrund von Glauben, politischen Überzeugungen, Bildung und sozialem Milieu unterscheiden. Das läuft auf ein neues Gewirr von »Wir«-Gruppen hinaus, das jedoch weniger fest, umfassend und prinzipiell ist als die ehemaligen versäulten Segmente. Und diese gewisse Undurchsichtigkeit und Instabilität vergrößert die Angst vor tiefergehenden Konflikten und den Wunsch nach Bewahrung des offiziellen Konsens.

Wie steht es nun um das Verhältnis zwischen dem Katechismus politisch-ideologischer Werte, dem offiziellen Konsens, und der Alltagspraxis in der heutigen Gesellschaft? Inwiefern wirken historische Verhaltensweisen und Denkmuster noch nach?

Von einem geschlossenen niederländischen Selbstbild kann bei genauem Hinsehen nicht gesprochen werden. Es hieße, die Unterschiede, in denen sich auch der alte Pluralismus noch zeigt, zu bagatellisieren. Häufig sind da noch orthodox-protestantische von liberalen oder katholischen Standpunkten zu unterscheiden, und auch die Unterschiede zwischen konservativen oder progressiven Auffassungen sind deutlich. Dennoch werden gewisse nationale Charakterzüge immer wieder übereinstimmend betont, und zwar – dem Katechismus entsprechend – Attribute wie pragmatisch, moderat, demokratisch, tolerant, friedliebend, human.

Die oligarchische Mentalität ist noch erkennbar in dem oft institutionalisierten Klubwesen – kleinen homogenen Kreisen, die in den Parteien, im Parlament oder auch im privaten oder semi-privaten Sektor, in wissenschaftlichen und kulturellen Institutionen den Ton angeben. Es handelt sich dabei nicht um formelle Hierarchien, sondern eben um eine Art anerkannte tonangebende Elite. Sie ist im übrigen auch an ihrem Konferenzstil zu erkennen, in der Art, wie Beschlüsse zustandekommen, in umständlicher Umsicht und Vorsicht, in einer gewissen Angst vor raschem Durchgreifen und in dem Hang zur Pedanterie – alles typische Erbschaften eines Landes, das immer im Schutz seiner Neutralität als Zuschauer der Weltpolitik gelebt hatte. Auch wenn höfisch-aristokratische Umgangsformen niemals die niederländische Kultur prägten, so kannte das Patriziat doch eine eigene gravitätische Förmlichkeit, deren Relikte sich noch in diesem Konferenzstil erhalten haben. Der erwähnte, Ausländer oft befremdende ungeschminkte Umgangston ist insofern eingerahmt durch eine eigene Etikette. Die Niederlande sind zudem wohl auch das einzige Land, das noch immer einen ausgedehnten Katalog für korrekte schriftliche Anredeformen der verschiedenen Magistratspersonen und Berufe kennt – von der Königin bis zum Studenten und ungeweihten Priester –, von dem die heutige Generation allerdings keinen Gebrauch mehr macht.

Niederländisches Denken

Die Neutralitäts- und Zuschauermentalität der Niederländer wirkt noch stark nach, nicht nur in der großen Politik, auch im Kulturellen, in einem Hang, anderen die Initiative zu überlassen und lieber die Rolle des Kommentators zu übernehmen. Es gibt eine Scheu vor kühnem Zugreifen und eine Vorliebe für das Nebensächliche, Risikolose. Diese Zuschauerrolle zeigt sich auch im bekannten und berüchtigten Hang zur moralischen Besserwisserei dem Ausland gegenüber, dem erhobenen Zeigefinger des Schulmeisters – eine Neigung, die – dies muß hinzugefügt werden – im Lande selbst in jüngster Zeit wiederholt kritisiert und verspottet wurde.

In der Strafjustiz und allgemein im Umgang mit der Kriminalität wirkte zweifellos – neben der traditionellen Toleranz – auch die schockierende Erfahrung mit dem nazistischen Terror weiter. Das ebnete einer Humanpsychiatrie und Humankriminologie den Weg, die harte Strafen und autoritäre Methoden prinzipiell ablehnten. Auch hier war es die »Kulturrevolution« der sechziger Jahre, die diesen Auffassungen zum vollen Durchbruch verhalf, obschon sie auch davor bereits ihre entschiedenen Anhänger besaßen. Die seit der Zeit so heftig umstrittene niederländische Drogenpolitik muß in dem Zusammenhang einer psychologisch-pädagogischen Liberalität gesehen werden.

Die historisch geformte, stark theologische Ausrichtung des niederländischen Denkens ist vielleicht noch erkennbar in den vielen intellektuellen Gesprächsgruppen und Zirkeln, die sich mit weltanschaulichen Fragen beschäftigen. Der extrovertierte Bekenntnisdrang äußert sich da in der Vorliebe für breitgefächerte Diskussionen über ethische und religiöse Dinge, ein säkularisierter Abglanz der alten theologischen Streitereien und Debatten. Wenig Themen lösen in den kulturellen Beilagen der Tagespresse regelmäßig solchen Strom von Zuschriften aus wie Moralisches oder Weltanschauliches. Das wird selbstredend getrennt von der Ebene der alltäglichen Realität. Die Erörterungen bezwecken selten irgendwelche direkte Reformen oder Eingriffe. Sie befriedigen Gewissen und Gemüt, bestätigen das Recht mitzureden und haben so eine Funktion, die halb Katharsis, halb Gesellschaftsspiel ist.

Die Ausländerpolitik

Inzwischen hat die massive Einwanderung von Fremdarbeitern, »Allochthonen« genannt, nebst der Arbeitslosigkeit den Katechismus der allgemeinen Werte stärker unter Druck gesetzt, ja ihn geradezu ausgehöhlt – ein Prozeß, der in etwa synchron verlief mit der Entsäulung und dem Aufstieg einer technokratischen Bürokratie und ihren selbstherrlichen Herrschaftsmethoden, die wiederum möglich sind durch die parteipolitischen Interessenverstrickung zwischen Regierenden und Volksvertretern. Die rückblickende Kritik an der engstirnigen Asylantenpolitik der dreißiger Jahre hat nicht verhindert, daß die heutigen Regierungen einen mindestens ebenso unliberalen Kurs verfolgen. Harte wirtschaftliche Interessen geben den Ausschlag und bestimmen die Gesetzgebung; ungeachtet kritischer Stimmen.[6] Vor allem klafft zusehends eine Lücke zwischen den Wertmustern und der Alltagspraxis.

Andererseits können legal eingewanderte Ausländer – im Gegensatz etwa zur Bundesrepublik – nach einigen Jahren die Staatsangehörigkeit erwerben. Formal sind sie dann gleichberechtigt. Von einer tatsächlichen sozialen Integration der Immigranten kann jedoch keine Rede sein. Die zweite Generation der Neuankömmlinge fühlt sich entschieden zurückgesetzt. Die Gesellschaft schottet sich im alltäglichen Umgang vielfach in den vielen »Wir«-Gruppen ab. Das trifft sogar noch bei europäischen Immigranten zu. Da es sich bei Türken und Marokkanern – bei den Surinamern aus der ehemaligen Kolonie liegt das wieder anders – im Gegensatz zu den Emigranten früherer Zeiten wie Juden oder Hugenotten um ziemlich geschlossene Gruppen aus vollkommen anderen Kulturkreisen handelt, ist es jedoch falsch, hier die Ursache einzig beim Gastland zu suchen. Da prallen fundamentale Gegensätze im Denken, im Ethos und im Umgang aufeinander, die gerade seitens der Einwanderer die Integration blockieren. Immerhin, die Liberalität im Formalen schließt selektive Diskriminierung in der Praxis nicht aus.

Letzteres ist wohl kaum ein niederländisches Spezifikum. Die heutige multikulturelle Gesellschaft konfrontiert alle Staaten mit der gleichen Problematik. Nur verschärft sie im niederländischen Fall oftmals die Diskrepanz zwischen dem offiziellen Selbstporträt, den humanen Grundsätzen und dem Verhalten in der Praxis. Die Liberalität besteht dann aus einem Gemisch von toleranten Prinzipien und innerer Distanz, die jeden nach seiner Façon selig werden läßt, sofern man unbehelligt bleibt. Die steigenden Probleme und die soziokulturellen Gegensätze verlangen natürlich mehr, und selbstverständlich ist das in den Niederlanden kein Geheimnis. Hier bestehen gegensätzliche Strömungen innerhalb der Bevölkerung, und es hieße die Verhältnisse zu verkennen, wenn man die Bemühungen von verschiedenen Organisationen um eine bessere Integration der Zuwanderer übersähe.

Veränderung der Gesellschaft

Es ist eine Tatsache, daß sich die niederländische Gesellschaft in den letzten zwei Jahrzehnten stark verändert hat; trotz der hier hervorgehobenen Kontinuitäten. Nicht nur zwischen der einheimischen Bevölkerung und den Einwanderern klafft ein Riß. Es hat sich außerdem eine unübersehbare Schicht Deklassierter, mittel- und stellenloser Obdachloser herausgebildet. Vandalismus und Gewaltdelikte zeigen eine beunruhigend ansteigende Kurve. Die einst vielgerühmte holländische Sauberkeit und Zivilisiertheit in der Öffentlichkeit haben ungenierter Verschmutzung und Rücksichtslosigkeit Platz gemacht; teils ist dies eine Folge der Wohlstandsgesellschaft und ihres sorglosen Materialverbrauchs, teils aber auch eine Folge der »Permissivität«, der Überreaktion auf autoritäre Erziehungsmuster und moralisch-pädagogischer Bevormundung. Es ist negative Toleranz, Liberalität aus Bequemlichkeit. Neuartig sind gleichfalls das mehrfach erwähnte selbstherrliche Bürokratentum und die unkontrollierbaren Aktivitäten und Verflechtungen staatlicher Institutionen (Polizei, Justiz), die infolge neuer Aufgaben und Probleme, für die der Staat noch nicht genügend ausgerüstet war, ihren eigenen abgeschirmten Bereich entwickeln konnten. Gleichzeitig führte das zu einem verheerenden Dirigismus auf vielen vom Staat abhängigen Sektoren. Da gibt nicht länger fachliche Kompetenz den Ton an, sondern sachfernes Managementdenken. Die Universitäten sind ein trauriges Beispiel für diese dialektische Umkehrung, wobei Wissenschaftler zu Wasserträgern von karrierebewußten Verwaltern und Staatsbeamten wurden.

Man kann auf diese Weise natürlich einen ganzen Katalog fauler Stellen im Staat und in der heutigen niederländischen Gesellschaft aufstellen. Sofern diese den Ruf hat, daß in ihr Demokratie, Toleranz und Humanität auf vorbildliche Weise verwirklicht sind und daß sie immer ein uneingeschränktes Asyl für politisch Verfolgte war und ist, kann ein solcher Katalog zur Korrektur dienen. Als Gesamtbilanz bliebe er allerdings ebenso einseitig wie das beschönigende Klischee. Jeder weiß, daß sich kollektive Wertmuster und die Wirklichkeit niemals und nirgends decken. Die Niederlande, verwöhnt in ihrer neueren Geschichte durch eine hundertjährige Neutralität und durch eine Zuschauerrolle, die eine friedliche und bruchlose Modernisierung ermöglichten, konnten humane Werte (wie Liberalität) mit handfesten Interessen immer verhältnismäßig leichter oder einfacher verbinden als andere, als ihre Nachbarn. Das konnte dazu verführen, die Bruchstellen zwischen beiden als belanglos zu übersehen und sich in dieser Beziehung in einem

Selbstgefühl zu wiegen, das nicht ohne deutliche Züge von Heuchelei ist. Die Besatzung kam deshalb als extra grausam-verwirrender Schlag, der bis heute nachwirkt. Die rasante Nachkriegsentwicklung hat die Schutzmauern zur Außenwelt niedergerissen und Aufgaben und Probleme angeschwemmt, die zwar für die gesamte westliche Gesellschaft gelten, die jedoch gerade im am dichtesten besiedelten Land Europas die Spannung zwischen tradierten Normen und konfliktreicher Wirklichkeit erhöhen. Zu verkennen, daß jene Humanität trotzdem immer wieder als ein unausrottbarer Impuls in die niederländische Politik hineinwirkt, die keiner ganz ungestraft mißachten kann, hieße, einen wesentlichen Faktor ihrer politischen Kultur und Mentalität zu übersehen.

Anmerkungen

[1] G. C. de Haas, in: Nieuwe Rotterdamse Courant/Handelsblad vom 5. Juli 1997.

[2] J. Huizinga, Nederlands geestesmerk. Verzamelde Werken VII, Haarlem 1950, S. 279ff.

[3] Den Begriff der »Versäulung« erläutert Ralf Kleinfeld in disem Band, S. 169ff.

[4] J. Huizinga, Patriotisme en nationalisme in de Europeesche geschiedenis tot het einde der negentiende eeuw. Verzamelde Werken IV, Haarlem 1945, S. 497ff.

[5] Kalimero ist eine bekannte Comicfigur.

[6] Etwa bei der Gümüs-Affäre – eine längst eingebürgerte türkische Familie, die ein gutgehendes Geschäft in Amsterdam besaß, wurde trotz einer umfassenden Protestaktion der Bevölkerung aus rein juristischen Gründen ausgewiesen.

Libertas Bataviae

Ein kritischer Blick auf die Gegenwart der Niederlande

Kurt Tudyka

Die Liberalität der Niederlande – oder was darunter verstanden wird – ist in der deutschen Öffentlichkeit sprichwörtlich, und die Eindrücke der Touristen tragen das ihre immer aufs neue dazu bei: Dirnen in Schaufenstern, Marihuana in den Koffieshops, poussierende Männer, sexuelle »Versorgung« von Behinderten, Schwangerschaftsabbruch, Sterbehilfe. Die einen schwärmen, die anderen sind schockiert, und nicht wenige verwechseln wohl Liberalität mit Libertinität. Offensichtlich entstehen solche Urteile durch Verallgemeinerungen von Eindrücken aus einem sehr schmalen Sektor der Gesellschaft.

Gleichwohl – Liberalität würden Niederländer als kollektive Tugend für sich beanspruchen oder sich zumindest ihrer gern rühmen lassen.[1] Zudem reklamieren sie für sich gern das Streben nach Gleichheit, den Sinn für Toleranz, den Hang zur Mäßigung und die Ablehnung des politischen Extremismus und einer ausgeprägten Klassengesellschaft. In den Niederlanden leben tatsächlich Marokkaner, Griechen, Türken, Antillaner, Israelis, Surinamer, Deutsche, Javaner und noch eine Schar anderer Völker, alle kämen miteinander aus und empfänden sich als zusammengehörig – die Niederlande als »global village«.[2]

Abgesehen von der Fragwürdigkeit dieser Beobachtung: Liberalität umfaßt idealiter noch viel und vielerlei mehr. Sie reicht von einer weltoffenen, vorurteilsfreien, undogmatischen und toleranten Einstellung gegenüber fremden, nonkonformen und abweichenden Ideen und Verhaltensformen bis zu einem gewaltfreien, ja großmütigen, freigebigen und gastfreundlichen Verhalten. Liberalität schließt endlich auch eine aufgeschlossene und verständnisvolle Haltung gegenüber dem und den anderen, den »Alternativen« verschiedenster Provenienz ein, deren Treiben im allgemeinen wenig und im besonderen keine autoritären Beschränkungen auferlegt werden.[3]

Das entspricht dem Idealbild einer bürgerlichen Gesellschaft auf einem hohen Niveau, wie sie sich nach einem langen Prozeß der Zivilisation herausbildet. »Erst mit den Spannungen zwischen den Menschen, mit den Widersprüchen im Aufbau des Menschengeschlechts« –

so Norbert Elias – »können sich die Spannungen und Widersprüche in den Menschen mildern«. Erst dann »werden wir mit besserem Recht von uns sagen können, daß wir zivilisiert sind«.[4] Es sei dahingestellt, ob es die sozialen und wirtschaftlichen Voraussetzungen dazu tatsächlich je gegeben hat, ob sie einer schon vergangenen bürgerlichen Welt angehörten oder ob es sich gar nur um ein ideologisches Konstrukt handelt. Gleichwohl – die Vorstellung von dieser Liberalität existiert, ebenso der Wunsch nach ihr, und wer durch die Welt, insbesondere die europäische reist, weiß, daß es Regionen gibt, die von ihr weniger weit entfernt sind als andere. Und wer wollte bestreiten, daß die Niederlande diesem Bild bürgerlichen Zusammenlebens näher sind als andere?

Ein Vergleich mit anderen Ländern soll hier allerdings nicht geleistet werden, ebensowenig eine Schilderung der Erscheinungsformen der Liberalität. Ihre Wahrnehmung ist ohnehin sehr subjektiv. Im folgenden wird vielmehr zunächst von der eben beschriebenen sehr vagen Vorstellung von Liberalität ausgegangen, die in den Niederlanden angeblich herrscht. Vor diesem Hintergrund soll auf verschiedene Phänomene hingewiesen werden, die das allgemeine und liebgewonnene Bild korrigieren. Der Blick des Autors ist dabei nicht der des Einheimischen, des Niederländers, sondern der des im Lande lebenden Fremden, dessen Blick nach Georg Simmel weitaus objektiver ist.

Geschichtsbilder und Mythen

Das landläufige niederländische Selbstbild ist bestimmt von Freiheitssinn und Toleranz, einem »holländischen Cocktail« von liberalen und pragmatischen Werten und Merkmalen.[5] Zu seiner Illustration und Begründung wird gern die Geschichte bemüht.[6] Es wird an die Aufnahme von Menschen erinnert, die aus ihrer Heimat aus religiösen oder politischen Gründen flohen, so an die protestantischen Flamen nach der Besetzung ihres Landes durch die Spanier um 1600, an die Hugenotten nach dem Widerruf des Edikts von Nantes durch Ludwig XIV. 1685, an die Juden aus allen Teilen Europas nach den Pogromen seit dem 16. Jahrhundert, vor allem in den dreißiger Jahren unseres Jahrhunderts, an die anderen durch den Nationalsozialismus Verfolgten. Nach 1945 fanden im Land Zehntausende aus den ehemaligen Kolonien eine neue Heimat, vor allem Molukker und Surinamer. Schließlich erhielten in der jüngsten Vergangenheit Flüchtlinge und Asylbewerber aus dem ehemaligen Jugoslawien Sicherheit und Versorgung durch Gewährung eines wenigstens vorläufigen Aufenthalts, und viele, die illegal ins Land gelangten, werden befristet geduldet. Zeugnisse für den eigenen Freiheitssinn bietet die in den Schulen gelehrte »Vaderlandse Geschiedenis« zuhauf, voran der 80jährige Krieg gegen die Spanier und noch viel ausgeprägter der Widerstand gegen die deutschen Besatzer, insbesondere das Verbergen Verfolgter während des Zweiten Weltkriegs.

Aller Historie, die den hohen Wert eines nationalen Kollektivs rühmen soll, ist zu mißtrauen. Die Realität ist immer banaler, komplexer oder als Dienerin für bestimmte kollektive Zwecke geschönt und gefiltert, wenn nicht gar schlicht gefälscht. Schon das Vorhaben, das Tun und Lassen vieler Millionen auf eine kollektive Geschichte zu reduzieren, birgt notwendigerweise Vereinfachungen und Vergröberungen in sich. Das gilt um so mehr, wenn die Geschichte als zivile Religion dem Staat dient. So ist die niederländische Geschichte der Zuzügler und Flüchtlinge ernüchternd, indem sie keineswegs vorbehaltlose Gastfreundschaft und Toleranz belegt.[7] Und Niederländer, die sich das nicht eingestehen oder sagen lassen wollen – zumal von Deutschen –, reagieren schnell pikiert, weil unter dieser Feststellung das Selbstwertgefühl leidet, das sie aus der Zugehörigkeit zu einem hochstilisierten Kollektiv gewonnen haben.

Ein Beispiel für solche Empfindlichkeit bietet das ruhmlose Kapitel der Kolonialgeschichte von »Niederländisch-Indien«, dem heutigen Indonesien, vor allem auch soweit es den Versuch angeht, es nach 1945 mit kriegerischer Gewalt, die als »Polizeiaktionen« bemäntelt wird, wiederzugewinnen.[8] Das wird nicht gern gehört – weder von den einflußreichen Veteranenverbänden noch vom Großteil der politischen Klasse. So konnten sich der Minister für Entwicklungszusammenarbeit und der Parlamentspräsident nicht durchsetzen, als sie 1995 zu einer öffentlichen Debatte über die Ereignisse zwischen 1945 und 1950 im damaligen Niederländisch-Indien aufriefen. Sie fanden weder in der Bevölkerung noch unter den Abgeordneten ausreichend Gehör. Der Minister machte sich nicht populär mit seiner Ansicht, wonach das Land nach 1945 gegen die Entkolonialisierung einen Krieg geführt hat, »den wir euphemistisch eine Polizeiaktion genannt haben«. »Tatsächlich war es ein Befreiungskrieg, wie zahllose Kolonien ihn mitgemacht haben ... Man kann nicht sagen, das war die Zeit und damit haben wir nichts mehr zu tun. Unsere Dekolonisierung ist nicht makellos verlaufen. Das ist eine Periode, aus der wir nicht geläutert herauskamen. Das darf politisch erklärt werden. Sicherlich gerade dann, wenn wir etwas über andere Länder sagen, und wenn wir intern noch immer Schwierigkeiten damit haben ... Lassen wir die Geschehnisse nicht unter der Geschichte begraben«.[9]

Wie sehr die indonesische Frage die Wurzeln des Selbstverständnisses berührt, machte Jan van Doorn, ein bekannter Publizist deutlich, der die Position des Veteranen bezog.[10] Das erste Mal habe er den Vergleich mit Deutschland 1949 in Indonesien aus dem Mund eines niederländischen Militärs gehört, der nach einem Zwischenfall sagte: »Wenn du siehst, was hier ausgefressen wird, darfst du über die Moffen nichts mehr sagen.« Doch Doorn spricht, wie die Veteranen, anderen das Recht ab, solche Vergleiche zu ziehen. Es sei schlimm genug, daß der Krieg in Indonesien schlecht für die niederländische Seite ablief. Wenn er darüber hinaus im nachhinein als überflüssiger Krieg und als ein politischer Fehler charakterisiert würde, bekämen die Kriegsteilnehmer das Gefühl, auf der ›falschen Seite‹ gestanden zu haben. Veteranen könnten das nicht verarbeiten. Sie hätten ihre Pflicht getan. Nationale Debatten über die indonesische Frage, die ›wohlmeinende‹ Beobachter wünschten, lösten nichts. Was fehle, sei eine nationale Kultur, worin militärische Leistungen als solche Anerkennung fanden. Dafür aber seien die Niederlande anders als beispielsweise England oder Frankreich zu bürgerlich und zu »nüchtern«.

Erst kürzlich ist dem Autor eines Buches, der das Auftreten der niederländischen Truppen in Indonesien kritisierte und mit dem Verhalten der deutschen SS gleichsetzte, ein spektakulärer Prozeß gemacht worden. Einem niederländischen Soldaten, der damals zu den Indonesiern überlief und in Djakarta inzwischen zu einem ungeliebten Menschenrechtsaktivisten geworden ist, wollte das niederländische Parlament 1995 durch einen förmlichen Beschluß das Visum zum Besuch seiner Familie in Holland verweigern. Allerdings setzte sich der Außenminister darüber hinweg und gestattete mit strengen Auflagen einen befristeten Aufenthalt.

Letztendlich ist auch die allerjüngste Vergangenheit, die Übergabe des bosnischen Srebrenica durch die niederländischen Blauhelm-Truppen an die serbischen Belagerer mit der Folge von mehr als zehntausend Ermordeten und Vermißten, alles andere als eine »Freiheitsgeschichte«. Auch diesem Debakel konnten manche freilich noch eine positive Seite abgewinnen: Militärisches Heldentum sei kein nationaler Wert, die Niederländer seien keine Haudegen, meinte dazu beispielsweise der Direktor des regierungsnahen Instituts für internationale Beziehungen. Man hätte sich unbesonnen in ein militärisches Abenteuer gestürzt.[11] Die ›Nüchternen‹ im Lande sähen das genauso – und das sind nicht wenige, sie beeinflussen mehr als anderswo das »kollektive Gedächtnis«, weil eben Nüchternheit eher als Pathos denn als Tugend gepflegt wird.

Der individuelle Alltag

Die Wirklichkeit stellt sich für im Lande Lebende anders dar als für Besucher. Beide haben von ihr ein anderes Bild, und zwar nicht unbedingt in dem, was sie sehen, sondern darin, wie sie es sehen oder »erleben« und bewerten. Die Wahrnehmung der sogenannten Autochthonen unterscheidet sich von der der »Allochthonen«. Wer zur »Ingroup« gehört, der erfährt vieles nicht, was dem widerfährt, der zur »Outgroup« zählt – das ist fast schon eine Tautologie.

Doch auch wer nur kurze Zeit im Land weilt, kann sowohl gesellschaftlichen Normenverlust als auch autoritäres Auftreten und Handeln staatlicher Organe wahrnehmen. Der individuelle Alltag ist zum Alltag der Individuen geworden; Privatisierung und Individualisierung zerstören Öffentlichkeit und soziale Verantwortung fürs Ganze.

Relativ harmlos, weil eher traditionell, gleichwohl symptomatisch sind das grußlose Hinzutreten von Neuankömmlingen zu einer Schar bereits Anwesender, die grußlose, gleichgültige Reaktion der Gruppe, was zwischen allen einen Zustand des Nichtverhältnisses demonstriert. Als Vorschule einer schon riskanteren, dennoch verbreiteten Regelverletzung dient der Straßenverkehr und hierzulande vor allem die Übung, grundsätzlich auch dann noch die Kreuzung zu passieren, wenn die Ampel von gelb auf rot springt. Auffallender und gewichtiger sind gesellschaftliche Phänomene wie die Verluderung öffentlicher Einrichtungen, Rüpelhaftigkeit, Vandalismus, Aggressivität, Kriminalität, soziale Deprivation und Xenophobie.

In sozial-ökonomischer Hinsicht seien die wohlfahrtsstaatlichen Niederlande ein ungewöhnlich zivilisiertes Land, in sozial-kultureller Hinsicht dagegen mache sich Unzivilisiertheit breit, hat ein Beobachter öffentlicher Sitten kürzlich festgestellt und hat das als eine Proletarisierung des Alltags bezeichnet.[12] Das Land werde gemeiner, roher und schamloser.

Tatsächlich fällt es nicht schwer, schmutzige Straßen, heruntergekommene Stadtviertel, demolierte öffentliche Einrichtungen anzutreffen. Ebenso leicht ist es, mit flegelhaftem, obszönem und aggressivem Verhalten in Berührung zu kommen, mit in aller Öffentlichkeit Urinierenden, mit Graffitti-Sprühern, mit Halbwüchsigen, die in Rudeln Plätze und Gehsteige für sich beanspruchen, mit rücksichtslos drängelnden und herumlümmelnden Passagieren in öffentlichen Verkehrsmitteln, mit drohenden und fluchenden Autofahrern. Sie scheinen ihr Ideal maximaler persönlicher Entfaltung ebenso auszuleben wie die lärmenden Kofferradiohörer, die schamlos-häßlich Entkleideten an den Stränden und die Bahnabteile verwüstenden Fußballanhänger. Der bürgerliche Ungehorsam und die demonstrative Unbürgerlichkeit einer kleinen Avantgarde der sechziger Jahre, als politischer Protest gegen erstarrte Verhältnisse gedacht und phantasievoll exerziert, sind im Laufe der Zeit auf eine große Nachhut durchgesickert, die auf ihre eigene Weise dabei ist, sich zwanglos zu geben – und »mit dem Fressen kommt keine Moral«[13].

Die absichtslose, vandalistische Gewalt braucht unter bestimmten Umständen nur noch eine niedrige Schwelle zu überschreiten, um sich gegen Menschen zu richten – so wie im September 1997 in Leeuwarden im Fall eines jungen Mannes, der eine Gruppe von Randalierern davon abhalten wollte, Fahrräder in einen Kanal zu werfen. Ob sie das nicht unterlassen könnten, rief ihnen das spätere Opfer zu, das mit seiner Braut und einem anderen Paar auf dem Heimweg war. Daraufhin stürmten die Krakeeler auf die Gruppe zu, schlugen und traten den zu Boden Gestürzten derart, daß er daraufhin starb. Die Gewalttäter zogen offenbar ungerührt in eine Kneipe weiter. Dieser Totschlag als Reaktion auf »bürgerliches« Verhalten ist, wie sich herausstellte, landesweit kein Einzelfall. Trotzdem erregte er noch soviel Aufsehen, daß beherzte Bürger am Tage der Beerdigung des Opfers zu einer Minute des Protests und des Gedenkens aufrufen konnten.[14]

Bei einer Schlägerei zwischen Fußball-Hooligans wird 1997 ein Ajax-Anhänger getötet.   *Karikatur: Mat Rijnders (1997)*

Nur wenige Wochen vorher hatten sich die »Fan-Clubs« der zwei führenden niederländischen Fußballvereine über Internet und Telefon zu einer Schlägerei nahe einer Autobahn verabredet. Obwohl die Polizei davon informiert war, konnte sie das blutige Hauen und Stechen nicht verhindern – auf der Strecke blieben ein Erschlagener und viele Verletzte.

In den großen Städten bestehen Jugendbanden, die die Form von wahren Gangs angenommen haben. Sie üben, wie z. B. in Stadtteilen von Rotterdam und in anderen Orten, ein Schreckensregiment mit bewaffneten Überfällen, Einbrüchen, Schießereien, Vergewaltigungen und Straßenraub aus.

Armut

Die Zweiteilung des Landes vertieft sich, das ist der Befund zahlreicher Analysen, trotz der – wie es scheint – »im großen und ganzen« günstigen sozialökonomischen Entwicklung des Landes.

Die traditionelle Zurückhaltung in bezug auf Pracht und Gepränge wird zumindest an einem Tag des Jahres aufgegeben: Immer am dritten Dienstag im September, dem »Prinsjesdag«, läßt sich die Königin in ihrer mehrspännigen »goldenen Kutsche«, begleitet von einem Dutzend anderer Kutschen und zahllosen Reitern in protzigen Uniformen, von ihrem Schloß zum Parlament fahren; sie winkt unter ihrem Hutgebinde den jubelnden Untertanen freundlich zu, die sich in der Herbstsonne auf dem Haager Trottoir eingefunden haben. Die Fürstin liest dann vor den Abgeordneten beider Kammern des Parlaments und den geladenen Gästen die Thronrede und berichtet über den Zustand ihres Königreiches. Nachdem sie ihre Ansprache gehalten hat, jauchzen alle Höflinge: »Es lebe die Königin, hurra-ra-ra.«

Ein paar Straßen weiter hängen jedoch vor baufälligen Läden derweil Halbwüchsige herum, an den Ecken stehen unrasierte Männer mit rauhen Stimmen und Flaschen in der Hand. In den verrotteten Lokalen sitzen Immigranten an nackten Plastiktischen. In diesen Vierteln hokken die Menschen noch um zwei Uhr nachts herum und sehen fern, denn sie müssen nicht früh aufstehen. Natürlich schicken sie die Kinder nicht rechtzeitig zur Schule, klagt ein Sozialarbeiter. Hier wird die Kultur von Arbeitslosigkeit und Armut von Generation auf Generation vererbt.[15]

Die durchschnittliche Arbeitslosigkeit ist zwar gesunken, aber die Zahl der Langzeitarbeitslosen nahm zwischen 1992 und 1996 um 50.000

Menschen zu. Unter den Immigranten stieg die Arbeitslosigkeit im Jahr 1995 von 16 auf 19 Prozent. Keine Aussicht auf bezahlte Arbeit haben vor allem Menschen über fünfzig, Ausländer, Mütter mit Kindern, Menschen ohne Schulabschluß, Obdachlose und Drogenabhängige und Personen, die eine Kombination dieser Merkmale aufweisen. Von ihnen denkt wohl jeder: Sie tun nicht mehr mit, sie werden niemals mehr mittun.

Für ein Drittel bis die Hälfte aller Sozialhilfeempfänger, so heißt es in dem Bericht »Arm in den Niederlanden«, bestehe keine reale Perspektive, einen bezahlten Arbeitsplatz zu finden. Das sind die Menschen, die vergessen haben, ihren Namen zu nennen, wenn sie jemanden anrufen, die nicht mehr wissen, wie sie aus dem Bett kommen, die nicht mehr in der Lage sind, ordentlich Niederländisch zu lernen, die in einem Wolkenkuckucksheim leben oder die einfach zu alt sind. Kein Arbeitgeber, erhielte er sie auch umsonst, will sie haben. Selbst ›schwarz‹ will sie niemand. Das sind amerikanische Verhältnisse. Selbst das Sozialministerium wird täglich »amerikanischer«, wo die Langzeitarbeitslosigkeit nur noch »Herausforderung« heißt, Herausforderung für den Haushalt, die Steuern und damit für die Arbeitsplätze. Wer jetzt noch an der Seite stehe, der habe es sich selbst zuzuschreiben. »Eigene Schuld«, das steht unausgesprochen zwischen den Zeilen der Sozialberichte. Was dann noch übrigbleibt, ist einfach zugeben, daß es wohl arme Menschen gibt, doch das einzige, was das Land tun wolle, ist dafür zu sorgen, daß sie nicht verhungern.[16]

Die Politik sehe an der Verelendung des Landes vorbei oder beschönige sie, so lautet der Vorwurf, den auch der katholische Bischof von Breda, Muskens, 1996 in einem spektakulären Rundschreiben über die Armut in den Niederlanden anklingen ließ.

Urbaner Verfall und Kriminalität

Nach einem jüngst veröffentlichten Bericht über die Bewohnbarkeit des Landes, den der Nationale Wohnungsrat, der Spitzenverband der niederländischen Wohnungsgenossenschaften, herausgab, sind von den 764 untersuchten Stadtvierteln 117 als ungenügend bewohnbar eingestuft; 1,8 Millionen Menschen leben in unbewohnbaren Vierteln. Andere Fakten klingen noch dramatischer: 3,9 Millionen Menschen wohnen in unsicheren Vierteln mit einer hohen Kriminalität.

Die Verbreitung der sogenannten »Koffieshops« wird im Bericht des Wohnungsrates nicht als Ausdruck einer erfolgreichen Drogenpolitik bewertet, sondern im Gegenteil als Quelle von Verhältnissen, die zu einer kriminellen Eigendynamik geführt haben.[17] An den Betreibern eines »Koffieshops« würden anders als an Gastwirte oder Gemüsehändler keine gesetzlichen Anforderungen gestellt. Selbst ein Führungszeugnis sei nicht nötig. Für Kriminelle und ihre Organisationen sei diese Politik nichts anderes als eine regelrechte Einladung zu ungesetzlichen Aktivitäten. Außer leichten Drogen verkaufe der Betreiber eines »Koffieshops« oft auch harte Drogen und fungiere nicht selten als Aufkäufer und Händler von Diebesgut. »Koffieshops« würden als Waschanlagen für schwarzes Geld gebraucht. Der niederländische »Koffieshop« sei der Drogenlieferant des europäischen Hinterlandes, er sei zum Schreckbild geworden. Das Ausland akzeptiere dies dann auch nicht länger.

»Für eine Umfrage!... Sind Sie ein Drogenabhängiger oder ein gewöhnlicher Krimineller?«
Karikatur: Stefan Verwey (1994)

Der ausländische Druck gegen die niederländische Drogenpolitik stößt in der Tat in einem wachsenden Teil der Bevölkerung auf Verständnis. Die Duldungspolitik scheint das Zusammenleben an einigen Orten in eine Kultur der Anarchie verwandelt zu haben. Dies müsse anders werden, weil eine Obrigkeit, die ihre eigenen Regeln nicht mehr ernst nehme, ihre Glaubwürdigkeit verliere.

Andererseits fordert die größte Regierungspartei die volle Freigabe der weichen Drogen. Laut einer Berechnung der heutigen öffentlichen Ausgaben für die Drogenbekämpfung könnten nach einer Legalisierung des Drogenmarktes erhebliche Mittel für andere Zwecke frei werden. Nach offiziellen Angaben begehen Drogenabhängige, um an ihren »Stoff« zu gelangen, jährlich rund 730.000 Straftaten und verursachen einen Gesamtschaden von 500 Millionen DM. Die Gesamtkosten der Drogenbekämpfung – Polizei, Zoll, Fahndung, Staatsanwaltschaft, Gerichts- und Gefängniswesen – kommen auf etwa den gleichen Betrag, so daß die Legalisierung – abgesehen von den möglichen Extraausgaben im Gesundheitssystem – eine Milliarde DM an öffentlichen Mitteln einsparte.[18]

Xenophobie

Je kleiner das Land, je größer die Fremde, und in der Fremde ist nach einem Wort von Karl Valentin der Fremde fremd, »bekanntlich« kann man hintergründig hinzufügen. Wer in den Niederlanden als »autochthon« bezeichnet wird, der ist dort aufgewachsen, zur Schule gegangen und hat dort seine Ausbildung erfahren. Soweit er im Lande bleibt, wird er in dem kleinen Land immer wieder seine Bekannten, Freunde oder Familienangehörigen treffen – ob nun gewünscht oder unerwünscht. Dieser »Lokalismus« schließt mit allen Konsequenzen die Zugezogenen aus, gleich ob sie aus Surinam, Marokko, der Türkei, den USA oder gar aus Deutschland gekommen sind. Selbst »Eingeheiratete« wissen davon zu berichten, und manche Ehe leidet unter den großfamiliären Bindungen des einheimischen Partners.

Es sind also nicht nur materielle, sondern vor allem auch mentale Welten, die die Holländer von den Zugewanderten trennen.[19] Eine wirklich multikulturelle Kneipe sei auch in Holland nicht gang und gäbe, bemerkte kürzlich ein Journalist. Selbst im Amüsierviertel von Amsterdam schweigt der eben noch so sangesfreudige Chor der Einheimischen, wenn sich ein Fremder an die Theke setzt, ganz abgesehen von den intimen Café-Restaurants an den Grachten, wo es so monokulturell zugeht, daß jeder den gleichen Pulli trägt. Man müsse »Sand in den Augen« haben, um nicht zu bemerken, daß es seit Jahren in schnellem Tempo mit der multikulturellen Gesellschaft bergab gehe – so der Journalist René Zwaap. Ein Prozeß der Xenophobisierung schleiche unbemerkt voran – sowohl in der Politik als auch auf den Straßen. Gründe hierfür seien die gewaltig verhärteten wirtschaftlichen Verhältnisse, die sich verbreiternde Pauperisierung, die Hetzjagd auf illegale Zuwanderer.[20]

Aus einer erschreckenden Mischung von Vorurteilen und Ressentiments sprudeln allerlei kuriose Überlegenheitsgefühle. So ist die sogenannte »Niederländische Identität« plötzlich zum Thema geworden. Man spricht vom nötigen Wiedererwachen der nationalen Volksart! Ein wichtiger Faktor dabei ist die Angst vor dem anrückenden Islam, der auf dem Höhepunkt der Entkirchlichung die Niederlande auf einmal wie eine Zeitmaschine neunhundert Jahre zurück in das Zeitalter der Kreuzzüge versetzt. Die Angst vor dem Kopftuch ist nun auch in Holland eingezogen. Übrigens, keinem Ministerium der Niederlande, keiner Provinz und keiner größeren Gemeinde – von den kleinen ganz zu schweigen – steht ein farbiger Niederländer vor. Vielleicht ist das ein Grund dafür, daß rechtsradikale und nationalistische Parteien wie die Centrum Partei und die Nederlandse Volksunie klein geblieben sind, auch wenn sie in einige Ratshäuser eingezogen sind.

Wenn in den Niederlanden von »Allochthonen«, »Minderheiten«, der Diskriminierung Fremder oder selbst von der Sorge für den (fremdländischen) »Nachbarn« öffentlich geprochen wird, dann sind niemals Deutsche gemeint, obwohl nach wie vor Deutschen, dem Deutschen und Deutschland – was darunter auch immer verstanden wird – mit weitverbreiteten Vorurteilen begegnet wird.

Zwar scheinen die politischen Bemühungen der jüngsten Vergangenheit zumindest zu kosmetischen Änderungen in den Medien geführt zu haben, indem beispielsweise niederländische Korrespondenten aus Deutschland auch mit Berichten zum Zuge kommen, die keinen negativen Einschlag haben. Doch so schnell lassen sich lange Jahre und Jahrzehnte gepflegte negative Klischees nicht löschen.

Bezeichnenderweise wurde selbst im Zuge der Kampagne für ein ausgewogenes Urteil über den östlichen Nachbarn die Frage aufgeworfen, warum es denn überhaupt nötig sei, daß die Niederländer ein »reifes« Urteil über die Deutschen haben. Die Meinung über ein anderes Volk sei doch eine private Angelegenheit.[21]

Zum einen schwingt da ein gewisse Scheinheiligkeit mit, zum anderen ist es symptomatisch, daß dabei – quasi im gleichen Atemzug – der niederländische Nationalcharakter beschworen und von der brutalen deutschen Gewalt abgegrenzt wurde. Was da zum »Volkscharakter«, zur »niederländischen Seele« gerinnt, ist eine Monstranz, ein Vehikel einer besonderen »zivilen Religion«.

Mit dem Begriff »zivile Religion« werden seit Rousseau die moralischen Komponenten der politischen Legitimation bezeichnet. Zivile Religion ist der dauerhafte und stabile Fundus von Wertvorstellungen einer Nation. Insbesondere am 4. und 5. Mai, wenn des Endes des Zweiten Weltkrieges gedacht wird, werden die Komponenten der niederländischen Zivilreligion erkennbar. Es geht dann um mehr als das schlichte Erinnern, das nur die Dabeigewesenen, die Veteranen und die Opfer berührt. Der Zweite Weltkrieg wird zu einem Element der kollektiven Identität. Am »nationalen« Befreiungstag wird eine historische Kontinuität suggeriert, die einerseits Sympathie mit den eigenen Landsleuten und andererseits Abscheu gegenüber den Besatzern als Deutschen oder den Deutschen als Besatzern weckt. Übrigens wird nicht die Befreiung vom Faschismus oder Nationalsozialismus gefeiert, sondern die Befreiung der Nation von den Deutschen. So ist eine Teilnahme von Deutschen an den Feiern zum Gedenken an das Kriegsende in den Niederlanden eine peinliche Angelegenheit, insbesondere wenn sie offiziell begangen werden soll, wie die Wechselspiele von Ein- und Ausladungen von Deutschen bei örtlichen Veranstaltungen bewiesen haben.

Die Aufrechterhaltung des Bildes vom bösen Deutschen nützt auf listige Weise der niederländischen Nation. In der Funktion als Bestandteil der zivilen Religion dient es zusammen mit anderen Komponenten der nationalen Integration und der Identifikation der niederländischen Gesellschaft. Gegenübergestellt werden nämlich zwei nationale Kollektive, ein positives niederländisches und ein negatives deutsches. Diese Suggestion ist wirksam, weil sie den Individuen niederländischer Herkunft ohne ihr Zutun ein schmeichelhaftes Selbstbild vermittelt. Das negative Fremdbild von »de Duitsers« ist nützlich und vielleicht sogar nötig, weil es die Integration der Individuen zum eigenen Kollektiv in einer Zeit der persönlich wahrnehmbaren Bedrohung, in Zeiten einer unidentifizierbaren Krise fördert.

Die Dynamik des Modernisierungsschubs seit den sechziger Jahren säkularisierte, pluralisierte und individualisierte die niederländische Gesellschaft offenbar so sehr, daß Autoren unterschiedlicher Provenienz heute einen Bedarf an nationaler Integration und Identifikation melden. Ängste weckend, wird die Frage gestellt, ob die Niederlande allmählich dahinschwänden, was sie von anderen Ländern unterscheide und was ihre Vitalität und Eigenheit ausmache. Daran knüpft sich beschwörend der Appell, sich der den Niederländern eigenen Tugendhaftigkeit zu erinnern und zu befleißigen.[22]

Der Staat als »Obrigkeit«

In den Niederlanden wird der gesamte Staatsapparat summarisch als »overheid« bezeichnet, was zumindest begriffliche Assoziationen zur deutschen »Obrigkeit« nahelegt. Das ist tatsächlich nicht verkehrt. Denn wenn es schon mit der Liberalität der niederländischen Gesellschaft nicht so weit her ist, wie es die Legende glauben machen will, dann wird schon gar niemand der staatlichen Exekutive pauschal Liberalität bescheinigen.

Der Eindruck von »Obrigkeit« wird durch einen Mangel an Demokratisierung und kommunaler Selbstverwaltung vermittelt, z. B. dadurch, daß der niederländische Staat trotz bestehender Provinzen als zentralisierter Einheitsstaat zu charakterisieren ist, oder auch dadurch, daß die »Provinzgouverneure« und sämtliche Bürgermeister nicht gewählt, sondern auf Vorschlag des Innenministers von der Königin ernannt werden.

Im undurchdringlichen Dickicht eines bürokratischen Regelwerks und sich überschneidender Zuständigkeiten und Kompetenzen kommt es immer wieder zu Konflikten zwischen den verschiedenen Verwaltungen, wie z. B. bei der Anlage von Verkehrswegen, der Einführung von Ausweispapieren, der Begrenzung der Gülleabfuhr, der Registrierung der Schweinezucht. In Flandern gibt es über die niederländische Bürokratie das Wort von den »Preußen Westeuropas«. Das mag gemessen an den belgischen Verhältnissen vielleicht auch heute noch berechtigt sein, gleichwohl ist die Reputation der Polizei und der Justiz in den Niederlanden selbst durch eine Reihe von Affären schwer angeschlagen.

Wer die Grenze mit der Bahn passiert, macht wahrscheinlich Bekanntschaft mit den hochgewachsenen, Dunkelblau-Uniformierten, die eine prächtige Zierkordel, im militärischen Jargon »Affenschaukel« genannt, auf der Brust und eine Pistole in der Seitentasche tragen – den Marechaussees. Sie sind von ihrer Funktion her entfernt vergleichbar mit dem deutschen Bundesgrenzschutz. Ihr Name – wie viele andere Worte im Niederländischen – ist ein Überbleibsel aus der Zeit, als das französische Kaiserreich die Niederlande annektiert hatte. (Worauf sich die niederländische Frankophobie – soweit sie besteht – allerdings nicht gründet.)

Das Erscheinungsbild und das Auftreten dieser Marechaussees wirken respektgebietend, arrogant, elitär und autoritär. Einen solchen Eindruck machen keinesfalls alle Polizeieinheiten, wenigstens nicht soweit es sich um die normalen Polizisten in der Provinz handelt. Ihr Auftreten ist oft ganz anders, z.B. wenn sie wie 1996 in Form von fidelen Protestaktionen streiken, weil sie Gehaltsforderungen stellen: Die kichernden, herumalbernden Polizisten, in Unterwäsche gekleidet, mit roten Streikmützen ausstaffiert und auf Kinderflöten tutend, boten nicht den Anblick, den man vom Arm des Gesetzes erwartete. Bezeichnenderweise soll dem demonstrierenden Amsterdamer Polizeikorps zugerufen worden sein: »Was, noch mehr Geld? Ihr sitzt doch schon allesamt im Drogenhandel!«[23]

Ausgesprochen militant und obrigkeitsstaatlich kommen dagegen – vor allem wenn sie hoch zu Pferd sind – die Sondereinheiten daher, die sich gegebenenfalls nicht scheuen, zur »Attacke« überzugehen. Schnell zu Schlagstock oder gar zur Pistole greifen die Einsatzstaffeln der »MEs«, der Mobilen Einheiten. 1996 wurde in einem Untersuchungsbericht gerügt, daß die Polizei zuviel von der Waffe Gebrauch mache. Die »Verhältnismäßigkeit der Mittel« bei polizeilichen Einsätzen ist in der Tat, gelinde gesagt, oft erstaunlich: Als vor zwei Jahren die Studentenverbände in Den Haag friedlich gegen eine erneute Erhöhung der Studiengebühren demonstrierten, wurden sie ohne erkennbaren Anlaß plötzlich durch berittene Polizei angegriffen und durch Prügel auseinandergetrieben. In einigen Fällen wurden Studenten regelrecht niedergeknüppelt, was viele Teilnehmer der Protestveranstaltung an ihrem Glauben an den Rechtsstaat zweifeln ließ. (Nachher wurde immerhin der Polizeiangriff als Irrtum und Überreaktion erklärt.) In den freilich weniger harmlosen Demonstrationen Amsterdamer Hausbesetzer (»Krakers«) war es immer wieder zu sehen, daß Polizisten ihre Pistole zogen, ohne daß sie persönlich bedroht gewesen wären. Als in den achtziger Jahren in Nijmegen Studenten den Abriß von alten Innenstadthäusern für einen Garagenbau durch Hausbesetzung aufzuhalten suchten, ließ der Bürgermeister nicht nur die Stadt polizeilich abriegeln und den Ausnahmezustand ausrufen, sondern auch von Flugzeugen aus Flugblätter abwerfen, in denen mit dem Einsatz von Granaten aus der Luft gedroht wurde. (Die Häuser wurden dann »im Nahkampf« gestürmt; bald setzte sich allerdings die Vernunft durch, indem die Häuser erhalten blieben und die Tiefgarage an anderer Stelle gebaut wurde.)

Das Bild der Polizei wird zudem bestimmt durch das machtbewußte, prächtige Auftreten ihrer Chefs, der Polizeikommandanten. Ihre reichlich mit silber- und goldglänzenden Knöpfen, Kragenspiegeln,

Kordeln und Schulterklappen bestückte Uniform, in der sie sich in der Öffentlichkeit zeigen, strahlt Prestige und Macht aus. Der aus seinem Amt scheidende Amsterdamer Polizeikommandant ließ sich in einer offenen Kutsche zur Konzerthalle, dem Concertgebouw, fahren, wo ihm ein Abschiedsfest für fast hunderttausend Gulden gegeben wurde. Doch auch seine Kollegen aus anderen Regionen standen ihm kaum nach. Die Entlassung des Rotterdamer Polizeipräsidenten durch den Bürgermeister nahm 1997 monatelang die Aufmerksamkeit des Parlaments in Anspruch, obwohl es sich um nicht mehr als eine persönliche Auseinandersetzung des einen mit dem anderen handelte, wie sie überall immer wieder zu Entlassungen führen.

Kein innenpolitisches Thema hat die niederländische Öffentlichkeit in der jüngsten Vergangenheit so erregt wie die 1996 aufgedeckte große Drogenschieberaffäre, die das Land mit unerwarteten Erkenntnissen über das Verhältnis zwischen Polizei, Justiz und der organisierten Kriminalität konfrontierte. Die Niederländer sahen sich der offensichtlichen Tatsache gegenüber, daß zumindest Teile ihrer Polizei in Drogengeschäfte verwickelt waren und sich die Strafverfolgungbehörden gegenseitig blockierten. Die Affäre schockierte sowohl durch das Ausmaß des organisierten Verbrechens als auch durch das Ausmaß der Verstrickungen der Strafverfolger in dieses dunkle Milieu. Was während weniger Monate in den öffentlichen, im Fernsehen laufend direkt übertragenen Anhörungen des zuständigen Parlamentsausschusses an strukturell bedingtem Amtsmißbrauch und an bürokratischen Fehlleistungen zutage gefördert wurde, läßt die vergleichbare deutsch-russische Geschichte vom tatsächlichen oder inszenierten Uranschmuggel wie ein Kinderspiel erscheinen. Die politischen Konsequenzen blieben gleichwohl gering.

Folgt man den Berichten und den Kommentaren niederländischer Zeitungen und Zeitschriften, dann sind auch das Vertrauen in die Hüter der Rechtsordnung und der Respekt vor ihnen weiter gesunken. Es wurde in der Presse sogar die Frage aufgeworfen, ob Polizei, Staatsanwaltschaft und Gerichte heute noch irgend etwas gemein hätten.[24] Wenn man die Zeugenaussagen vor der Kommission als Maßstab nehme, müsse ein gerütteltes Maß an Erinnerungsschwäche für eine Karriere bei Polizei und Justiz wohl eine der Voraussetzungen sein, lautete ein sarkastischer Kommentar dazu; auch gehöre wohl eine starke Dosis krankhaften Mißtrauens gegenüber anderen dazu. Die Polizei jedenfalls beschuldigte die Justiz, sie an der Wahrnehmung ihrer Aufgaben zu hindern. Die Justizbeamten ihrerseits warfen der Polizei vor, auf eigene Faust zu arbeiten, ihre Kompetenzen zu überschreiten und nicht einmal die halbe Wahrheit preiszugeben, so daß die staatsanwaltschaftlichen Ermittlungsergebnisse bei Gericht nicht standhalten könnten. Und die Richter klagen, daß sie weder der Polizei noch der Staatsanwaltschaft vertrauen könnten. Zu dieser Atmosphäre gegenseitigen Mißtrauens paßt, daß der frühere Leiter einer Kriminalpolizei alle Gespräche mit Justizbeamten – sei es am Telefon, sei es in Sitzungen – insgeheim auf Band aufgenommen haben soll.

Bemerkenswert an dieser Affäre ist, daß sie keine Auseinandersetzung zwischen den politischen Parteien oder zwischen der Regierung und dem Parlament, den üblichen Konfliktparteien des politischen Systems, war. Vielmehr war sie ein Konflikt innerhalb und zwischen den Machtapparaten der Verwaltung, vor allem zwischen den selbstherrlichen Polizeipräsidenten verschiedener Distrikte, der Kriminalpolizei, den Staatsanwaltschaften und den Gerichten.

Die Affäre nahm im übrigen ihren Ausgang in einem öffentlich ausgetragenen Streit über die Zulässigkeit bestimmter Ermittlungsverfahren zwischen dem Polizeikorps von Amsterdam und dem Polizeikorps in den benachbarten Städten Haarlem und Utrecht. Der Amsterdamer Polizeipräsident – nebenbei bemerkt einer der bestbezahlten Beamten des Königreiches – kündigte die Mitarbeit in den gemeinsamen Fahndungseinheiten auf. Darauf war von den anderen Polizeikorps zu hören, daß die Amsterdamer Polizei von Kriminellen unterwandert und die Sicherheit eigener Informanten in der Verbrecherszene nicht mehr gewährleistet sei. Diese Vorwürfe erschienen jedoch bald in einem anderen Licht. Bereits ein Jahr zuvor hatte sich nämlich eine amtliche Untersuchungskommission mit dem Drogenhandel durch Polizeispitzel befaßt und ihn als ein zulässiges Recherchemittel bewertet. Das Parlament hatte die Auffassung gebilligt. Das bestärkte viele leitende Ermittler in ihrer Praxis, diese Taktik intensiv zu gebrauchen. Freilich übersahen sie dabei, daß sie sich in die Hand von Kriminellen begaben. Pfiffige Informanten konnten in Abstimmung mit der Kriminellenszene ein lukratives Spiel mit der Polizei treiben. Tonnenweise passierten Drogen unter der Regie der Kriminalpolizei unkontrolliert die Grenzen und verschwanden auf dem niederländischen Markt, auf dem Kriminelle mit ihnen Millionengewinne machten. Spitzel sollen in den vergangenen Jahren eine Milliarde Mark an Drogen umgesetzt haben, die sie unter Aufsicht der Polizei eingeführt hatten. Die Partien Marihuana und Haschisch, die nicht abgefangen wurden, sollen insgesamt 100 bis 150 Tonnen umfassen, was dreimal dem niederländischen Verbrauch entspricht. Die parlamentarischen Anhörungen erbrachten, daß amtlicherseits auch Heroin kiloweise auf den Markt geschleust wurde.[25] Die Ergebnisse der Enquete-Kommission tauchen die Moral in den Reihen der Polizei und Justiz in ein dunkles Licht. Polizeieinheiten beschuldigen sich gegenseitig der Korruption, Polizeileiter behaupten, nicht zu wissen, was ihre Untergebenen tun. Jedenfalls habe Justizministerium und Kriminalpolizei Fahndungsmethoden ermöglicht, die zweifellos nicht immer rechtmäßig waren und bei denen das Ziel nicht alle Mittel heiligte.[26]

Die Frage nach der Liberalität der Niederlande wird sich vor dem Hintergrund der Abstriche und Korrekturen, die hier an den im In- und Ausland so populären Bildern und Klischees gemacht worden sind, sicherlich anders beantworten als vor dem Hintergrund der Beobachtungen aus dem ungezwungenen Amsterdamer Alltagsleben, die eingangs geschildert wurden. Der Amsterdamer Nonkonformismus ist eine bunte Pflanze eigener Art. In den übrigen großen Städten – Rotterdam, Den Haag, Utrecht – ist davon fast nichts anzutreffen, und schon gar nicht in Maastricht und Groningen, Hengelo und Middelburg oder in den Gemeinden »auf dem Land«. Hier ist sogar oft genug das Gegenteil offenkundig: soziale Kontrolle, engherziges, dünkelhaftes Sektentum. Ein wesentliches Element der Liberalität, nämlich Toleranz, heißt wörtlich genommen schlicht Ertragen (tolerari), Aushalten, Hinnehmen, Gleichgültigkeit, auch Erdulden, jedenfalls passives Verhalten. Das ist nicht zu verwechseln mit Sympathie, Anteilnahme, Aufgeschlossenheit, Zuwendung, Hingabe, was einer aktiven Haltung entspräche.

Auch aus einer sicheren sozialen Position heißt Liberalität die freundliche Herablassung zum anderen; so gesehen ist sie Futter für das gute Selbstgefühl aus der moralischen Überlegenheit. Man weiß, was man ist und was die anderen sind: Ein festes Weltbild hilft, wir sind das beispielgebende Land (»gidsland«), die netten Leute.

Nicht übersehen werden darf allerdings der Unterschied zwischen Gesellschaft und Staat, wenn es das Maß an Liberalität zu bestimmen gilt. Die Niederländer sind ein Imitat der Deutschen – so sagt es ein etwas hämisches flämisches Wort. Ob das aus der eigenen Perspektive berechtigt oder verzerrt ist, immer handelt es sich um relative Urteile, ausgehend von und gemessen an der eigenen Ordnung oder den Vorstellungen davon.

Es gibt viel freundliche Heuchelei in den Niederlanden, die das Leben mal erleichtert, mal erschwert.[27] Das ist die doppelte Moral als Lebensprinzip einer Handelsgesellschaft, in der sich die Liberalität des Kaufmanns und die Bigotterie des Gutherzigen vermischt haben.

Anmerkungen

1 »Der Triumph des multikulturellen Zusammenlebens« ist der Titel einer Themennummer der Wochenzeitschrift »Groene Amsterdammer« 1997 über die Lage der »Allochthonen« im Lande. Und die Stadt Nijmegen preist sich (trotzig oder stolz?) auf Plakaten als »vielfarbig« an.

2 So beispielsweise, freilich einschränkend René Zwaap, in: ebenda.

3 Dazu auch der Beitrag von Hermann von der Dunk in diesem Band.

4 Norbert Elias, Über den Prozeß der Zivilisation. Bd. 2, 8. Aufl., Frankfurt/M. 1982, S. 453.

5 So der Historiker und Publizist Bastiaan Bommeljé in seinem Aufsatz »Variationen zum Thema Toleranz« in der vom niederländischen Außenministerium herausgegebenen Zeitschrift Holland Horizon, 7. Jg., Nr. 1, April 1995, S. 16.

6 Auch in dem Beitrag von Hermann von der Dunk in diesem Band wird die Geschichte zur Erklärung der Gegenwart bemüht, wenn auch in einer reflektierenden Interpretation.

7 Zur begrenzten Aufnahme von Juden und anderen Flüchtlingen und den Bedingungen ihres Aufenthalts sowie ihrer Auslieferung und ihrem Eigentum, siehe u. a.: Horst Lademacher, Zwei ungleiche Nachbarn: Wege und Wandlungen der deutsch-niederländischen Beziehungen im 19. und 20. Jahrhundert. Darmstadt 1989, S. 154 ff.; knapp und illustrativ: Günter Vieten, 30 × Holland. München 1983, S. 188 ff.

8 Zur Kolonialgeschichte der Niederlande vgl. auch den Beitrag von Ralf Kleinfeld in diesem Band, S. xxxx.

9 Jan Pronk, in: Vrij Nederland vom 14.1.1995; in derselben Nummer dieser Wochenzeitschrift äußerten sich auch Abgeordnete verschiedener Parteien zu dieser Problematik.

10 Jan van Doorn, in: Haagse Post/De Tijd, Nr. 2/3, Januar 1995.

11 So van der Staden, zitiert nach Alain van der Horst, in: Haagse Post/De Tijd, 4.8.1994, S. 26.

12 So nennt zusammenfassend Matt Dings seine Beobachtungen über Umgangsformen in der Haagse Post/De Tijd, 8.9.1995, S. 30–35.

13 So anders brechtisch als Matt Dings, in: ebenda.

14 Dirk Schümer, »Angst über der Gracht. Die Niederlande erleben eine Erosion der Gewaltfreiheit«, in: Frankfurter Allgemeine Zeitung vom 5.1.1998, bietet dazu eine allerdings journalistisch überpointierte interpretative Darstellung.

15 So Jansen van Galen, in: Haagse Post/De Tijd 1996.

16 So Jannetje Koelewijn, in: Vrij Nederland, 1996.

17 So Frans van Deul und Gerlof Leistra; in: Elsevier, 30.9.1995, S. 24–28.

18 So Jos Slats, in: Vrij Nederland, 30.9.1995, S, 8f.; 4.11.1995, S. 13; 16.12.1995

19 Über die Lage der Immigranten anschaulich: »Der Triumph des multikulturellen Zusammenlebens«, Themennummer der Wochenzeitschrift »De Groene Amsterdammer«, 1997.

20 So René Zwaap, ebenda.

21 Henk Steenhuis, »Nie mehr wütend«, in: Haagse Post/De Tijd, 3.2.1995, S. 9f. Bösartig fügt er noch hinzu: »Vielleicht würde ein besonderer Reichskommissar –

Standort Hilversum – helfen. Jemand, der verbietet, daß Abend für Abend Bilder von Auschwitz im Fernsehen erscheinen, wenn – wie jüngst – Kohl nach Den Haag kommt.« (22.5.1995)

[22] So durch den Publizisten Paul Scheffer in verschiedenen Veröffentlichungen, wie wiederholt im NRC Handelsblad. (z.B. 7.1.1995, 5.5.1995)

[23] Sander van den Eeden, in: Haagse Post/De Tijd, 8.12.1995, S. 12.

[24] So in einer Folge seiner über zehn Wochen sich erstreckenden Reportage zu der Affäre *Ton van Dijk*, in: Haagse Post/De Tijd 15.9.1995–17.11.1995.

[25] NRC Handelsblad, 11.1.1996

[26] Bert Bommels berichtete fortlaufend in der Wochenzeitschrift Elsevier über die Enthüllungen der Parlamentarischen Untersuchungskommission (23.9.1995, 18.11.1995).

[27] So auch Hermann von der Dunk am Ende seines Beitrags in diesem Band.

»Na, Herr Nachbar, wie steht's mit dem Wirtschaftswunder?« (Zeitungsschlagzeile: Starker Rückgang der Arbeitslosigkeit in den Niederlanden.)

Karikatur: Mat Rijnders. Aus der Karikaturenausstellung »Hallo Nachbar – Dag Buurvrouw« der Botschaft der Bundesrepublik Deutschland in Den Haag (1998).

Modell Holland

Erfahrungen und Lehren aus der niederländischen Wirtschafts- und Sozialpolitik[1]

Kees van Paridon

Deutschland und die Niederlande: Gegensätzliche Erfahrungen

Deutschland und die Niederlande haben sich wirtschaftlich in den letzten Jahren sehr unterschiedlich entwickelt. Noch im Jahr 1989 schien die westdeutsche Wirtschaft wettbewerbsfähig zu sein wie niemals zuvor: ein hohes Wachstum, viele Investitionen, vergleichsweise geringe Arbeitslosigkeit, geringe Inflationsrate, ein großer Überschuß der Außenhandelsbilanz und ein ausgezeichneter Haushalt. Als es dann zur Vereinigung zwischen Ost- und Westdeutschland kam, gab es – so schien es – für die deutsche Wirtschaft keinen besseren Zeitpunkt, um auch die wirtschaftliche Einigung zu meistern. Acht Jahre später hingegen hat die deutsche Wirtschaft große Probleme: schon seit einigen Jahren ist das Wirtschaftswachstum schwach, die Arbeitslosigkeit mit steigender Tendenz in Ost und West hoch. Da die Wirtschaftsentwicklung in den neuen Ländern stagniert, ist die Wettbewerbsfähigkeit der ganzen deutschen Wirtschaft geschwächt. So gesund wie die Wirtschaft 1989 noch erschien, so zwiespältig sind heute die Lage und die Stimmung.

Im gleichen Zeitraum hat sich die niederländische Wirtschaft erfolgreich aus einem tiefen Tal herausgearbeitet. Noch Anfang der neunziger Jahre war die wirtschaftspolitische Situation in den Niederlanden sehr problematisch. Obwohl die Erwerbstätigen in den Jahren zuvor viele Einbußen bei Löhnen und bei der sozialen Sicherheit hatten in Kauf nehmen müssen und die Regierung das Haushaltsdefizit durch Einsparungen weitgehend reduziert hatte, war die Wirtschaftssituation noch immer nicht grundlegend verbessert. Es gab Wirtschaftswachstum, und auch die Anzahl der Arbeitsplätze stieg, dennoch konnte die

Belastung der Arbeitnehmer durch die Sozialversicherung nicht gestoppt werden, und auch das Haushaltsdefizit blieb über drei Prozent.

Im Sommer 1991 kam die Regierung nicht umhin, einen wesentlichen Teil der Sozialversicherung, nämlich das Gesetz über die Invalidenrente, gründlich zu verändern. Viele Menschen mußten schmerzlich erfahren, daß Reformen weh tun. Doch kaum sechs Jahre später scheint ein Wunder vollzogen. Die Entwicklung der niederländischen Wirtschaft gilt in Europa heute als beispielhaft. Bundeskanzler Kohl nennt oft lobend das niederländische Teilzeitarbeitsmodell, und auch Bundesbankpräsident Tietmeyer hat erklärt, daß die Niederlande mit ihrem Wirtschafts- und Beschäftigungswachstum für die anderen europäischen Länder ein Beispiel dafür sind, was mit mehr Flexibilität erreicht werden kann. Die internationale Presse berichtet über das »Modell Holland« oder das »Polder-Modell«. Die Bertelsmann-Stiftung hat den niederländischen Tarifpartnern einen Preis verliehen, um ihre Verhandlungsbereitschaft zu würdigen. Sie haben gezeigt, daß es doch möglich ist, in einer hochentwickelten Wirtschaft Arbeitsplätze zu schaffen und die Arbeitslosigkeit zu vermindern.

Ich will in diesem Beitrag darlegen, durch welches Tal die niederländische Wirtschaft seit der Ölkrise gegangen ist, welche Maßnahmen ergriffen wurden, um die Wirtschaftsprobleme zu meistern, welche Wirkung sie gehabt haben und welche Wirtschaftsaussichten heute bestehen. Mein Ziel ist es, deutlich zu machen, daß sich die Umkehr, die in den Niederlanden in den letzten Jahren verwirklicht worden ist, nicht auf eine einzige Maßnahme zurückführen läßt, sondern sich aus dem Zusammenwirken vieler wirtschaftspolitischer Faktoren ergeben hat: kooperative Tarifpartner, einer schwierig faßbaren, aber darum nicht minder bedeutsamen Veränderung der gesellschaftlichen Einstellung zur Sozialversicherung und ihren Leistungen und nicht zuletzt einer veränderten Einstellung gegenüber der Teilzeitarbeit.[2]

Die niederländische Wirtschaft zwischen 1945 und 1973: Aufbau des Sozialstaats

Die Entwicklung der niederländischen Wirtschaft nach 1945 kann grob in zwei Perioden eingeteilt werden, nämlich die Zeit bis 1973 mit einer außergewöhnlich günstigen Entwicklung und die Zeit nach 1973, in der die Probleme allmählich zunahmen. Auch die Niederlande haben vor 1973 ihr Wirtschaftswunder erlebt. Zwar war das Wachstum geringer als in Deutschland, aber dennoch haben die Niederlande zwischen 1945 und 1973 eine beachtliche wirtschaftliche Leistung vollbracht. Die Wachstumsziffern waren im historischen Vergleich außerordentlich hoch.

POLDERMODEL

Karikatur: Peter van Straaten (1997)

Neben Produkt- und Produktivitätsverbesserung war Lohnmäßigung dabei lange Zeit ein sehr wichtiges Instrument, um die Wettbewerbsfähigkeit zu stärken. Im Gegensatz zu Deutschland geschah dies im engen Kontakt zwischen Regierung und Sozialpartnern. Unter dem Eindruck der Krise der dreißiger Jahre und der Kriegszeit wurden bereits während des Krieges zwischen den Spitzen der Arbeitgeber und Arbeitnehmer Verhandlungen über neue Arbeitsverhältnisse geführt.

Das Streben nach Harmonie war dabei ein zentrales Anliegen. Nach dem Krieg entstand eine vollständig neue institutionelle Struktur auf der Grundlage korporatistischer Ideen aus katholischen Kreisen und sozialdemokratischen Auffassungen über staatliche Interventionen. Die Kontakte zwischen Arbeitgebern und Arbeitnehmern wurden bereits 1945 in der sogenannten Stiftung der Arbeit[3] institutionalisiert. Im selben Jahr wurde das Zentrale Planungsbüro unter der Leitung von Professor Jan Tinbergen gegründet. Aufgabe dieses Büros war es, die Regierung über die zu erwartende konjunkturelle Entwicklung zu unterrichten. 1950 wurde dann der Sozialökonomische Rat – der SER – ins Leben gerufen. Im SER waren Arbeitgeber, Arbeitnehmer und von der Regierung ernannte unabhängige Mitglieder vertreten. Der SER hatte die Aufgabe, Verständigung zwischen Arbeitgebern und Arbeitnehmern über alle Aspekte der sozialökonomischen Entwicklung der Niederlande einschließlich des Lohnspielraums herbeizuführen. In dieser Konstellation erwies es sich als möglich, in den fünfziger Jahren, bis ungefähr 1963, eine sehr zurückhaltende Lohnentwicklung zustandezubringen. Das kräftige wirtschaftliche Wachstum und die Lohnmäßigung sorgten für eine schnelle Zunahme der Beschäftigung und eine Abnahme der Arbeitslosigkeit. Bereits um 1960 herum sank die Arbeitslosigkeit unter ein Prozent.

Die günstige wirtschaftliche Entwicklung machte auch den Auf- und Ausbau des Netzes der sozialen Sicherheit möglich. Bis dahin war es weit weniger entwickelt als zum Beispiel in Deutschland. Der Ausbau des sozialen Netzes führte zu Gesetzen über Altersrente, Sozialhilfe, Krankenversicherung, Arbeitslosenversicherung und 1967 auch zu einem Arbeitsunfähigkeitsgesetz (WAO). Um dies zu finanzieren, stieg der Steuer- und Abgabendruck, aber zum Teil konnten die Maßnahmen auch aus den Einnahmen aus Erdgasverkäufen finanziert werden, die ab Mitte der sechziger Jahre die Staatskasse füllten.

Nach 1963 konnten die Arbeitnehmer kräftige Lohnsteigerungen durchsetzen und sahen ihren Wohlstand endlich auch zunehmen. Ungeachtet kleiner Rezessionen wuchs die Wirtschaft weiter stark, und die Arbeitslosigkeit blieb niedrig. Zwar stieg die Inflation, aber die Zahlungsbilanz blieb ziemlich gesund. Dennoch kündigten sich beispielsweise in der Textilbranche erste Strukturprobleme an. Viele Arbeitsplätze verschwanden, aber es gab damals noch so viele neue Arbeitsplätze in anderen Bereichen, daß diese Menschen schnell wieder Arbeit fanden. 1966 konnte der sozialdemokratische Wirtschaftsminister Den Uijl sogar noch mit einen Schlag alle Kohlebergwerke in der Provinz Limburg schließen. Alles in allem befand sich die niederländische Wirtschaft zu Anfang der siebziger Jahre, so schien es wenigstens, noch immer in einer starken Position.

1973: Der Sozialstaat in der Krise

Mit der Ölkrise von 1973 wurden allerdings die ersten Risse im Sozialstaat sichtbar. Das Wirtschaftswachstum stagnierte, die Arbeitslosigkeit stieg von 0,6 auf rund 2 Prozent. Wegen der höheren Energiepreise schoß die Inflation in die Höhe, und das Haushaltsdefizit des Staates stieg an. Die Lösung wurde in einem keynesianischen Auftragsschub gesucht, aber es zeigte sich schnell, daß diese Medizin nicht mehr viel zu bewirken vermochte. Das Wirtschaftswachstum erreichte zwar wieder die hohen Werte der sechziger Jahre, aber die Arbeitslosigkeit nahm nicht ab, die Inflationsrate wuchs, und das Haushaltsdefizit stieg weiter an. Natürlich wurde Lohnmäßigung angestrebt, natürlich wurde gespart, natürlich wurde seitens der Wirtschaft versucht, die Wettbewerbsfähigkeit zu verbessern, aber vor allzu drastischen Eingriffen schreckte man zurück. Die Gewerkschaften gingen davon aus, daß die Rezession von kurzer Dauer wäre, und sie sahen keinen Anlaß, sich bei den Lohnforderungen übermäßig zurückzuhalten. Für umfangreiche Einsparungen gab es keine tragfähige gesellschaftliche Basis. Als Unternehmen oder ganze Wirtschaftszweige in Bedrängnis kamen, wurde mit Subventionen und anderen Stützungsmaßnahmen versucht, bedrohte Arbeitsplätze zu erhalten. Es blieb jedoch bei behelfsmäßigen Maßnahmen.

Das rächte sich bei der zweiten Ölkrise im Jahr 1981. Das Wachstum kam nahezu zum Stillstand, die Arbeitslosigkeit schoß in die Höhe, von 225.000 auf 750.000 Personen (etwa 11 Prozent – siehe Abbildung 1), die Inflation überschritt 10 Prozent, die Bruttostaatsausgaben stiegen deutlich über 65 Prozent des Bruttosozialprodukts, und das Defizit erreichte rund 8 Prozent. Auch die Zahlungsbilanz geriet aus dem Lot. Die Lage der niederländischen Wirtschaft war dann wirklich besorgniserregend.

In dieser Lage erwies es sich als nicht möglich, wie viele erhofften, mit den zwei damals größten Parteien, dem CDA (Christdemokraten) und der PvdA (Sozialdemokraten), eine handlungsfähige Regierung zu bilden. Nach acht Monaten Streit war die Schlußfolgerung eindeutig: es gab zu viele sachliche und persönliche Konflikte. Gegen Ende 1982 gab es eine neue Regierung, das (erste) Kabinett Lubbers, das sich auf das CDA und die VVD (Rechtsliberalen) stützte.

Abbildung 1: Arbeitslosigkeit 1969–1998 (in Prozent)

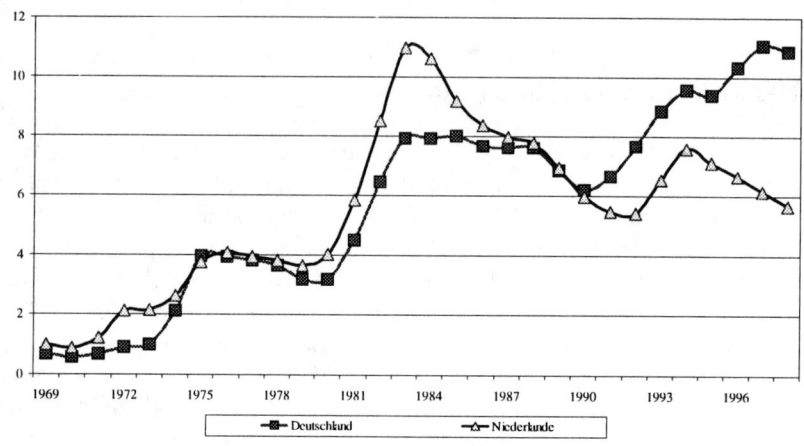

1982: Erste Ansätze zur Verbesserung

Die Wirtschaftslage war 1982 so schwierig, daß sich ein Konsens zwischen den wichtigsten gesellschaftlichen Parteien über die notwendigen Maßnahmen bildete. Arbeitgeber, Arbeitnehmer und Regierung waren sich einig, daß alles darauf gerichtet sein sollte, das Wachstum wieder anzukurbeln und die Erwerbstätigkeit zu erhöhen. Auf dreifache Weise versuchte man, die Wettbewerbsfähigkeit der niederländischen Wirtschaft wieder zu stärken.

In erster Linie wurde erneut viel Nachdruck auf Lohnmäßigung gelegt. Wenngleich die Verhandlungsstrukturen der fünfziger Jahre an Bedeutung eingebüßt hatten, erwies es sich 1982 dennoch als möglich, wieder eine Vereinbarung über Zurückhaltung bei Lohnanhebungen zwischen Arbeitgebern und Arbeitnehmern, das sogenannte Abkommen von Wassenaar, zu schließen. Zugleich gab die Regierung ein gutes Beispiel bei der Lohnzurückhaltung, indem sie 1983 die Beamtengehälter und Unterstützungen (auch die der Rentner) um 3 Prozent kürzte.

Der zweite Weg war die Eindämmung des Staatsdefizits durch Einsparungen bei direkten staatlichen Ausgaben und Investitionen sowie im sozialen Sicherheitsbereich. So wurden die Lohnentwicklung im öffentlichen Dienst und die Höhe aller Unterstützungen im Bereich der sozialen Sicherheit abgekoppelt von der Lohnentwicklung im privaten

Bereich. Die Unterstützung sank von 80 auf 70 Prozent des Bruttolohns, der gesetzliche Mindestlohn wurde einige Jahre gar nicht erhöht
und der Mindestlohn für Jugendliche stark gesenkt. Die Bruttoausga-
ben des Staates sanken zwischen 1982 und 1990 von fast 67 auf gut 56
Prozent. Gleichzeitig verkleinerte sich das Defizit von 9,5 Prozent im
Jahre 1982 auf 6 Prozent im Jahre 1985 und sank bis zum Jahr 1991 sogar auf 5 Prozent. Diese Entwicklung wird noch bemerkenswerter,
wenn man sich bewußt macht, daß in demselben Zeitraum die Erdgas-
einkünfte, von denen der niederländische Staat stark profitierte, unerwartet schnell abnahmen. Der Erdgaspreis ist an den des Erdöls gekoppelt und wird in Dollar berechnet. Während der niederländische Staat
bis 1985 vom hohen Ölpreis und von dem bis dahin stark steigenden
Dollarkurs profitieren konnte, gab nach 1985 sowohl der Ölpreis als
auch der Dollarkurs dramatisch nach. In kaum drei Jahren sanken die
Erlöse aus Erdgasverkäufen um 75 Prozent, von 2 Prozent auf 0,4 Prozent des Bruttosozialprodukts.

Die Regierung beschloß als dritte Maßnahme weiterhin, die Wettbewerbsfähigkeit der Niederlande durch eine offensivere Strukturpolitik zu fördern. Nicht mehr die Erhaltung von Arbeitsplätzen in be-
drohten Branchen, nicht Subventionen für Unternehmen in Not, sondern vielmehr technologische Erneuerung, Förderung der Forschung
und Lehre sowie Schaffung von Innovationszentren im ganzen Land
wurden jetzt zur Richtschnur der Strukturpolitik.

Unter anderem aufgrund dieser Umorientierung der Politik verbesserte sich allmählich die wirtschaftliche Lage der Niederlande. Das
Wachstum nahm wieder zu. Die Arbeitslosigkeit nahm leicht ab, aber
die Zahl der Arbeitslosen blieb noch recht hoch. Der Staatshaushalt
kam langsam in die Nähe des europäischen Durchschnitts, die Defizite
gingen stark zurück, und bei der Inflation konnte man 1987 sogar ein
Jahr mit Deflation vermerken. Die Zahlungsbilanz ließ einen zunehmenden Überschuß sehen. Alles in allem war die Lage stabilisiert, aber
von einer grundlegenden Erholung konnte noch immer nicht die Rede
sein. Immer noch waren die Probleme auf dem Arbeitsmarkt und auf
dem Gebiet der sozialen Sicherheit nicht behoben. Kurzgefaßt war das
Kernproblem der niederländischen Wirtschaft in den siebziger und
achtziger Jahren, daß zu wenig Menschen arbeiteten und zu viele Menschen Leistungen der sozialen Sicherungssysteme in Anspruch nahmen.
Die oben erwähnten Maßnahmen in den achtziger Jahren hatten nicht
ausgereicht, um diese Probleme wirklich zu lösen.

Kees van Paridon

Kernproblem I: Zu wenig Beschäftigung

Bis 1970 war der niederländische Arbeitsmarkt durch einen deutlichen Unterschied zwischen Männern und Frauen gekennzeichnet. Während in den Niederlanden im OECD-Vergleich noch 1960 Männer den höchsten Anteil der Beschäftigten stellten, rangierten die niederländischen Frauen in dieser Skala ganz unten. Von verheirateten Frauen, besonders denjenigen mit Kindern, wurde nicht erwartet, daß sie arbeiteten. Für Frauen gehörte es sich, zu Hause zu sein und für die Kinder und den Haushalt zu sorgen. Der Mann war der Ernährer. Auf diese Konstellation waren Arbeitsmarkt und soziales System abgestimmt. Der gesetzlich festgelegte Mindestlohn mußte ausreichen, um einen Haushalt mit einem arbeitenden und einem nicht arbeitenden Partner und mindestens zwei Kindern unterhalten zu können. Arbeitslose Männer mußten sich bewerben, verheiratete arbeitslose Frauen nicht, erhielten aber auch keine Unterstützung.

Solange die Lage so blieb und jeder diese auch akzeptierte, war alles in Ordnung. Aber »the times were a-changing«. Gegen Ende der sechziger Jahre wurden auch die Niederlande von umwälzenden Entwicklungen betroffen. Frauen wählten eine immer längere und bessere Ausbildung, sie heirateten später und bekamen viel weniger Kinder. Diese Veränderungen bewirkten, daß Frauen versuchten, ihren Arbeitsplatz auch nach der Heirat zu behalten, sogar wenn Kinder kamen. Weil es an Kinderkrippen und Aufenthaltsmöglichkeiten in der Schule fehlte und weil Schulschlußzeiten und Ladenöffnungszeiten für Berufstätige ungünstig waren, war es für Frauen sehr schwer, eine Vollzeitstelle anzunehmen.

Das führte zu einem großen Interesse an Teilzeitarbeitsplätzen. Anfangs war der Widerstand der Arbeitnehmer groß, aber nach und nach lenkten sie ein. Immer mehr Arbeitgeber haben inzwischen gelernt, daß Teilzeitplätze häufig billiger und effizienter sind als Vollzeitplätze und sich besser für neue Organisationsprinzipien wie Just-in-time-Produktion eignen. Arbeitnehmer sind häufig auch produktiver, und der Krankenstand ist niedriger. Im allgemeinen läßt sich sagen, daß Teilzeitarbeit für Arbeitgeber und Arbeitnehmer Vorteile bringen kann, auch wenn die Wirtschaft in bezug auf die Teilzeitarbeit für Männer bis heute noch zögert. Heute arbeiten 67 Prozent der Frauen und 17 Prozent der Männer in Teilzeit. Die Anzahl der Menschen, die weniger Stunden arbeiten möchten, ist größer als die Gruppe derjenigen, die mehr arbeiten wollen. Von den Arbeitslosen wollen 44 Prozent in Teilzeit arbeiten. Auch bei Männern hat das Interesse an Teilzeitarbeit stark zugenommen. 22 Prozent der vollzeitig Beschäftigten wollen weniger arbeiten – mit niedrigerem Einkommen. In der EU gibt es kein Land, wo so viele Arbeitnehmer weniger Stunden arbeiten wollen, und zugleich so viele Leute, die mit ihrer Teilzeitarbeit zufrieden sind. Die Vorliebe für Teilzeitarbeit spiegelt die allmähliche Verschiebung der individuellen Präferenzen in der niederländischen Gesellschaft zwischen Arbeiten (und Geld verdienen) und Freizeit (und Kinderbetreuung) wider.

Seit 1970 hat der Anteil der berufstätigen Frauen in den Niederlanden stark zugenommen. Heute liegt die Erwerbsquote der Frauen schon bei über 47 Prozent. Berücksichtigt man allerdings den Anteil der Teilzeitarbeitsplätze und rechnet man alle diese Arbeitsplätze in Vollzeitverhältnisse um, dann ist die Zunahme der Frauenerwerbstätigkeit freilich viel geringer. Der Steigerung beschäftigter Frauen stand auf der anderen Seite eine gewaltige Abnahme der männlichen Erwerbstätigkeit gegenüber. Für Männer sank die Erwerbsquote von 97 Prozent im Jahr 1960 auf heute 74 Prozent. Der Rückgang der Beschäftigung älterer Männer war dramatisch. Haben 1980 noch 60 Prozent der Männer zwischen 55 und 65 gearbeitet, sind es heute weniger als 40 Prozent. Zum Teil ist dies auf das Interesse am vorzeitigen Übergang in den Ruhestand oder das freiwillige Ausscheiden zurückzuführen. Der Druck auf ältere Mitarbeiter, durch eine frühzeitige Pensionierung ihren Arbeitsplatz für arbeitslose jüngere frei zu machen, war enorm. Aber die wichtigste Ursache für den Rückgang der Beschäftigung Älterer war die starke Inanspruchnahme der Möglichkeit, sich arbeitsunfähig schreiben zu lassen.

Kernproblem II: Zu viele Abhängige von der sozialen Sicherheit

Die Handhabung der Invalidenrente war exemplarisch für das soziale Netz der Niederlande. Als das Gesetz zur Versicherung gegen Arbeitsunfähigkeit (WAO) 1967 vom Parlament angenommen wurde, ging man davon aus, daß die Anzahl der Menschen, die unter dieses Gesetz fallen würden, höchstens 200.000 beitragen würde. Diese Zahl wurde schon schnell überschritten. Gegen Ende der achtziger Jahre näherte man sich der Zahl von einer Million Arbeitsunfähigen, und das bei einer Gesamtzahl von sechs Millionen Erwerbstätigen.

Wie konnte das passieren? In erster Linie war das WAO-Gesetz im Vergleich zu anderen Regelungen großzügiger. Kam ein Arbeitnehmer für diese Regelung in Betracht, dann behielt er die Unterstützung bis zum 65. Lebensjahr. Man ging zwar davon aus, daß Personen, die wieder gesund wurden, an den Arbeitsmarkt zurückkehrten, aber es wurde nicht oder kaum kontrolliert. Zwischen »risque professionel« (Invalidität durch Arbeit) und »risque social« (Invalidität durch andere Unfälle) wurde kein Unterschied gemacht. Ferner richtete sich die Höhe der Unterstützung nach dem letzten Verdienst und war höher als beispielsweise eine Arbeitslosenunterstützung. Für (ältere) Arbeitnehmer mit wenig günstigen Perspektiven wurde es attraktiv, beim WAO unterzukommen. Das ging um so einfacher, als Vertrauensärzte bereit waren, eher soziale als arbeitsmarktrelevante Überlegungen in den Vordergrund zu stellen. Ihre Überlegung war, daß es unsozial sei, jemandem, der arbeitslos zu werden drohte, der schon über die fünfzig hinaus war und für der andere ungünstige Rahmenbedingungen galten, lediglich mit der Arbeitslosenunterstützung abzuspeisen, zumal er nach ein paar Jahren von der vergleichsweise geringeren Sozialhilfe leben müßte. Sie hielten es für sozialer, jemanden in das WAO aufzunehmen mit einer höheren, unbeschränkten Unterstützung, ohne die Pflicht, sich um einen neuen Arbeitsplatz zu bemühen. Auch für die Arbeitgeber war es bei Entlassungen einfacher, Menschen in das WAO als in die Arbeitslosenversicherung zu bekommen. Vor allem bei Massenentlassungen in schwachen Branchen und schwierigen Regionen war dies der Fall. Überdies wurden die Beiträge auf alle Unternehmen umgelegt, so daß das einzelne Unternehmen durch diese Strategie kaum finanzielle Nachteile erlitt. Für die Region galt, daß eine hohe Arbeitslosenzahl für neue Investoren nicht attraktiv war, während auf hohe WAO-Zahlen nicht geschaut wurde. So war es für alle Betroffenen – den einzelnen, die Gewerkschaft, den Arbeitgeber, die regionalen Behörden – günstiger, wenn Menschen unter das WAO fielen und nicht in die Arbeitslosenversicherung kamen.[4]

Kernproblem III: Der negative Kreislauf zwischen Beschäftigung und sozialer Sicherheit

Der Rückgang der Beschäftigung von Männern war größer als die Zunahme der Beschäftigung von Frauen. Die Folge war eine Abnahme der Gesamtbeschäftigung, gerechnet nach Personen, aber vor allem nach Arbeitsjahren. So wurden 1984 von der potentiell verfügbaren Arbeitskraft aller Menschen zwischen 15 und 65 Jahren nur ungefähr 47 Prozent genutzt. 1960 hatte die Quote noch bei 65 Prozent gelegen. Die zurückgehende Teilnahme an der Produktion wurde auch bei der Entwicklung der Pro-Kopf-Einkommen sichtbar. Während die Niederlande 1970 noch ein ganzes Stück über dem EU-Durchschnitt lagen, fielen sie den achtziger Jahren unter den Durchschnitt.

Manche sahen in diesem Rückgang der Beschäftigung die Verwirklichung eines lang gehegten Wunsches, nämlich der Befreiung des Menschen von der Arbeit. Immer weniger Menschen wurden gebraucht, um die Produktion aufrechtzuerhalten, immer mehr Menschen hatten die Freiheit (und das Einkommen), um ihr Leben auf menschenwürdigere Weise zu gestalten. So einladend eine derartige Aussicht auch war, so wenig realistisch war sie. Eine solche Zukunft wäre unbezahlbar und auch nicht wünschenswert. Immer mehr Menschen nahmen die Sozialversicherung in Anspruch. Die Zahl der Rentner nahm zu, aber noch stärker war die Zunahme der Kosten, die das soziale System für Personen im Alter zwischen 15 und 65 Jahren übernahm. 1995 kamen auf 5,7 Millionen Erwerbstätige 2,2 Millionen Rentner und 2,3 Millionen Menschen zwischen 15 und 65 Jahren, die nicht erwerbstätig waren und dennoch Gelder empfingen. Nicht umsonst legte die OECD in ihrer letzten Untersuchung über die Niederlande dar, daß die Arbeitslosigkeit offiziell zwar um die 7 Prozent liege, nach der gängigen Definition aber 25 Prozent betrage. Noch aus einem anderen Grund ist eine Zukunft »ohne« Arbeit nicht wünschenswert: Arbeit bietet heutzutage die beste Möglichkeit zu gesellschaftlicher Integration.

Der Rückgang der Anzahl verfügbarer Arbeitsplätze bis 1985 und die Zunahme der Inanspruchnahme der Sozialversicherung wurden von den Behörden auf eine neue Formel gebracht, nämlich die Entwicklung des Verhältnisses zwischen Inaktiven und Aktiven (i/a). Danach kamen im Jahr 1970 zwei Inaktive auf fünf Erwerbstätige, 1980 waren es schon gut drei und im Jahre 1990 knapp über vier. Mit anderen Worten: Auf je fünf Arbeitende entfallen vier Unterstützungsempfänger. Wenn nichts geschähe, so befürchtete man, würde man auf ein i/a-Verhältnis von 1:1 zusteuern: Auf jeden Arbeitenden würde dann ein Unterstützungsempfänger kommen.

Es wurde immer deutlicher, daß die Entwicklung der Sozialversicherung kaum mehr zu beherrschen war. Hier war die Rede von einem negativen Kreislauf: Wegen der hohen Lohnkosten mußten Unternehmen, um weiter konkurrieren zu können, für eine hohe Arbeitsproduktivität sorgen. In einer solchen Lage war es günstig, mit so wenigen hochproduktiven Menschen wie möglich viel zu produzieren und diesen Menschen einen guten Lohn zu zahlen. Daß dadurch die Anzahl der Arbeitsplätze beschränkt, die Beschäftigung niedrig und die Inanspruchnahme der Sozialversicherung hoch waren, wurde in Kauf genommen. Um die Wettbewerbsfähigkeit zu verbessern, wurden alle Möglichkeiten genutzt, die am wenigsten produktiven Arbeitnehmer zu entlassen. Aus dieser Perspektive war den Unternehmen das vorzeitige Ausscheiden älterer Arbeitnehmer willkommen. Dadurch stieg die Produktivität weiter an, und mit weniger Beschäftigten sanken die Kosten. Zugleich nahm die Anzahl der Inaktiven und damit die Beitragsbelastung zu. Dadurch stiegen aber wiederum die Lohnkosten. Um den Anstieg auszugleichen, mußte die Produktivität steigen, und das Lied begann von vorn. Auf diese Weise nahm die Zahl der Arbeitsplätze nicht nur in den Wirtschaftsbereichen, die dem Wettbewerb ausgesetzt waren, stetig ab. Auch in den von dieser Entwicklung nicht betroffenen Sektoren stiegen die Lohnkosten. Die Folgen waren im Gesundheitswesen, im Unterrichtswesen und im Dienstleistungssektor sichtbar: Immer weniger Leute konnten hier arbeiten. Der Erhaltung einer beschränkten Anzahl hochproduktiver Arbeitsplätze stand der Verlust einer großen Anzahl weniger produktiver Arbeitsplätze gegenüber. Die Kosten für soziale Sicherheit waren und sind im internationalen Vergleich sehr hoch (1995: 33 Prozent des Bruttosozialprodukts).

80er und 90er Jahre: Neue Herausforderungen

Natürlich hatten die wechselnden Regierungen diese Entwicklungen wahrgenommen und durchaus auch darauf reagiert, aber im allgemeinen gab es damals noch kein wirksames Mittel für durchgreifende Veränderungen. Die Jahre der Lohnmäßigung und der Einsparungen hatten viele Opfer gekostet. Dadurch waren Arbeitsplätze erhalten geblieben und eben ab 1985 viele neue Arbeitsplätze neu entstanden, aber von einer grundlegenden Gesundung konnte keine Rede sein. Die Arbeitslosigkeit blieb hoch. Außerdem stieg die Inanspruchnahme der Sozialversicherung weiter an. Darüber hinaus kündigten sich neue Herausforderungen an: der zunehmende Wettbewerbsdruck aus dem Ausland (»Globalisierung«), die Bedingungen für den Eintritt in die Europäische Währungsunion und die demographischen Veränderungen.

Als kleine vom internationalen Handel geprägte Wirtschaft sind die Niederlande bereits seit Jahrhunderten an eine Situation gewöhnt, in der ihre Unternehmen auf dem inländischen und den ausländischen Märkten den Einfluß des Wettbewerbs spüren. Um konkurrieren zu können, ist es nötig, attraktive Produkte zu einem scharf kalkulierten Preis anzubieten. Eine gemäßigte Lohnkostenentwicklung ist in diesem Zusammenhang von großer Wichtigkeit, aber auch die Entwicklung der

Produktivität spielt eine Rolle. Es gab neue Konkurrenten, neue Märkte, neue Produkte, neue Produktionsmethoden, neue Organisationsprinzipien. Die beste Gegenstrategie bestand darin, auf höherwertige Technologien und Produkte überzugehen, aber wo dies nicht möglich war, war man gezwungen, noch mehr als früher auf die Kosten zu schauen, die Lohnkosten nicht ausgenommen. Diese Feststellung verstärkte das Streben nach Lohnmäßigung noch mehr. Es war außerdem klar, daß neue Arbeitsplätze nicht in der Industrie, sondern im Dienstleistungsbereich entstehen mußten und daß auch hier der Wettbewerbsdruck über die Landesgrenzen hinaus sehr schnell anstieg. Der Einfluß der Liberalisierung innerhalb der EU war auch hier deutlich spürbar.

Die Lage verschärfte sich noch dadurch, daß gerade in dieser Zeit die Verhandlungen über die Europäische Wirtschafts- und Währungsunion abgeschlossen wurden. Eine der für die Teilnahme zu erfüllenden Bedingungen war ein Finanzierungsdefizit von höchstens 3 Prozent. Die Erfahrung hatte nun gelehrt, daß die Niederlande zwar in erheblichem Umfang sparen, daß aber die 3-Prozent-Grenze dennoch nur schwer erreicht werden konnte. Wenn die Konjunktur nicht mitspielte, stieg das Haushaltsdefizit wieder an. Die Ursache lag nicht beim Staatsverbrauch oder bei den staatlichen Investitionen, sondern bei der Sozialversicherung. Um in der Zukunft hier mehr Stabilität zu erreichen, waren ein Zurückdrängen der Sozialversicherung und damit eine Senkung der Beitragslasten unumgänglich.

Zudem gibt es auch in den Niederlanden ähnlich wie in Deutschland eine demographische Entwicklung, deren Folgen die Zukunft einschneidend verändern werden. Auch in den Niederlanden steigt das Durschnittsalter der Bevölkerung. Heute ist es meistens die Erwerbsbevölkerung, aber auch der Anteil der Rentner nimmt schon zu. Ein spezielles Problem für die Niederlande ist die Größe der sogenannten Baby-boom-Generation, derjenigen, die zwischen 1945 und 1960 geboren sind. Die Konsequenzen dieser Situation für soziale Sicherheit und Renten sind deutlich: um diese Leistungen bezahlen zu können, müssen viel mehr Menschen arbeiten, als heute auf dem Arbeitsmarkt aktiv sind.

1991: Der Durchbruch und Mut zum Handeln

Im Juli 1991 beschloß die Regierung Lubbers, bestehend aus CDA und PvdA, den Kreislauf immer steigender Kosten zu durchbrechen. Neue Zahlen über die Entwicklung des WAO waren derartig beunruhigend, daß weiterer Aufschub unverantwortlich gewesen wäre. Wenn sich nichts geändert hätte, so hätte es in den Niederlanden innerhalb weniger Jahre mehr als eine Million Menschen gegeben, die unter das Arbeitsunfähigkeitsgesetz gefallen wären. Die Regierung kam mit dem Vorschlag, den Zugang zum WAO erheblich zu erschweren und die Dauer der Unterstützung vom bisherigen Arbeitsleben abhängig zu machen (je länger man gearbeitet hat, um so länger wird Unterstützung gezahlt). Für alle Personen unter 50 Jahren bedeutete dies, daß man sich nach Ablauf einer gewissen Zeit erneut um einen Arbeitsplatz bemühen oder auf die Sozialhilfe übergehen mußte. Ferner wurde das Verfahren nach dem Krankenversicherungsgesetz angepaßt, und die Unternehmen wurden stärker mit den Kosten der Abwesenheit wegen Krankheit belastet.

Die Vorschläge der Regierung lösten einen Sturm der Kritik aus, insbesondere seitens der Gewerkschaften. Speziell die Konsequenzen für junge, wirklich arbeitsunfähige Arbeitnehmer wurden stark kritisiert. Diese Kritik führte zu einer Reihe neuerlicher Veränderungen, die vor allem für die Personen, die bereits im WAO waren, günstig waren. Aber auch mit diesen Anpassungen nahm die Attraktivität des WAO stark ab. Seit Inkrafttreten des neuen Gesetzes haben die Zugänge ziemlich stark abgenommen, während die Abgänge aus dem WAO zugenommen haben. Die Anzahl der Unterstützungsempfänger ist infolgedessen nach 1993 zurückgegangen, aber hat sich innerhalb der letzten Zeit als Konsequenz der fortschreitenden demographischen Entwicklung wieder stabilisiert.

Die Politiker hatten hiermit einen mutigen Beschluß gefaßt. Das wurde ihnen nicht gedankt. Insbesondere die PvdA, vor allem der damalige stellvertretende Ministerpräsident und heutige Ministerpräsident Kok, wurde unter Beschuß genommen. Kok war zuvor Vorsitzender der größten Gewerkschaft gewesen und war jetzt Parteichef der Sozialisten, der Partei, die immer versprochen hatte, keinen grundlegenden Veränderungen der sozialen Sicherheit zuzustimmen. Bei den ersten folgenden Wahlen im Jahr 1994 verlor die PvdA mit Kok als Spitzenkandidat daher auch ungefähr ein Drittel ihrer Wähler, wobei der Angriff auf das WAO als einer der wichtigsten Punkte galt. Sie blieb aber Regierungspartei, und Kok wurde neuer Ministerpräsident. Noch dramatischer waren die Folgen für den CDA. Die Partei verlor 40 Prozent ihrer Sitze. Erstmals seit 75 Jahren saß sie nun nicht mehr in der Regierung.

Auch Arbeitgeber und Arbeitnehmerorganisationen bemerkten die Konsequenzen des WAO-Debakels. Das Parlament war so sehr unter den Druck des dramatischen Umfangs des WAO geraten, daß man eine parlamentarische Untersuchung über die Inanspruchnahme dieses Gesetzes organisierte. Das ganze Mißverhältnis der als Arbeitsunfähigen zur Anzahl der Erwerbsfähigen und die Belastung der Sozialversicherung durch dieses Gesetz wurde nun offengelegt. Arbeitgeber und Arbeitnehmer hatten die Verantwortung, die sie mit der Verwaltung einer Anzahl sozialer Sicherheitsregelungen bekommen hatten, mißbraucht, um die jeweils eigenen Interessen zu vertreten. Die kritische Betrachtung der bisherigen Praxis führte nun zu neuen organisatorischen Konstruktionen in der Sozialversicherung, die einen Mißbrauch in Zukunft vermeiden sollten.

1994: Neue politische und gesellschaftliche Verhältnisse

1994 trat die Regierung Kok an. Das Kabinett hat eine für die Niederlande ungewöhnliche Zusammensetzung. Erstmals ohne CDA, bestand dieses Kabinett aus PvdA, VVD und D'66, eine seltsame Mischung von Rechtsliberalen, Linksliberalen und Sozialdemokraten. Die Regierung Kok beschloß, die Politik der Lohnmäßigung, der Flexibilisierung des Arbeitsmarkts und der Anpassung der Sozialversicherung fortzuführen.

Während Unternehmen früher die Möglichkeit hatten, vorrangig ältere Arbeitnehmer zu entlassen, ist dieses wegen Altersdiskriminierung jetzt verboten. Die Möglichkeiten für flexible Einstellung sind weiter ausgeweitet worden. Derzeit haben rund 10 Prozent der Arbeitnehmer Teilzeitverträge. Die Zahl dieser Art Arbeitsverhältnisse nimmt langsam zu. Nichts deutet darauf hin, daß die Niederlande hiermit auf amerikanische Zustände hinsteuern. Während bisher Arbeitgeber beweisen mußten, daß beantragte Entlassungen rechtmäßig sind, wird jetzt über die Möglichkeit gesprochen, daß der entlassene Arbeitnehmer eine eventuell ungerechtfertigte Entlassung selbst anfechten soll.

Einen nicht geringen Teil des niederländischen Arbeitsmarkts bestücken die Zeitarbeitbüros. Derzeit arbeiten ungefähr 3 Prozent der Erwerbsbevölkerung auf Zeitarbeitsverträgen. Das zeigt ihre Bedeutung. Die Zeitarbeitbüros haben kürzlich vereinbart, ihre Anstrengungen zu erhöhen, die bei ihnen im Dienstverhältnis stehenden Arbeitnehmer fortzubilden. Auch bieten sie ihrer Klientel jetzt die Möglichkeit einer Betriebsalterspension. Zeitarbeitbüros entwickeln sich mehr und mehr zu einer Alternative zu den offiziellen Arbeitsämtern.

Im Bereich der sozialen Sicherheit kann auf die Abschaffung des Krankenversicherungsgesetzes hingewiesen werden. Wie in Deutschland bieten die Unternehmen ihren Arbeitnehmern im Krankheitsfall finanzielle Unterstützung. Dahinter steht der Gedanke, daß sich Unternehmen dadurch mehr dafür einsetzen, Menschen wieder schnell an die Arbeit zu bekommen. In den vergangenen Jahren ist daher auch eine deutliche Abnahme des Krankenstands erkennbar geworden. Vor allem kurzfristige Arbeitsversäumnisse durch Krankheit sind stark zurückgegangen.

Im Bereich der Sozialhilfe ist mehr Nachdruck auf eine Rückkehr auf den Arbeitsmarkt gelegt worden. Das Arbeitsamt und die örtlichen Sozialdienste arbeiten jetzt viel mehr zusammen, um Unterstützungsempfänger wieder an den Arbeitsmarkt zurückzuführen. Die allgemeine Linie ist klar: Wo früher Inaktivität toleriert und damit akzeptiert wurde, daß Menschen eine Unterstützung bekamen, ohne sich um ihre Zukunft sorgen zu müssen, werden die Menschen jetzt aktiviert, einen Arbeitsplatz zu suchen, sich eventuell umschulen oder fortbilden zu lassen und so an den Arbeitsmarkt zurückzukehren. Früher wurden Sanktionen nicht oder kaum angewandt. Auch hier hat sich einiges geändert.

Neben diesen Anpassungen hat die Regierung noch eine Reihe anderer Maßnahmen ergriffen, um das Angebot an Arbeitsplätzen zu erhöhen. Für die Mindestlöhne wurden die Lohnnebenkosten der Arbeitgeber drastisch vermindert. Wenn Arbeitgeber Langzeitarbeitslose einstellen, erhalten sie dafür einen zeitlich begrenzten Lohnkostenzuschuß. Ferner wurden Programme eingeführt, in denen schlecht ausgebildete Langzeitarbeitslose Arbeitserfahrungen sammeln können.

Aber auch außerhalb des eigentlichen Arbeitsmarkts hat das Kabinett Kok eine Reihe von Maßnahmen ergriffen, um mehr Arbeitsplätze zu schaffen. Wie sehr die gesellschaftliche Situation sich geändert hat und wie sehr der Widerstand gegen Änderungen abgenommen hat, zeigte sich deutlich bei der drastischen Erweiterung der Ladenschlußzeiten. Während früherer Kabinette wurden auf diesem Gebiet kaum Fortschritte erzielt. Nach zehn Jahren Beratungen war man 1993 lediglich so weit, daß die Läden nicht mehr um 18.00 Uhr, sondern erst um 18.30 Uhr schließen mußten. Das Kabinett Kok setzte durch, daß die Geschäfte bis 22.00 Uhr geöffnet bleiben können. Auch dürfen die Läden jetzt an mehreren Sonntagen im Jahr öffnen. Es wäre verfrüht, hier bereits Schlußfolgerungen zu ziehen, aber aus der Zustimmung vieler Unternehmen zu diesen Veränderungen kann man ableiten, daß hier Gewinnchancen gesehen werden. Der Widerstand der Gewerkschaften

war begrenzt. Die Verbraucher begrüßen die erweiterten Ladenschlußzeiten einhellig.

Eine zweite Änderung betraf den Wettbewerb. Die niederländischen Wirtschaftsbehörden haben Kartelle bisher stets kulant behandelt. Manche sprachen sogar von den Niederlanden als einem Kartell-
paradies. Man war der Ansicht, daß der niederländische Binnenmarkt
so klein ist, daß die inländischen Hersteller durchaus eine kleine Unterstützung gebrauchen könnten. Daß sie hiermit auch Mißbrauch trieben,
wurde ihnen nachgesehen. Unter dem Einfluß der Gesetzgebung der
Europäischen Union hatte man bereits einige Male eingreifen müssen.
Die neue Regierung beschloß, jetzt endgültig neue Signale zu geben.
Kartelle werden nicht nur nicht mehr toleriert, sie werden jetzt verboten.

Gesellschaftliche Resonanz

Alle diese Veränderungen sind ohne allzu dramatische Aufstände zustande gekommen. Natürlich organisierten die Gewerkschaften Pro-
testdemonstrationen, speziell gegen die 1983 in Kraft getretenen Löhne
im öffentlichen Dienst und gegen die Kürzung der Sozialleistungen.
Die Proteste wiederholten sich im Jahr 1991 bei den Vorschlägen, das
Arbeitsunfähigkeitsgesetz zu ändern. Die Kirchen klagten über neue
Armut durch geringe Sozialleistungen. Andere bemängelten an den
Veränderungen, daß Arbeit zu sehr in den Mittelpunkt der gesellschaftlichen Diskussion gerückt würde. Wie schon erwähnt, gerieten
auch manche politische Parteien in Bedrängnis. Dennoch sahen die
meisten Menschen die Notwendigkeit der Veränderungen ein. Dasselbe
galt für die Gewerkschaften. In diesem Klima war es möglich, daß nicht
nur Sozialleistungen, sondern auch Löhne sich nur sehr mäßig entwik-
kelten. In den letzten zwanzig Jahren haben sich die Reallöhne nicht
erhöht. Da aber heute viel mehr Menschen arbeiten als vorher, hat sich
die Einkommenslage dennoch verbessert. Nicht umsonst ist Ministerpräsident Kok heute besonders populär. Grund für den Erfolg ist sicher
eine grundlegend veränderte Haushaltspolitik. Da, wo früher bei der
Aufstellung des Haushalts vor allem von optimistischen Vorhersagen
ausgegangen wurde, die immer wieder enttäuscht wurden und damit zu
zusätzlichen Einsparungen nötigten, ging dieses Kabinett jetzt von äußerst konservativen Zukunftserwartungen aus. Wenn die wirtschaftliche Entwicklung dann günstig verläuft, und das war in den letzten Jah-

ren der Fall, dann ist es für die Politik um so einfacher, positive Entwicklungen weiter voranzutreiben.

Die breite gesellschaftliche Akzeptanz ist natürlich auch auf den erreichten Erfolg bei der Schaffung von Arbeitsplätzen zurückzuführen. Seit 1985 hat die »Jobmaschine« in den Niederlanden sehr gut funktioniert. Während noch vor zehn Jahren von einem Wirtschaftswachstum ohne Arbeitsplätze gesprochen wurde, ist die Erwerbsbevölkerung in dieser Zeit um fast 25 Prozent gestiegen: von 5 auf 6,2 Millionen Erwerbstätige.

Die Erwerbsquote, im Jahr 1985 noch sehr niedrig, ist heute auf EU-Durchschnitt und hat sich der deutschen Erwerbsquote angenähert (siehe Abbildung 2). Dieses Wachstum ist vergleichbar mit dem in den Vereinigten Staaten. In der Gesamtzahl der Erwerbstätigen sind zwar viele Teilzeitarbeitskräfte enthalten, aber auch in Arbeitsjahren gerechnet ist die Steigerung der Erwerbsbevölkerung (von 4,7 auf 5,6 Millionen) groß. Die Zahlen enthalten keine sogenannten McDonalds-Arbeitsplätze. Die Anzahl der Arbeitsplätze hat gerade für die besser Ausgebildeten zugenommen. Zwischen 1990 und 1995 nahm die Anzahl der Arbeitsplätze um gut 400.000 zu: von 5,7 auf 6,1 Millionen. Die Anzahl der Arbeitsplätze für schlecht Ausgebildete sank um 200.000, während sowohl für die durchschnittlich Qualifizierten als auch für die besser Ausgebildeten jeweils 300.000 Arbeitsplätze hinzukamen. Die Arbeitslosigkeit hat um nahezu 6 Prozentpunkte abgenommen.

Abbildung 2: Erwerbsquote in Personen, 1969–1998 (in Prozent)

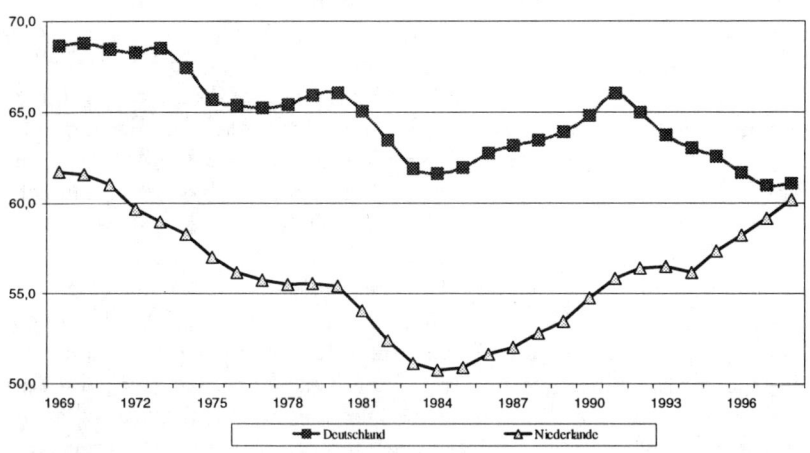

Durch die Verminderung des Anteils der Inaktiven ist es gelungen, die Sozialsysteme zu entlasten; einen derart soliden Trend hat es in den Niederlanden nie zuvor gegeben. Es scheint, als ob die Wiederherstellung der Vollbeschäftigung und eine beherrschbare soziale Sicherheit wieder in greifbarer Nähe sind. Nach so vielen Jahren gibt es vielleicht wieder Möglichkeiten, die soziale Sicherheit aufgrund der besseren wirtschaftlichen Verhältnisse angemessen zu konsolidieren.

Tabelle 1: Wirtschaftsleistung im Vergleich, 1993–1997 (in Prozent)

	Niederlande	Deutschland
Wachstumsrate 1993–1997		
Bruttosozialprodukt	2,8	2,1
Inflationsrate	1,8	2,1
Staatsausgaben	1,6	3,7
Reale Lohnkosten	0,1	1,3
Lohnkosten pro Einheit	0,5	-0,2
Beschäftigungswachstum	1,6	-0,8
Niveaus		
Erwerbsquote 1993	56,5	63,7
Erwerbsquote 1997	59,2	61,0
Arbeitslosigkeit 1993	6,5	11,1
Arbeitslosigkeit 1997	6,2	11,2
Staatsausgabenquote 1993	53,2	46,2
Staatsausgabenquote 1997	47,4	46,0

Zukunftserwartungen

Stetiges Wachstum, immer mehr Arbeitsplätze, weniger Arbeitslosigkeit, keine schwerwiegenden Budgetprobleme und ein Rückgang der Anzahl der sozial Abhängigen sind in Europa heutzutage seltene Erscheinungen. Kein Wunder, daß die heutige Wirtschaftslage in den Niederlanden aus internationaler Perspektive sehr positiv bewertet wird. Und auch die Aussichten für die niederländische Wirtschaft sind zur Zeit so günstig wie seit langem nicht mehr. Für die Jahre 1995 bis 1998 erwartet man ein jährliches Beschäftigungswachstum von beinahe zwei Prozent.

Langfristig betrachtet sieht man, daß bei stetiger Zunahme der Zahl der Arbeitsplätze in wenigen Jahren sogar Engpässe auf dem Arbeitsmarkt auftreten könnten, diesmal in bezug auf verfügbare Arbeitskräfte. Bis zum Jahr 2000 hat das Zentrale Planungsbüro zwei Szenarien skizziert, ein zurückhaltendes und ein optimistisches Szenario: Nach dem vorsichtigen Szenario wird die Wirtschaft um zwei Prozent wachsen, bleibt die Preissteigerung unter zwei Prozent, nimmt die Zahl der Arbeitsplätze weiter zu, wobei die Arbeitslosigkeit leicht abnimmt, die Inanspruchnahme der Sozialversicherung weiter abnimmt und der kollektive Belastungsdruck und das Finanzierungsdefizit weiter sinken. Beim günstigen Szenario sind die Aussichten für Wachstum, Erwerbstätigkeit und Arbeitslosigkeit noch viel positiver. Auf längere Sicht lassen Vorausberechnungen erkennen, daß bei fortgesetzter Zunahme der Zahl der Arbeitsplätze schon etwa um 2005 Engpässe auf dem Arbeitsmarkt auftreten könnten. Die potentielle Erwerbsbevölkerung nimmt hingegen kaum noch zu.

Wie positiv alle diese Entwicklungen auch angesehen werden können, so muß doch gleichzeitig vor allzu viel Euphorie gewarnt werden.[5] Man kann behaupten, daß die niederländische Wirtschaft in den vergangenen Jahren in der Lage gewesen ist, eine Anzahl beträchtlicher Veränderungen durchzuführen. Damit vermochte man den Abwärtstrend umzukehren, aber immer noch ist die Wirtschaft nicht aus der Gefahrenzone heraus.

Die Beschäftigung, gemessen in Arbeitsjahren, ist noch immer niedrig und kann beträchtlich erhöht werden, bei Männern wie auch bei Frauen. Die Arbeitsmarktlage für schlecht Ausgebildete, nicht selten Zuwanderer aus dem Ausland, ist nach wie vor schwierig.

Die politischen Parteien und die Tarifparteien erwecken gern den Eindruck, daß für die Zukunft alles so bleiben kann wie heute, wo die Situation zu Optimismus Anlaß gibt. Es muß jedoch klar sein, daß die heutige Zeit eher als eine Atempause gesehen werden muß, die Möglichkeiten bietet, notwendige Änderungen durchzuführen. Die Notwendigkeit für mehr Beschäftigung hängt eng zusammen mit den problematischen Zukunftsprognosen für das soziale Sicherungssystem. Auch ist das heutige System nicht für eine flexiblere und unternehmerische Gesellschaft der Zukunft geeignet, und es gibt verschiedene Wolken am Horizont, die die heute günstige Wirtschaftslage nachteilig beeinflussen können.

Bis heute bedeuteten Internationalisierung und technologische Entwicklungen für viele ältere Arbeitnehmer, daß sie früh aus dem Berufsleben ausscheiden. Das können wir uns in Zukunft nicht mehr leisten. Massive Maßnahmen der Fort- und Weiterbildung sind notwendig, um diese Leute (wieder) arbeitsfähig zu machen oder zu halten. Daneben werden auch die Niederlande mit einer viel höheren Inanspruchnahme der Renten nach 2010 konfrontiert. Für deren Finanzierung ist eine hohe Erwerbsquote essentiell. Das bedeutet, daß noch mehr als heute das System der sozialen Sicherheit funktionieren muß, um Erwerbslose wieder schnell auf den Arbeitsmarkt zurückzubringen. Dies zu realisieren bedarf es einer großen Anstrengung aller Gruppen – Politik, Wirtschaft und Gewerkschaften.

Über Zähflüssigkeit und Tatkraft

Welche Rolle haben die verschiedenen gesellschaftlichen Gruppen gespielt, was war ihr Einfluß bei diesem Änderungsprozeß? Es hat zwar keine Dominanz einer politischen Richtung gegeben, alle waren gleichermaßen beteiligt, aber verschiedene Regierungen, besonders die ersten drei Legislaturen der Kabinette Lubbers – erst mit CDA und VVD, dann mit CDA und PvdA – und schließlich die Regierung Kok haben an entscheidenden Punkten den Mut gezeigt, schwerwiegende Entscheidungen zu fällen.

Wie schnell Urteile sich ändern können, zeigt die gesellschaftliche Wertung der Rolle der Arbeitgeber und der Arbeitnehmer. Noch vor wenigen Jahren gab es eine »communis opinio«, daß die Tarifpartner nicht imstande seien, einen entscheidenden Beitrag in diesem Wandlungsprozeß zu leisten. Natürlich war klar, daß die Tarifpartner mit ihrer Lohnmäßigung einen wichtigen Beitrag zur Verbesserung der Wettbewerbsfähigkeit der niederländischen Wirtschaft leisteten. Aber zugleich war deutlich, daß es bei wichtigen Entscheidungen oft große Meinungsverschiedenheiten zwischen den Tarifpartnern gegeben hat, zuweilen einigte man sich sogar auf unbrauchbare Kompromisse. Ministerpräsident Lubbers nannte die Beschlußkraft der Tarifpartner einmal »zähflüssig«, was sicherlich nicht als Kompliment gemeint war. Die Verhandlungen stagnierten schließlich so oft, daß die Regierung und das Parlament vor wenigen Jahren beschlossen, die gesetzliche Zustimmungspflicht des Sozialökonomischen Rates (SER) abzuschaffen. Statt dessen gibt es nun die Möglichkeit, den SER um ein Gutachten zu bitten. Diese Maßnahme wurde durch die Unfähigkeit der Sozialpartner notwendig, über wichtige Reformen im sozialen Bereich Konsens zu erzielen. Als dann jedoch in den letzten Jahren Beobachter aus anderen Ländern anfingen, positiv über diese Wirtschaftsentwicklung zu berichten, und über das Modell Holland und über das sogenannte »Polder-Modell« gesprochen wurde, bedeutete das in der öffentlichen Meinung der Niederlande eine gewisse Rehabilitierung für die Tarifpartner.

Schlußfolgerung

Die Schlußfolgerung kann lauten, daß die niederländische Wirtschaft relativ gesundet in das 21. Jahrhundert hineingehen kann. Durch politischen Mut, auch zunächst unpopuläre Entscheidungen zu treffen, die Weitsicht der Tarifparteien und durch das daraus resultierende veränderte Denken innerhalb der niederländischen Gesellschaft ist es gelungen, das niederländische Wirtschafts- und Sozialsystem grundlegend zu verändern. Natürlich muß noch viel geschehen. Herausforderungen der Zukunft sind die europäische Einigung (mit der EWWU und der Einführung des EURO), die demographischen Veränderungen, technologische Entwicklungen, die fortschreitende Globalisierung und veränderte Ausbildungsanforderungen. Das alles verlangt auch in der Zukunft viel Bereitschaft, Neues in Angriff zu nehmen. Dafür scheint die niederländische Gesellschaft heute allerdings besser vorbereitet als noch vor wenigen Jahren. Dort, wo einst der Status quo gepflegt und Inaktivität akzeptiert wurden, sind heute Flexibilität und Aktivität immer mehr akzeptierte Leitziele.

Anmerkungen

1   Dieser Aufsatz ist im August 1997 entstanden.

2   Siehe auch G. Schmid, Beschäftigungswunder Niederlande? Ein Vergleich der Beschäftigungssysteme in den Niederlanden und in Deutschland. Wissenschaftszentrum Berlin 1996, FS I 96–206, und B. Jagoda, R. Schettkat, K.-H. Paqué und C. van Paridon, Abbau der Arbeitslosigkeit nach dem »holländischen Modell«? Zeitgespräch, Wirtschaftsdienst, 77. Jg., 1997, Nr. 4, S. 191–202.

3   Zur Stiftung der Arbeit vgl. auch den Beitrag von Ralf Kleinfeld in diesem Band.

4   Siehe auch das Kapitel »Arbeitsunfähigkeitsrente« im Beitrag von Ralf Kleinfeld in diesem Band.

5   Siehe (Niederländischer) Wissenschaftlicher Beirat für Regierungspolitik, Tweedeling in perspektiv (Zweiteilung der Gesellschaft in Perspektive). Sdu, Den Haag 1996, und ders., Van verdelen naar verdienen. Afwegingen voor de sociale zekerheid in de 21 eeuw (Vom Umverteilen zum Verdienst. Abwägungen für die Soziale Sicherheit im 21. Jahrhundert), Sdu, Den Haag 1997.

Können wir von den Niederlanden lernen?

Ein Vergleich des niederländischen und deutschen Beschäftigungssystems[1]

Günther Schmid

Noch in den achtziger Jahren war die Arbeitslosenquote in den Niederlanden eine der höchsten in der Europäischen Gemeinschaft und diejenige Deutschlands eine der niedrigsten. Heute ist es umgekehrt. Was ist der Grund hierfür? Gibt es so etwas wie ein niederländisches Beschäftigungswunder? Welchen Beitrag hat dazu die Arbeitsmarktpolitik geleistet? Was können andere Länder von den Niederlanden lernen? Oder besitzt das einstmals so hochgelobte deutsche Modell immer noch einigen Charme? Jeder Versuch, auf diese Fragen eine Antwort zu finden, muß mit den nüchternen Fakten beginnen. Beginnen wir mit einer Gegenüberstellung der Entwicklung beider Arbeitsmärkte.

Die Entwicklung der Arbeitsmärkte

Im Jahr 1970 betrug die Arbeitslosenquote in beiden Ländern etwa ein Prozent – eine Situation der »Vollbeschäftigung«, von der wir heute nicht einmal zu träumen wagen. Danach öffnete sich die Schere zuungunsten der Niederlande. Die beiden Rezessionen von 1974/75 und 1980/81 waren für die Niederlande ein erheblich größerer Schock als für das damalige Westdeutschland. Doch Mitte der achtziger Jahre (also vor der deutschen Einigung) wendete sich das Blatt. Anfangs bei den Männern, dann auch bei den Frauen begann sich die Schere zu schließen, und seit Beginn der neunziger Jahre weitet sich der Abstand wieder aus, diesmal jedoch zum Nachteil Deutschlands.

Die Arbeitsmarktsituation in den Niederlanden verbesserte sich besonders für ältere und jüngere Arbeitnehmer/innen, während die Arbeitslosenquoten unter ethnischen Minderheiten und Niedrigqualifizierten nahezu unverändert blieben. Die Verschlechterung der Arbeitsmarktsituation in Deutschland ging hauptsächlich zu Lasten von

Niedrigqualifizierten und älteren Arbeitnehmern. In beiden Ländern ist der Anteil Langzeitarbeitsloser unannehmbar hoch. In den Niederlanden trat keine Verbesserung ein, während in Deutschland sich gar ein verschlechternder Trend zeigt.

Tabelle 1: Struktur der Arbeitslosigkeit in Deutschland und den Niederlanden

	Deutschland			Niederlande		
	1983	1991	1996	1983	1991	1996
Arbeitslosenquoten gesamt[1]	7,7	4,2	9,0	12,0	9,7	6,3
– Ältere Arbeitnehmer (55–64 Jahre)	8,9	13,4	17,9	13,4	3,4	4,0
– Jugendliche (15–24 Jahre)	11,0	5,4	8,0	24,9	10,0	11,4
– Frauen	8,8	7,0	10,2	14,0	9,7	8,1
– Niedrigqualifizierte[2]	14,0	13,1	19,7	n.v.	9,6	10,8
– Ausländer[3]	14,7	10,7	18,9	[a]20,0	17,0	17,9
Langzeitarbeitslose[4]	41,6	31,5	[b]48,3	47,8	45,5	49,0

Anmerkungen: Mit Ausnahme der standardisierten Arbeitslosenquoten sind die Daten aufgrund unterschiedlicher nationaler Definitionen und Datenquellen nur bedingt vergleichbar. 1996 inklusive Ostdeutschland.

1 = standardisiert; 2 = ohne abgeschlossene Berufsausbildung; 3 = in den Niederlanden ethnische Minderheiten; 4 = Anteil an allen Arbeitslosen, Umfragedaten; a = 1987; b = 1995; n.v. = nicht verfügbar.

Quellen: OECD 1997a und 1996a; Labour Force Statistics 1974–94; ANBA-Jahreszahlen, verschiedene Jahrgänge; ANBA-Strukturanalyse 1996; ANBA-Sonderheft Arbeitsmarkt 1996; Social Memorandum Netherlands 1998 (i. E.); eigene Berechnungen.

Was hat Mitte der achtziger Jahre in den Niederlanden diese Wende eingeleitet? Die erste (und häufig einzige) Erklärung, die Ökonomen dazu einfällt, sind die Löhne[2]. So trifft es tatsächlich zu, daß seit Anfang der achtziger Jahre in den Niederlanden die Lohnstückkosten weniger rasch gestiegen sind als in Deutschland. Der Grund hierfür wird in der strategischen Änderung der industriellen Beziehungen in den Niederlanden gesehen. 1982 schlossen die in der Stiftung der Arbeit (STAR bzw. Stichting van de Arbeid) vertretenen Sozialpartner ein Übereinkommen, die der Beschäftigung Vorrang vor Einkommenszuwächsen einräumte. Seither gilt diese sogenannte »Wassenaar-Vereinbarung« als Grundlage des modernisierten niederländischen Modells. Infolge dieser Vereinbarung sanken die Lohnstückkosten nach Rezessionen weitaus stärker und nahmen in Zeiten des Konjunkturaufschwungs weniger drastisch zu als in Deutschland. Von 1979 bis 1996 erfolgte insgesamt eine Steigerung der Lohnstückkosten um »nur« 27 Prozent im Vergleich zu 48 Prozent in Westdeutschland, was einem Rückgang des realen Außenwertes des niederländischen Gulden gegenüber der Deutschen Mark von einem Sechstel entspricht (DIW 1997a).[3] Seit 1994 scheint dieser markante Unterschied in der Lohnpolitik jedoch nicht mehr zu bestehen, und die neuesten Zahlen deuten sogar auf eine Umkehrung dieses Zusammenhangs hin.

»Poldermodell bei Sonnenaufgang«   *Karikatur: Tom Janssen (1997)*

Der Schlüssel zum niederländischen Beschäftigungswunder ist also nicht allein in der Lohnpolitik zu finden. Gibt es Unterschiede zwischen den Lohnstrukturen? Obwohl die Lohndifferentiale in beiden Ländern relativ gering sind und sich kaum geändert haben, kam es in Deutschland zu einer überdurchschnittlichen Zunahme des Realeinkommens niedrigbezahlter Arbeitnehmer/innen, deren Folgen in der Lohndispersion im Niedriglohnsektor zu sehen sind. Während das Verhältnis des mittleren (D5) zum niedrigsten Dezil (D1) in den Niederlanden praktisch konstant bei 1,6 blieb, sank es in der früheren Bundesrepublik zwischen 1983 und 1993 von 1,6 auf 1,4.[4] Im Lichte dieser

Lohnstrukturen würden neoklassische Wirtschaftswissenschaftler wiederum fragen, ob dies nicht negative Folgen für das Beschäftigungswachstum habe.

In den Niederlanden ist dies offenkundig nicht der Fall, zumindest nicht auf den ersten Blick. Zwischen 1971 und 1991 stieg die Beschäftigtenzahl von 4,8 auf 6,5 Millionen, d. h. um nicht weniger als 36 Prozent. Selbst in den USA war die Zunahme geringer (33 Prozent), und in Westdeutschland stieg der Beschäftigungsstand innerhalb desselben Zeitraumes nur um 8 Prozent (Werner 1994). Das niederländische Beschäftigungswunder zeigt sich auch im hohen Niveau der Beschäftigungselastizität: Zwischen 1974 und 1995 ergab jeder Prozentpunkt an Wirtschaftswachstum in den Niederlanden einen Beschäftigungsanstieg von 0,41 Prozent; die entsprechende Zahl für die USA lag bei 0,75 Prozent, während sie für Westdeutschland nur 0,23 Prozent betrug.

Eine detailliertere Analyse enthüllt jedoch ein etwas anderes Bild: Der weitaus größte Anteil am niederländischen Beschäftigungswunder ist der Schaffung von Teilzeitarbeitsplätzen zuzuschreiben, und kein anderes OECD-Land verzeichnet gegenwärtig einen solch hohen Stand der Teilzeitbeschäftigung wie die Niederlande. Innerhalb eines Zeitraumes von 25 Jahren – und besonders in den achtziger Jahren – stieg die Gesamtquote der Teilzeitarbeit von etwa 5 auf 35 Prozent und die Quote der Frauen von 15 auf nicht weniger als 65 Prozent. In Deutschland hingegen nahm die Teilzeitarbeit erheblich weniger stark zu und erreichte 1995 einen Gesamtstand von 18 Prozent; für Frauen liegt die Zahl bei etwa 33 Prozent, für Männer bei nur 3,3 Prozent.

Aufschlußreich ist auch ein Vergleich der Erwerbsquoten. Die Erwerbsquoten der Männer verliefen – bei einem etwas niedrigeren Niveau der Niederländer – nahezu parallel; interessanterweise verlangsamte sich in den Niederlanden der Abwärtstrend nicht nur, sondern kehrte sich sogar um, so daß jetzt beide Länder ein gleiches Niveau aufweisen. Dagegen lagen in den Niederlanden die Erwerbsquoten der Frauen weit hinter denen in Deutschland zurück, die selbst nach internationalen Standards schon niedrig sind. Wie aus der Statistik zu ersehen, haben die Niederländerinnen nun aufgeholt, die deutschen Frauen aber noch nicht überholt. Dieselben Trends gelten auch für die Beschäftigungsquoten.

Vier Aspekte des niederländischen Beschäftigungswunders sind positiv hervorzuheben:

– Die überwiegende Zahl der Teilzeitarbeitsverhältnisse ist freiwillig und entspricht offenbar den Präferenzen der betreffenden Erwerbspersonen.

- Zwei Drittel der Teilzeitkräfte verfügen über einen hohen Bildungs-
  stand, was vermuten läßt, daß die meisten Teilzeitarbeitsplätze an-
  spruchsvolle Arbeitsbedingungen bieten.
- Da die Schwellen der Anspruchsvoraussetzungen gesenkt wurden,
  genießen Teilzeitkräfte in den Niederlanden auch einen besseren
  Sozialversicherungsschutz als jene in Deutschland.[5]
- Schließlich stehen 17 Prozent der niederländischen Männer in Teilzeitbeschäftigung, verglichen mit einem EU15-Durchschnitt von
  nur 5 Prozent, was den ausgeprägten Gleichheitssinn in den Niederlanden verdeutlicht.

Bedenklich stimmt dagegen der hohe Anteil geringfügiger Teilzeitbeschäftigung: 31,5 Prozent der Teilzeitkräfte in den Niederlanden
(38,4 Prozent der Männer und 29,1 Prozent der Frauen) arbeiteten 1995
weniger als zehn Stunden pro Woche. Die entsprechenden Zahlen für
Deutschland liegen bei 19,2 Prozent aller Teilzeitkräfte, bei 27 Prozent
der männlichen und 18 Prozent der weiblichen (Eurostat 1996, S. 178–
179).[6] Wegen der extrem kurzen Arbeitszeiten und der damit einherge-
henden niedrigen Entlohnung bestreiten die meisten dieser Arbeitneh-
mer/innen ihren Lebensunterhalt vermutlich aus anderen Quellen.[7] Der
Anteil der Teilzeitkräfte, die eine Vollzeitbeschäftigung anstreben, stieg
in den Niederlanden von 5,1 Prozent (1993) auf 7,3 Prozent (1995),
womit diese Zahlen noch niedriger liegen als in Deutschland (6,8 bzw.
9,8 Prozent). Wegen des hohen Gesamtanteils der Teilzeitarbeit ist der
Anteil unfreiwilliger Teilzeitarbeit (Anteil unfreiwilliger Teilzeitkräfte
in Prozent der Bevölkerung im Erwerbsalter) in den Niederlanden jedoch dreimal so hoch wie in der Bundesrepublik; die OECD berech-
nete eine Zahl von 5,6 Prozent (1991) gegenüber 1,5 Prozent (1993) in
Deutschland (OECD 1995, S. 179).

Ein weiteres Bedenken betrifft den eingeschränkten arbeitsrechtli-
chen Schutz geringfügiger Beschäftigung (Delsen 1995). Flexible Arbeit
ermöglicht es zwar Unternehmen, auf Bedarfsschwankungen mit Einstellungen und Entlassungen von Teilzeitkräften zu reagieren. Zugleich
aber könnte sie eine nachhaltige Integration von Jugendlichen, Rück-
kehrerinnen in das Erwerbsleben oder von befristet Beschäftigten in
den regulären Arbeitsmarkt behindern.[8] Bemerkenswert ist auch, daß
viele der Teilzeitkräfte in den Niederlanden nur deshalb eine Teilzeit-
tätigkeit ausüben, weil sie einem Studium oder einer Berufsbildung
nachgehen: 1995 galt dies für 17,1 Prozent (33,4 Prozent der Männer,
11,2 Prozent der Frauen) gegenüber nur 7,4 Prozent (22,8 Prozent der
Männer, 5,2 Prozent der Frauen) in Deutschland (Eurostat 1996, S. 138
–139).

Die Bewunderung des niederländischen Jobwunders wird überdies dadurch gedämpft, daß das Arbeitsvolumen in den achtziger Jahren trotz des Wachstums der Beschäftigtenzahl abnahm und erst 1993 wieder den Stand von 1970 erreichte (Werner 1994). Die steigende Anzahl von Beschäftigten mit stagnierenden oder sogar abnehmenden Arbeitsvolumina kann daher nur bedeuten, daß eine massive Umverteilung der Arbeit mit einer entsprechenden Umverteilung der Einkommen stattgefunden hat. Auf die Frage, wie eine solche Umverteilung der Arbeit unter ökonomischen Aspekten zu beurteilen ist, werde ich später zurückkommen.

Teilzeitarbeit (auf neugeschaffenen Arbeitsplätzen) ist allerdings nur der eine Pfeiler des niederländischen Modells zur Arbeitsumverteilung. Der zweite Pfeiler ist – oder war – die Verringerung des Arbeitskräfteangebots durch Frühverrentung vieler älterer oder behinderter Arbeitnehmer. Daher sind in den Niederlanden die Erwerbsquoten älterer Menschen die weltweit niedrigsten. Wenn alle Formen der Ausgliederung aus dem Arbeitsmarkt sowie die Teilnahme an Arbeitsmarktprogrammen und hochsubventionierten Beschäftigungsformen zusammengerechnet werden, ergibt sich die sogenannte »breite Arbeitslosenquote«. Der letzte OECD-Bericht über die Niederlande beziffert diese auf 27,1 Prozent – eine Größenordnung, die die Niederlande in dieser Hinsicht in die Nähe von Ostdeutschland rückt. Die Ausgliederungsstrategie wurde, obwohl in gemilderter Form, auch in Deutschland eingesetzt. Die breite Arbeitslosenquote war in Deutschland mit etwa 22 Prozent jedoch weit niedriger, und dies trotz der größeren Teilnehmerzahlen an aktiven arbeitsmarktpolitischen Maßnahmen (siehe weiter unten).

Skeptiker mögen entgegnen, daß eine solche Strategie die ökonomische Effizienz und die Wettbewerbsfähigkeit beeinträchtigt. Ob solche Skepsis berechtigt ist, wird im nächsten Abschnitt geprüft.

Ein Vergleich der Wirtschaftskraft

Die ökonomische Wirkung der institutionellen Beschäftigungsfilter läßt sich am Niveau und an der Dynamik des volkswirtschaftlichen Einkommens sowie am Beitrag der die Wertschöpfung bestimmenden Einzelkomponenten ermessen. Die Komponentenzerlegung des Bruttoinlandsprodukts pro Kopf (BIP/Kopf) in Größen der Arbeitsproduktivität, Arbeitszeit pro beschäftigte Person und Erwerbstätigenquote ist für diesen Zweck gut geeignet. Während die Arbeitsproduktivität als Indikator der Arbeitsmarkteffizienz gelten kann, läßt sich die durchschnittliche Arbeitszeit als Indikator für den Grad der Arbeits- und Einkommensumverteilung interpretieren; die Erwerbsquote wiederum dient als Indikator für den Grad der sozialen Integration.

Tabelle 2 zeigt, daß – gemessen am BIP pro Kopf (in Kaufkraftparitäten) – die Niederlande nur ein geringfügig niedrigeres Niveau ökonomischer Wohlfahrt aufweisen als Deutschland. 1994 war diese Distanz zuungunsten der Niederlande noch erheblich größer (Schmid 1997a und b).[9] Die Zerlegung des annähernd gleichen Volkseinkommens pro Kopf zeigt für die Niederlande jedoch ein günstigeres Verhältnis der einzelnen Komponenten: Die Niederlande weisen eine höhere Stundenproduktivität (Indikator der Arbeitsmarkteffizienz), niedrigere durchschnittliche Arbeitszeiten (Indikator für Zeitsouveränität und Arbeitsumverteilung) und neuerdings sogar eine höhere Erwerbstätigenquote (Indikator für den sozialen Integrationsgrad im Arbeitsmarkt) auf:

Tabelle 2: Dekomposition des BIP pro Kopf in Indikatoren der Effizienz, der Arbeitsumverteilung und Integration (1996, US-Dollar)

	BIP/WB	=	BIP/h	*	h/E	*	E/WB
Deutschland	21.116	=	30,64	*	1.578	*	0,44
Niederlande	20.626	=	33,14	*	1.372	*	0,45

BIP/WB = Bruttoinlandsprodukt pro Kopf zu Preisen, Wechselkurs und Kaufkraftparität (PPP)von 1996;

h = effektive Arbeitsstunden pro Jahr (d. h. Arbeitsvolumen);

E = Erwerbstätige.

h/E = effektive Arbeitsstunden im Jahr pro Person.

E/WB = Erwerbstätige/Wohnbevölkerung (Erwerbstätigenquote).

Deutschland inklusive neue Bundesländer; *Quellen:* OECD Main Economic Indicators, mehrere Jahrgänge; OECD Employment Outlook, mehrere Jahrgänge; Employment in Europe 1997; OECD Labour Force Statistics; eigene Berechnungen.

Werfen wir noch einen Blick auf die Wachstumsdynamik, um das Bild zu vervollständigen. Hier zeigt die Zerlegung des Wachstums in die einzelnen Komponenten folgendes Bild für die neunziger Jahre:

Tabelle 3: Dekomposition des Wirtschaftswachstums in Indikatoren der Effizienz, der Arbeitsumverteilung und Integration (1991 bis 1996)

	ΔBIP/WB	=	ΔBIP/h	+	Δh/E	+	ΔE/WB
Deutschland	0,8	=	2,9	+	-0,4	+	-1,6
Niederlande	1,6	=	1,7	+	-0,7	+	0,6

BIP zu Preisen, Wechselkursen und Kaufkraftparitäten (PPP) von 1990; Δ = jährliche durchschnittliche Wachstumsraten; Quellen: National Accounts, Main Aggregates 1960–1994; OECD Main Economic Indicators, mehrere Jahrgänge; OECD Employment Outlook, mehrere Jahrgänge; Employment in Europe 1997; OECD Labour Force Statistics 1976–1996; Deutschland inklusive neue Bundesländer; eigene Berechnungen.

Mit 1,6 Prozent weist die Niederlande in den neunziger Jahren ein doppelt so hohes jahresdurchschnittliches Wachstum auf als die Bundesrepublik Deutschland. Die Dekomposition dieser Wachstumsdynamik führt deutlich vor Augen, daß in den Niederlanden zwar die Produktivitätsdynamik geringer ist als in Deutschland, dafür jedoch die Arbeitszeitverkürzung (stärkerer Rückgang der durchschnittlichen Erwerbsarbeitszeit) erfolgreich in eine höhere Erwerbsbeteiligung umgesetzt werden konnte. Die Schaffung von Arbeitsplätzen trägt somit immerhin fast 40 Prozent zum Wachstum bei, während das Wachstum in Deutschland nur noch durch die Arbeitsproduktivität getragen wird, offensichtlich jedoch auf Kosten der sozialen Integration in den Arbeitsmarkt.

Wenn angenommen wird, daß die Vorruhestandspolitik nicht mehr finanziert werden kann und in Deutschland noch beträchtlicher Spielraum für eine Politik der Arbeitsumverteilung durch vermehrte Teilzeitarbeit besteht, dann stellt sich die Frage, welche Politik in der Lage ist, beschäftigungsintensives Wachstum zu fördern. Das Beschäftigungsniveau hängt in erster Linie von Entscheidungen im Produktionssystem ab, d. h. von der Geld- und Finanzpolitik sowie der innovationsfördernden Strukturpolitik. Von den Arbeitsmarktinstitutionen, d. h. von den Privathaushalten, dem Bildungssystem, den industriellen Beziehungen und der sozialen Sicherheit, hängt es jedoch ab, ob Produktionsentscheidungen in Arbeitsplätze umgesetzt werden. Arbeitsmarktpolitik ist ein wichtiger intermediärer Faktor, der katalysierende und koordinierende Funktionen für die Verbesserung der Schnittstellen zwischen den verschiedenen Arbeitsmarktinstitutionen erfüllt. Wenden wir uns also der Arbeitsmarktpolitik zu und fragen, welche Rolle sie im niederländischen und deutschen Beschäftigungssystem spielt.[10]

Arbeitsmarktpolitik im Vergleich

Trotz niedrigerer Arbeitslosigkeit gaben die Niederlande 1996 einen höheren Anteil des BIP für passive Arbeitsmarktpolitik aus als Deutschland; dies gilt absolut wie relativ. Doch während die Niederlande 3,4 Prozent des BIP für die Arbeitslosen aufwendeten, betrug der entsprechende Wert in Deutschland »nur« 2 Prozent. Mit anderen Worten: Die Niederländer gaben 1996 für jeden Arbeitslosen im Mittel 20.937 ECU aus, gegenüber »nur« 11.079 ECU in Deutschland. Somit ist die soziale Absicherung für Arbeitslose in den Niederlanden wesentlich großzügiger bemessen als in Deutschland, was sich auch an den Lohnersatzquoten ablesen läßt. Die Lohnersatzrate (vor Steuern) beträgt in den Niederlanden für Alleinstehende mit durchschnittlichem Verdienst im ersten Monat der Arbeitslosigkeit 70 Prozent, in Deutschland 37 Prozent. Die Netto-Lohnersatzrate (nach Steuern, einschließlich Transferzahlungen) beträgt 77 Prozent für ein kinderloses Ehepaar, verglichen mit 60 Prozent in Deutschland; die entsprechenden Zahlen für ein Ehepaar mit zwei Kindern sind 84 und 78 Prozent. Auch die maximale Versicherungsdauer, die meist nur für langjährig Beschäftigte gilt, ist in den Niederlanden erheblich länger als in Deutschland, nämlich 54 Monate gegenüber 32. Nach Ablauf der Versicherungsansprüche tritt die bedürftigkeitsgeprüfte Arbeitslosen- oder Sozialhilfe ein. Im Falle einer 60 Monate arbeitslosen Person, die anspruchsberechtigt und verheiratet ist sowie zwei Kinder hat, beträgt die Netto-Lohnersatzrate in den Niederlanden immer noch 80 Prozent, verglichen mit 71 Prozent in Deutschland; für Niedrigverdiener/innen liegen diese Zahlen sogar noch höher.[11]

Dagegen ist die aktive Arbeitsmarktpolitik in Deutschland stärker ausgeprägt als in den Niederlanden, doch hat sich der Abstand in jüngster Zeit verringert. 1996 gab Deutschland insgesamt 1,43 Prozent des BIP für Arbeitsfördermaßnahmen aus, während die Niederlande hierfür 1,37 Prozent aufwendeten. Die Aktivität wird in Deutschland allerdings noch durch die besondere Lage in Ostdeutschland verzerrt, wo noch überdurchschnittlich viele Maßnahmen gefördert werden, da es kaum eine andere Alternative zur hohen Arbeitslosigkeit gibt. Zudem ist die Struktur der Maßnahmen in den beiden Ländern ganz unterschiedlich: In Deutschland liegt das Hauptgewicht auf Weiterbildungs- und Arbeitsbeschaffungsprogrammen, wohingegen in den Niederlanden 40 Prozent der Ausgaben für Arbeitsförderung von Behinderten und ein wachsender Anteil für Stellenvermittlung aufgewendet werden. Ein augenfälliger Unterschied besteht auch im Einsatz der Arbeitsmarktpolitik als Instrument zur Glättung zyklischer Nachfrageschwankungen: Kurzarbeitergeld spielt in den Niederlanden eine wesentlich geringere Rolle als in Deutschland. Auch ist die in Deutschland Anfang der neunziger Jahre eingeführte Möglichkeit, Kurzarbeitergeld für strukturelle Anpassungen zu nutzen, in den Niederlanden unbekannt (den Broeder 1995). Ferner ist auffällig, daß für die Niederlande keine Ausgaben für berufliche Rehabilitation aufgeführt sind, während diese in Deutschland eine wichtige Rolle spielen. Schließlich bemüht sich die deutsche Arbeitsmarktpolitik, Existenzgründungen von Arbeitslosen zu unterstützen – ein Programm, das in den Niederlanden offenbar keine Parallele hat.

Tabelle 4: Ausgaben (in Prozent des BIP) für arbeitsmarktpolitische Maßnahmen in 1992 und 1996 sowie Teilnehmer/innen (in Prozent aller Erwerbspersonen)

	Deutschland		Niederlande	
	1992	1996	1992	1996
Ausgaben für passive Arbeitsmarktmaßnahmen	**1,96**	**2,37**	**2,58**	**3,41**
Ausgaben für aktive Arbeitsmarktmaßnahmen	**1,69**	**1,43**	**1,14**	**1,37**
– Arbeitsverwaltung	0,24	0,24	0,16	0,36
– Berufsbildung und Fortbildung	0,65	0,45	0,23	0,12
– Jugendprogramme	0,06	0,07	0,06	0,09
– Lohnkostenzuschüsse	0,07	0,07	0,03	0,13
– Existenzgründungen	–	0,03	–	–
– Arbeitsbeschaffungsmaßnahmen	0,43	0,30	0,05	0,13
– Berufliche Rehabilitation	0,14	0,14	–	–
– Programme zugunsten Behinderter	0,11	0,14	0,61	0,54
Eintritt in	**6,3**	**4,0**	**2,9**	**2,5**
– Berufsbildung und Fortbildung	4,1	1,6	1,6	1,2
– Jugendprogramme	0,6	0,7	0,8	0,7
– Eingliederungssubventionen	0,2	0,2	0,2	0,2
– Existenzgründungen	0,1	0,2	–	–
– Arbeitsbeschaffungsmaßnahmen	1,0	1,0	0,2	0,2
– Berufliche Rehabilitation	0,3	0,3	–	–
– Behinderten-Werkstätten	k. A.	k. A.	0,1	0,2

Quellen: OECD 1997a (Tabelle K) und 1996a (Tabelle T). Wegen fehlender Daten für 1996 beziehen sich die Angaben der Programmeintritte für die Niederlande auf 1995.

Die Ausgabenstruktur spiegelt sich auch in der Anzahl der Teilnehmer/innen in Arbeitsmarktprogrammen wider: 1996 nahmen in Deutschland 4,2 Prozent der Erwerbsbevölkerung an solchen Programmen teil, fast doppelt so viele wie in den Niederlanden (2,5 Prozent). Dieser Unterschied ist aber wiederum weitgehend eine Folge der außergewöhnlichen Situation in den (neuen) ostdeutschen Bundesländern. Die größten Unterschiede bestehen bei den Weiterbildungs- und Arbeitsbeschaffungsprogrammen, die in Ostdeutschland anfangs eher sozial- als arbeitsmarktpolitischen Charakter hatten. Mit der Zeit verringern sich diese Unterschiede, und zwar sowohl infolge von Ausgabenkürzungen als auch aufgrund des in Deutschland allmählich stattfindenden Normalisierungsprozesses. Leider erlauben die Daten keine Aussage darüber, ob die pro Person aufgewendeten Mittel in den Niederlanden effektiver eingesetzt werden als in Deutschland.[12]

Die Aktivitätsrate, die den Anteil der Ausgaben für aktive Arbeitsmarktpolitik am gesamten Arbeitsmarktbudget mißt, ist in den Niederlanden viel niedriger als in Deutschland; nur etwa ein Viertel des niederländischen Budgets ist Arbeitsfördermaßnahmen gewidmet, verglichen mit einem guten Drittel in Deutschland. Sieht man von zyklischen Einflüssen und den Auswirkungen der deutschen Einigung ab, so sind diese Anteile in den letzten zehn Jahren praktisch unverändert geblieben. Was ist daraus zu schließen?

Zunächst ist ein hoher Aktivitätsgrad günstiger als ein niedriger, solange die entsprechende Arbeitsförderung nicht eindeutig negativ zu beurteilen ist. Auch wenn die Grenzproduktivität der deutschen Arbeitsmarktpolitik abnimmt, sind die meisten Programme immer noch eher positiv zu beurteilen. Dies gilt zumindest für einen großen Teil der Weiterbildungsprogramme, für die Unterstützung von Existenzgründern, für die Kurzarbeit und für die strukturpolitischen Lohnsubventionen. In dieser Hinsicht könnten die Niederlande etwas von Deutschland lernen. Besonders trifft dies für den Qualifizierungsbereich zu, in dem der quantitative Abstand zwischen niederländischer und deutscher Arbeitsmarktpolitik am größten ist. Diese Aussage wird durch eine vergleichende Analyse der Humankapitalausstattung gestützt, in der ein Rückstand der Niederlande gegenüber Deutschland im Bereich mittlerer Qualifikationen festgestellt wurde (de Jager 1995).

Andererseits kann Deutschland einiges von der Modernisierung der niederländischen Arbeitsverwaltung lernen. Dabei ist insbesondere an die Stellenvermittlung für diejenigen Langzeitarbeitslosen zu denken, die unter normalen Umständen kaum wieder eine Beschäftigungschance haben. Einige neue Ideen wurden bereits in Deutschland eingeführt, so z. B. die Konzepte von START und MAATWERK.[13] Andere innovative Maßnahmen bilden die Kooperationsvereinbarungen der Arbeitsämter mit regionalen Schlüsselakteuren sowie die Bemühungen um erfolgsorientierte Budgetzuweisungen.[14] Der in beiden Ländern niedrige Aktivitätsgrad weist jedoch noch auf ein erheblich unausgeschöpftes Ressourcenpotential hin, das für produktive Arbeitsförderung genutzt werden könnte.[15]

Zusammenfassung und Ausblick

Eine der Ursachen der »europäischen Krankheit« ist offensichtlich die Unfähigkeit, Produktionsentscheidungen in Beschäftigungsentscheidungen umzusetzen. Die Niederlande scheinen hier eine Ausnahme zu bilden. Jedoch muß der Erfolg des Landes beim Beschäftigungswachstum einer qualitativen Prüfung unterzogen werden. Bei einer komplexeren Diagnose dieser Art verliert das niederländische Modell einiges an Glanz. Dies bezieht sich insbesondere auf den prekären Status vieler flexibler Beschäftigungsverhältnisse. Dennoch bleibt das Fazit einer im Ansatz erfolgreichen Beschäftigungsstrategie durch massive Arbeits- und Einkommensumverteilung bestehen. Skeptiker mögen einwenden, daß eine solche Strategie die ökonomische Effizienz und die Wettbewerbsfähigkeit beeinträchtigt. Es trifft tatsächlich zu, daß das BIP pro Kopf in den Niederlanden etwas niedriger ausfällt als in vergleichbaren Ländern, aber es gibt keine Anzeichen für eine erlahmende Wachstumsdynamik. Im Gegenteil. In den neunziger Jahren hatten die Niederlande – neben Großbritannien und Dänemark (den anderen beschäftigungspolitisch erfolgreichen Ländern) – das stärkste Wirtschaftswachstum in Europa. Somit konnten die Niederlande die ökonomische Wohlfahrtslücke nahezu schließen, die sich in den achtziger Jahren aufgetan hatte.

Dennoch muß gefragt werden, ob der nach wie vor praktizierte »malthusianische« Ansatz der Umverteilung, nämlich der Ausschluß von älteren, aber nicht unbedingt weniger leistungsfähigen Arbeitnehmern aus dem Arbeitsmarkt, aufrechterhalten werden kann. Eine weitere enttäuschende Tatsache ist, daß auch das fulminante niederländische Beschäftigungswachstum kaum dazu beitragen konnte, den Anteil der Langzeitarbeitslosen zu senken. In dieser Hinsicht muß die niederländische Arbeitsmarktpolitik, die bis gegen Ende der achtziger Jahre wenig zur Ausweitung der Erwerbsbevölkerung beitrug, ihre Richtung ändern. Dies gilt aber auch für Deutschlands Arbeitsmarktpolitik, die in bezug auf die Aktivitätsrate nur wenige Längen vor den Niederlanden liegt und auch aufgrund des unannehmbar hohen Niveaus der Langzeitarbeitslosigkeit herausgefordert wird.

Seit Anfang der neunziger Jahre haben die niederländischen Regierungen und die Sozialpartner auf diese Herausforderungen reagiert und wirksame Schritte zur Aktivierung der Arbeitsmarktpolitik unternommen. Diese Reformen legen das Schwergewicht auf intensive Vermittlungsdienstleistungen durch die staatliche Arbeitsverwaltung und nichtstaatliche Agenturen, während die Dezentralisierung der Politikimplementation, ein strenges Monitoring und eine ergebnisgebundene Budgetierung ihre Wirksamkeit verbessern. Wichtige Entscheidungen wurden ebenfalls im Hinblick auf die soziale Sicherheit getroffen, um die übermäßige Inanspruchnahme von Invalidenrenten zu reduzieren; auch wurden der Aufnahme von Teilzeitarbeit entgegenstehende Barrieren abgebaut. Seit 1996 werden von der Regierung Steuerabschläge und reduzierte Arbeitgeberbeiträge zur Sozialversicherung für Unternehmen gewährt, die (Langzeit-)Arbeitslose in einem Niedriglohnsegment einstellen. Außerdem sollen zusätzlich geschaffene Arbeitsplätze im öffentlichen Sektor vornehmlich die dauerhafte Reintegration von Langzeitarbeitslosen fördern. Diese Stellen sind als Übergangsarbeitsplätze konzipiert, von denen aus der Wechsel auf permanente und reguläre Arbeitsplätze erfolgen soll.

Und schließlich: Es gibt keine Anzeichen dafür, daß der niederländische Reformeifer an Schwung verliert. Neue Gesetze sind auf dem Weg, die Rechtslage »flexibler Arbeitnehmer/innen« zu verbessern und dem Ideal eines Arbeitsmarktes näher zu kommen, der »sowohl Flexibilität als auch Sicherheit« optimiert.[16] Ein besonderes Merkmal all dieser Aktivitäten ist die intensive Kommunikation zwischen der Regierung und den Sozialpartnern, die wahrscheinlich die wichtigste Erklärung für die niederländische Erfolgsgeschichte darstellt. Das Ergebnis der neuesten Bemühungen spiegelt sich nicht nur in der substantiellen Senkung der standardisierten Arbeitslosenquote wider, die im September 1997 einen Stand von 5,4 Prozent im Vergleich zu 10 Prozent in Deutschland erreichte, sondern auch im Rückgang der »breiten Arbeitslosenquote«, für welche die neuesten Zahlen noch nicht vorliegen.

Literatur

Blomsma, M./R. Jansweijer (1997): The Netherlands: Growing Importance of Private Sector Arrangements, in: E. Wadensjö/M. Rein (Hg.): Enterprise and the Welfare State. Cheltenham: Edward Elgar.

de Jager, N. E. M. (1995): A Comparative Analysis of Current and Future Human Capital in Germany and the Netherlands, in: Centraal Bureau voor de Statistiek: De Nederlandse Arbeidsmarktdag 1995. Den Haag, S. 310–331.

Delsen, L. (1995): Atypical Employment: An International Perspective, Causes, Consequences and Policy. Groningen: Wolters-Noordhoff.

Delsen, L./E. de Jong (Hg.) (1998): The German and Dutch Economies: Who follows Whom? Heidelberg: Physica Verlag.

den Broeder, C. (1995): A Comparative Analysis of Labour Market Flexibility in Germany and the Netherlands, in: Centraal Bureau voor de Statistiek: De Nederlandse Arbeidsmarktdag 1995. Den Haag, S. 287–309.

Dercksen, W. J./J. de Koning (1996): The New Public Employment Service in the Netherlands (1991–1994). Discussion Paper FS I 96–201. Berlin: Wissenschaftszentrum Berlin für Sozialforschung.

DIW (Deutsches Institut für Wirtschaftsforschung) (1997a): Die Niederlande: Beschäftigungspolitisches Vorbild?, in: DIW-Wochenbericht, 64. Jg., H. 16, S. 259 –263.

DIW (Deutsches Institut für Wirtschaftsforschung) (1997b): Erwerbsstatistik unterschätzt Beschäftigung um 2 Millionen, in: DIW-Wochenbericht, 64. Jg., H. 38, S. 689–694.

Eurostat (1996): Labour Force Survey. Results 1995. Luxemburg: Office for Official Publications of the European Communities (Subject: Population and Social Conditions, Series 3C).

Houseman, S. N. (1995): Job Growth and the Quality of Jobs in the U.S. Economy, in: Labour (IIRA), 9. Jg., Sondernummer, S. 93–124.

Ministry of Economic Affairs (1995): Benchmarking the Netherlands. Test of Dutch Competitiveness. Den Haag: Ministry of Economic Affairs.

Ministry of Social Affairs (SZW) (1997). Social Policy and Economic Performance. Den Haag: Ministerie van Sociale Zaken en Werkgelegenheid (SZW).

Moraal, D. (1994): Reorganisation der Arbeitsmarktpolitik. Weiterbildung für Arbeitslose in den Niederlanden. Discussion Paper FS I 94–204. Berlin: Wissenschaftszentrum Berlin für Sozialforschung.

Muffels, R./R. Dekker/E. Stancanelli (1996): Moving into and out of Flexible and Permanent Jobs: An Empirical Analysis of Labour Market Mobility Patterns in the Netherlands Using Dutch Panel Data. Papier anläßlich der jährlich stattfindenden Konferenz der European Association of Labour Economics (EALE), Kreta, Chania, 19.–22. September 1996.

OECD (1995, 1996a, 1997a): Employment Outlook. Paris: OECD Publications.

OECD (1996b, 1997b): Economic Outlook. Paris: OECD Publications.

OECD (1996c): OECD Economic Surveys 1995–1996, Netherlands. Paris: OECD Publications.

Schmid, G. (1996): New Public Management of Further Training, in: G. Schmid/J. O'Reilly/K. Schömann (Hg.): International Handbook of Labour Market Policy and Evaluation. Cheltenham: Edward Elgar, S. 747–790.

Schmid, G. (1997): Beschäftigungswunder Niederlande? Ein Vergleich der Beschäftigungssysteme in den Niederlanden und in Deutschland, in: Leviathan, Jg. 25, Nr. 3, S. 302–337.

Schmid, G. (in Zusammenarbeit mit M. Helmer) (1998): The Dutch Employment Miracle? A Comparison of Employment Systems in the Netherlands and Germany, in: L. Delsen/E. de Jong (Hg.): The German and Dutch Economies: Who follows Whom? Heidelberg: Physica, S. 53–85.

Visser, J./A. Hemerijck (1997): A Dutch Miracle – Job Growth, Welfare Reform and Corporatism in the Netherlands, Amsterdam: Amsterdam University Press.

Werner, H. (1994): Beschäftigungsboom in den Niederlanden – ein Phänomen wird entschlüsselt, in: IAB-Kurzbericht, Nr. 9 vom 24.6.1994.

Werner H. (1997). Kann Deutschland von den Niederlanden lernen?, in: IAB-Kurzbericht, Nr. 12 vom 12.12.1997.

Anmerkungen

[1] Mein besonderer Dank gilt Silke Gülker, Maja Helmer und Holger Schütz für ihre Unterstützung bei der Erstellung der Tabellen.

[2] Siehe dazu auch das Kapitel Einkommenspolitik und Lohnentwicklung im Beitrag von Ralf Kleinfeld.

[3] Aus makroökonomischer Sicht muß festgestellt werden, daß eine Anpassungsstrategie an den wachsenden internationalen Wettbewerb durch »reale Abwertung« nur für kleine Länder möglich erscheint. Eine Übernahme dieser Strategie durch ein großes Land wie Deutschland würde eine »Abwertungsspirale« in Gang setzen, an deren Ende alle Länder schlechter dastünden als am Anfang (DIW 1997a). Dies illustriert den dringenden Bedarf an einer international koordinierten Geld- und Finanzpolitik.

[4] Die Lohndispersion im Niedriglohnsektor ging besonders deutlich bei den Frauen zurück, während bei den Männern nur ein leichter Rückgang zu verzeichnen war (vgl. OECD 1996b, Tabelle 3.1, S. 61–62).

[5] Vgl. den Broeder (1995, S. 301) und die dort angegebenen Literaturhinweise.

[6] Es ist allerdings davon auszugehen, daß in Deutschland die Zahl der geringfügig Teilzeitbeschäftigten unterschätzt wird; vgl. dazu DIW 1997b.

[7] Zu der großen Verbreitung dieser geringzeitlichen Beschäftigungen trägt sicherlich die Möglichkeit bei, bei vollem Weiterbezug von Sozialleistungen (Invaliditätsrente, Ruhestand) eine bestimmte Zahl von Wochenstunden zu arbeiten. Hinzuweisen ist auch darauf, daß jeder Arbeitnehmer bzw. jede Arbeitnehmerin, unabhängig von

der Dauer der Arbeitszeit, sozialversicherungspflichtig ist. Dadurch erwirbt jeder Arbeitnehmer bzw. jede Arbeitnehmerin in den Niederlanden Anspruch auf die gesetzliche Mindestrente (Werner 1997).

8 Eine derartige Deregulierung kann jedoch auch zu höheren Fluktuationsraten führen und dadurch für Arbeitnehmer mit Wettbewerbsnachteilen die Chancen der Arbeitsmarktintegration steigern. Die tatsächliche Balance kann nur durch detaillierte Studien der Berufslaufbahnen und der Einkommensverteilung bestimmt werden. So ermittelte eine neuere Studie, daß 50 Prozent derjenigen, die 1988 in den Niederlanden in »flexibler Beschäftigung« (mit befristeten Arbeitsverträgen, Zeitarbeit bzw. kurzen Arbeitszeiten) standen, drei Jahre später eine »reguläre Beschäftigung« hatten. Dagegen waren nur 4,5 Prozent der Inhaber von »regulären Jobs« drei Jahre später in »nicht-regulärer Beschäftigung«. Die Niederlande haben europaweit die höchste Teilzeitarbeitsquote unter Jugendlichen (25 Prozent), was darauf hindeutet, daß der Einstieg in den Arbeitsmarkt weithin durch Teilzeitbeschäftigung erfolgt (Muffels et al. 1996).

9 Die Gültigkeit des Pro-Kopf-BIPs als Indikator für Prosperität kann natürlich kritisiert werden; zu einigen Aspekten dieser Diskussion vgl. Schmid (1997a, b).

10 Wegen Platzmangels können in diesem Artikel andere wichtige Wechselbeziehungen innerhalb von Beschäftigungssystemen nicht behandelt werden. Insbesondere kann hier nicht auf die Verbindungen zwischen Sozialversicherung und dem Funktionieren von Arbeitsmärkten eingegangen werden; ein ausgezeichneter Überblick findet sich bei Blomsma/Jansweijer (1997) und bei de Jager (1997). Die wichtigste Botschaft, die von den Niederlanden zu lernen wäre, ist nach meiner Ansicht die Tatsache, daß ein relativ großzügiges System der (von der Berufslaufbahn unabhängigen) Grundrentenversicherung es jedem erlaubt, flexibel von einem Beschäftigungsstatus zu einem anderen zu wechseln, ohne zu viel an Rentenansprüchen einzubüßen. Im Vergleich mit anderen Ländern war das allgemeine Sozialversicherungssystem von Anbeginn auch Teilzeitarbeitnehmern gegenüber relativ »freundlich« eingestellt, und seit Mitte der achtziger Jahre wurden die Teilzeitarbeit behindernden Schwellen per Gesetz beseitigt.

11 Alle Zahlen beziehen sich auf 1994 und sind der OECD (1996a, Tabelle 2.1, S. 31–32) entnommen. Durch Änderungen des niederländischen Arbeitslosenversicherungssystems haben sich die durchschnittlichen Lohnersatzraten wahrscheinlich verringert; leider lagen uns hierzu keine Daten vor.

12 Ein Vergleich des jahresdurchschnittlichen Teilnehmerbestandes ist bisher nicht möglich, obwohl er Voraussetzung wäre, grobe Vergleiche der Kostenwirksamkeit anzustellen. Für eingehendere Vergleiche wären auch die dauerhaften Wiedereingliederungserfolge zu prüfen; leider gibt es auch hierüber keine Daten. Aufgrund einer Informationslücke schlagen sich die wachsenden Ausgaben für Lohnkostenzuschüsse und Arbeitsbeschaffungsmaßnahmen nicht in den Zahlen der Tabelle 4 nieder.

13 START ist der Name der gemeinnützigen Stellenvermittlungen, deren Hauptaufgabe darin besteht, für anderweitig nur schwer vermittelbare Langzeitarbeitslose Arbeit zu finden. Dieses Modell niederländischen Ursprungs wird gegenwärtig für den Gebrauch im gesamten Bundesland Nordrhein-Westfalen adaptiert. MAATWERK, was wörtlich »Arbeit nach Maß« bedeutet, wird jetzt auch z. B. in Hamburg getestet. Unmittelbar in der Nähe der Sozialämter angesiedelte Vermittlungsbüros schicken arbeitsfähige Bewerber/innen sofort auch zu MAATWERK, unter der An-

nahme, daß unbesetzte Stellen zum großen Teil (in den Niederlanden zu schätzungsweise 70 Prozent) weder den Arbeitsämtern gemeldet noch in der Presse angezeigt werden. Solche freien Stellen werden durch direkte Kontaktaufnahme mit den Arbeitgebern aufgespürt. Wenn ein Leistungsempfänger länger als sechs Monate auf dem neuen Arbeitsplatz bleibt, zahlt das Arbeitsamt an MAATWERK pro Vermittelten 4.000 DM. Die Hamburger Sozialbehörde schätzt, daß bei 300 Vermittlungen der Sozialhilfeetat um 3,8 Mio. DM entlastet würde. Dieses Modell ist auch für Langzeitarbeitslose attraktiv.

[14] Zur Beurteilung der niederländischen Arbeitsmarktpolitik vgl. Dercksen/de Koning (1996) sowie Moraal (1994); für einen vergleichenden Überblick vgl. Schmid (1996).

[15] Für einen ausführlicheren Vergleich des niederländischen und deutschen Beschäftigungssystems vgl. Delsen/de Jong (1998) und Schmid (1997 und 1998); der Reformprozeß des niederländischen Modells findet eine exzellente Beschreibung und Erklärung in Visser und Hemerijk (1997).

[16] Am 7. März 1997 wurde in der zweiten Kammer des niederländischen Parlaments der Entwurf eines Gesetzes über »Flexibilität und Sicherheit« eingebracht, der ein Maßnahmenpaket vorsieht, das auf ausgewogene stabile und flexible Beschäftigungsverhältnisse zielt. Zur Zeit wird auch über eine finanzielle Unterstützung bei Unterbrechung der Berufstätigkeit diskutiert. Die Unterbrechung – bis maximal 6 Monate – muß für Pflegetätigkeiten oder Weiterbildung genutzt werden. Voraussetzung ist, daß ein Langzeitarbeitsloser eingestellt wird. Dabei kann auch jemand aus einem Vermittlungspool eingestellt werden, d. h. jemand, der bei einer Pool-Organisation angestellt ist (Werner 1997).

»Zuerst die gute Nachricht: Nie wieder so dreckige Wäsche...« Diese niederländische Karikatur bezieht sich auf die deutschen Nachbarn, denn in den Niederlanden gibt es schon seit längerem keinen Steinkohlebergbau mehr.

Karikatur: Stefan Verwey. Aus der Karikaturenausstellung »Hallo Nachbar – Dag Buurvrouw« der Botschaft der Bundesrepublik Deutschland in Den Haag (1998).

Niederlande-Lexikon

Geschichte, Politik, Wirtschaft, Gesellschaft

Ralf Kleinfeld

Inhaltsübersicht

1 Allgemeine Informationen

Landesname

Bezeichnete man als »Niederlande« bis zum Mittelalter das Gebiet der Flußmündungen von Rhein, Maas und Schelde, in denen sich in historischer Frühzeit germanische und keltische Stämme angesiedelt hatten, so bürgerte sich zur Zeit der burgundischen Herrschaft erstmals der Name *pays-bas* bzw. *Niedere Lande* für die nördlichen Gebiete des burgundischen Staatsgebietes ein. Im 16. Jahrhundert wurden mit dem Begriff *Niederlande* die an der Nordsee gelegenen Teile des Habsburgischen Reichs umschrieben. Nach dem Abfall von Spanien nahm die entstehende Republik der Vereinigten Provinzen den Namen *Niederlande* an, deren Grundgebiet weitgehend mit dem des heutigen Königreichs der Niederlande zusammenfiel. Der Begriff »Holland« (*houtland*, d. h. Holzland), der sich vor allem in Deutschland vielfach als Synonym für die Niederlande eingebürgert hat, bezieht sich im engeren Sinne allein auf das Gebiet der beiden heutigen Provinzen Nord- und Südholland.

Niederländische Sprache

Die niederländische Sprache gehört zur westlichen Gruppe der germanischen Sprachen. Eine Tochtersprache ist das Afrikaans, das niederländische Siedler in Südafrika verbreiteten. Die niederländische Sprache ist eine der Amtssprachen der Europäischen Union. Sie wird von mehr als 21 Millionen Menschen in den Niederlanden und in Nord-Belgien sowie in den (ehemaligen) überseeischen Teilen des Landes gesprochen. Der Gebrauch der niederländischen Sprache beruht allein auf Tradition und Gewohnheit, sie ist niemals zur offiziellen Landessprache erklärt worden.

Seit 1947 haben sich die Niederlande und Flandern in der Niederländischen Sprachunion (*Nederlandse Taalunie*) zusammengeschlossen. Sie ist die erste politische Institution überhaupt, die ausschließlich zwischen den beiden niederländischsprachigen Gebieten besteht. Ziel der *Taalunie* ist die Förderung der gemeinsamen niederländischen Sprache, wiewohl gerade im Norden viele Menschen »Flämisch« und Niederländisch immer noch als zwei unterschiedliche Sprachen ansehen. In der Provinz Friesland sprechen noch rund 400.000 Niederländer die friesische Sprache, die sich in den letzten beiden Jahrzehnten einer verstärkten offiziellen Förderung erfreuen konnte.

Räumliche Strukturen

Die Niederlande grenzen im Norden und Westen an die Nordsee, im Osten an Deutschland (577 km Grenzverlauf) und im Süden an Belgien (450 km Grenzverlauf). Mit rd. 41.500 qkm zählen die Niederlande zu den kleineren Flächenstaaten Europas. Die Niederlande sind etwas größer als Belgien und rd. neunmal kleiner als Deutschland. Die Provinzen Utrecht (Hauptstadt: Utrecht), Nordholland (Haarlem) und Südholland (Den Haag) bilden das ökonomische, politisch-administrative und kulturelle Zentrum der Niederlande. Der als *Randstad* bezeichnete Städtering, der mit Amsterdam (der Hauptstadt des Landes; 722.245 Einwohner), Rotterdam (599.414 E.), Den Haag (dem Sitz der Regierung; 442.105 E.) und Utrecht (235.357 E.) die vier größten Städte des Landes umfaßt, hat sich zu einem weitgehend zusammengewachsenen Ballungsgebiet entwickelt. Zugleich bildet das mehr oder weniger »offene grüne Herz« der *Randstad* mit seinen Gewächshauskulturen und Agrarindustrien eines der landwirtschaftlichen Zentren der Niederlande. Insgesamt konzentrieren sich in der *Randstad* 12 von 23 Großstädten über 100.000 Einwohner. In den drei *Randstad*-Provinzen, die zusammen rd. ein Drittel der Fläche des Landes umfassen, leben fast 43% aller Niederländer. Die beiden Provinzen Nord- und Südholland weisen mit über 900 E/qkm jeweils eine mehr als doppelt so hohe Bevölkerungsdichte auf wie der ohnehin hohe Landesdurchschnitt von fast 460 E/qkm, der in Europa von keinem anderen Flächenstaat erreicht wird. Seit Anfang der achtziger Jahre rückten Maßnahmen der Wirtschafts-, Arbeitsmarkt-, Sozial- und Infrastrukturpolitik, die die *Randstad* als das Herzstück der Niederlande wieder auf Touren bringen bzw. international konkurrenzfähig halten sollen, in den Mittelpunkt des öffentlichen und politischen Interesses.

In den Niederlanden leben mehr als 90% der Bevölkerung in städtischen oder verstädterten Lebensräumen. Landwirtschaftlich genutzt werden rd. 61% des niederländischen Bodens (25,4% Ackerland; 27,1% Dauergrünland; 8,7% Waldfläche). Von der Fläche her sind Nordbrabant und Gelderland mit jeweils 5.000 qkm die größten Provinzen, während Utrecht, Limburg und Flevoland mit rd. 1.500 bis 2.000 qkm die flächenmäßig kleinsten Provinzen bilden. Zwischen Gelderland und Flevoland besteht ein Größenverhältnis von rd. 3:1. Größer noch ist die Spannweite von Einwohnerzahl und Bevölkerungsdichte. Dabei ergibt sich zwischen Flevoland und Südholland ein Verhältnis von 1:13.

Kampf gegen das Wasser

Zu den historischen Konstanten gehört der Kampf gegen das Wasser, der immer wieder durch Überschwemmungen dramatische Akzente erhielt. Über ein Viertel des Landes liegt unter dem Meeresspiegel. Tiefster Punkt des Landes ist der Prins Alexanderpolder (-7 Meter), die höchste Erhebung liegt in Limburg (321 Meter). Fast 60% der Bevölkerung lebt in Gebieten, die eines Schutzes durch wasserbauliche Eingriffe und Maßnahmen bedürfen, fast ein Fünftel des heutigen Landgebietes mußte erst trockengelegt werden. Hiermit wurde seit dem 12. Jahrhundert in systematischer Form begonnen. Im Kampf gegen das Wasser bildeten sich in den Niederlanden erste Formen einer auf Solidarität aufbauenden Verwaltung heraus (Wasser- und Deichschaften). Jahrhundertelange Erfahrungen mit Landgewinnung, Deichbauten und Trockenlegungen führten im 20. Jahrhundert zur Inangriffnahme der beiden größten jemals in den Niederlanden realisierten Wasserbaumaßnahmen: der *Zuiderzeewerke* (die Zuiderzee wurde in den dreißiger Jahren durch einen 30 km langen Damm und die Anlage von vier 1.650 qkm großen Poldern von der Nordsee abgetrennt; anschließend wandelte sich das Ijsselmeer zu einem Süßwassergewässer) und der *Deltawerke* (hierbei wurden in Etappen bis Mitte der 80er Jahre mehrere Meeresarme im Südwesten des Landes als Reaktion auf die große Überschwemmungskatastrophe von 1953 abgeschlossen; spektakulärster Einzelbau ist eine 3,2 km lange bewegliche Sturmflutwehr für die Oosterschelde). Zwei Hochwasser in den 90er Jahren haben die Dringlichkeit einer Deicherhöhung bzw. -verstärkung für die großen Flüsse (Rhein, Maas, Ijssel) im Landesinnern aufgezeigt.

Bevölkerung

Die niederländische Bevölkerung ist im Laufe des 20. Jahrhunderts von rd. fünf auf über fünfzehn Millionen gewachsen (15,589 Mio. 1996). Von der Alterszusammensetzung schlägt sich in den Niederlanden das starke Wachstum der Nachkriegszeit durch: Mehr als 60% der Niederländer sind zwischen 20 und 65 Jahre alt, ein weiteres Viertel ist jünger als 20 Jahre. Die Geburtenrate lag 1995 bei 12,3 Promille, die Sterberate bei 8,8 Promille. Heute bekommen niederländische Frauen im Durchschnitt 1,6 Kinder, von denen knapp 15% außerehelich sind. In einem niederländischen Haushalt lebten durchschnittlich 2,4 Personen, die über ein Gesamteinkommen von knapp 60.000 Gulden im Jahr verfügten. Die Scheidungsrate lag Ende 1994 bei 5,4 je 1.000 geschlossenen Ehen. Im langfristigen demographischen Trend nimmt auch in den Niederlanden die sog. Vergreisung zu. Der Anteil der Menschen über 65 Jahre beträgt Mitte der neunziger Jahre bereits über 15%. Die durchschnittliche Lebenserwartung liegt in den Niederlanden bei 74,6 Jahren für Männer bzw. 80,3 Jahren für Frauen.

Konfessionsstruktur

Die Konfessionsgrenze in den Niederlanden verläuft seit der Reformation entlang einer Linie zwischen der Provinz Seeland und der Provinz Groningen. Der nördliche Teil markierte den protestantischen, der südliche den katholischen Einflußbereich. In den Niederlanden setzte sich der Protestantismus immer schon aus einer Vielzahl von Glaubensrichtungen und -gemeinschaften zusammen, die sich durch Abspaltungen im Laufe der Zeit noch weiter vermehrten. Durch die weitreichenden Folgen der Säkularisierung haben sich inzwischen die Konfessionslosen zur stärksten Gruppe herausgebildet. Darin nehmen die Niederlande eine Spitzenposition unter allen westeuropäischen Ländern ein. Auch die Zahl der Angehörigen nicht-christlicher Religionen (vor allem Hindus und Islamisten) steigt weiter an.

Konfessionell setzte sich die niederländische Bevölkerung Ende 1994 wie folgt zusammen: 39,0% konfessionslos, 31,0% römisch-katholisch, 14,0% Hervormde Kerk, 8,0% Gereformeerde Kerken, 3,9% Moslems, 4,1% andere Religionsgemeinschaften.

Ausländische Mitbürger (Allochthone)

Bis in die sechziger Jahre waren die Niederlande ein Auswanderungsland. So unterstützte die Regierung nach dem Zweiten Weltkrieg die Auswanderung von einer halben Million Niederländer. Seither hat sich der Trend umgekehrt. Dabei sind vier Einwanderungswellen zu unterscheiden:
– die Rück- und Einwanderung von Niederländern aus Übersee (Ex-Kolonien)
– die Einwanderung von Arbeitskräften aus dem Mittelmeerraum
– die Zuwanderung von EU-Bürgern
– die Zuwanderung von Flüchtlingen und Asylbewerbern.

In ihrer Geschichte haben die Niederlande Einwanderungsschübe von flandrischen Kaufleuten und Handwerkern, französischen Hugenotten, schweizerischen, spanischen, portugiesischen und (nach 1933 vor allem)

»Und darf Rotkäppchen das Kopftuch auch in der Schule tragen?«
Karikatur: Stefan Verwey (1994)

von deutschen Juden erlebt. Für die meisten Gruppen der offiziell in den Niederlanden lebenden Ausländer wird ein Bündel an Integrationsmaßnahmen angeboten. Nach der erzwungenen Unabhängigkeit Indonesiens siedelten mehr als 300.000 Indonesier in die Niederlande über. Ihnen gelang eine weitgehende Eingliederung in die niederländische Gesellschaft, die traditionell eine besonders enge Beziehung zu ihren ostindischen Kolonien hatte. Zu einer besonderen Problemgruppe entwickelten sich allerdings die Südmolukker, die das Rückgrat der niederländisch-indischen Kolonialarmee stellten und die, um Repressalien zu entgehen, zeitlich befristet in den Niederlanden leben sollten. Nachdem sich ihre Hoffnung auf einen unabhängigen Inselstaat nicht erfüllten, wandten einige militante Gruppen in den 70er Jahren terroristische Geiselaktionen an. Inzwischen hat sich die Integration der ca. 50.000 in den Niederlanden lebenden Molukker weitgehend vollzogen. Nach der gewährten Unabhängigkeit für Surinam siedelte 1975 rund ein Drittel der Bevölkerung (inzwischen rd. 165.000 Personen) in die Niederlande über. Hinzu kommen weitere 60.000 Angehörige aus den niederländischen Antillen.

Mitte der neunziger Jahre lebten rd. 700.000 Ausländer in den Niederlanden (5,1% der Gesamtbevölkerung). Davon bilden rd. 215.000 Türken (1,3%), 165.000 Marokkaner (1,1%) sowie rd. 47.000 Deutsche (0,3%) die drei größten Einzelgruppen, alle anderen Ausländer verkörpern zusammen 2,4% der niederländischen Bevölkerung (alle Zahlen: 1994). Hierin ist der Anteil der friesischen Bevölkerung von 3% nicht eingerechnet. Die offiziellen Statistiken nehmen Bezug auf den Unterschied zwischen Autochthonen und Allochthonen: Als allochthon gilt jeder, der ein Elternteil hat, das nicht in den Niederlanden geboren worden ist. Ethnische Minoritäten haben sich besonders in den vier größten Städten des Landes niedergelassen und stellen dort mehr als 20% der Bevölkerung. Seit 1986 haben ausländische Mitbürger das Wahlrecht bei den Gemeinderatswahlen.

Nachdem die Zahl von Asylbewerbern Anfang der neunziger Jahre angestiegen war (zwischen 1970 und 1993 insgesamt rd. 33.000 Personen), verschärfte die Regierung die Asylpolitik und schloß sich der härteren Linie der Nachbarländer an. Dabei weisen die Niederlande mit einer Ablehnungsquote von über 80% schon die höchste aller EU-Staaten auf. Offiziell wird jährlich jeweils rd. 500 Flüchtlingen der Aufenthalt im Lande gestattet.

2 Geschichte

Entwicklung zur »Republik der Sieben Vereinigten Provinzen«

Keltische und germanische Stämme siedelten auf den trockeneren Gebieten der heutigen Niederlande um die Zeit, als das Römische Imperium seinen Herrschaftsbereich bis an die Nordsee ausdehnte. Im 5. Jahrhundert beendete das Vordringen germanischer Stämme die römische Vorherrschaft; im 8. Jahrhundert wurde das Gebiet von den Franken erobert. In der Zeit zwischen dem 10. und dem 14. Jahrhundert entstanden unabhängige weltliche und kirchliche Territorien (Herzogtümer und Grafschaften sowie das Bistum Utrecht), die untereinander stark zerstritten waren und formell dem Heiligen Römischen Reich »locker« zugeordnet blieben. Niederländische Territorien wurden erstmals im 15. Jahrhundert in einen umfassenden Staatsverbund eingegliedert. Sie bildeten den nördlichen Teil des Burgundischen Staates (zusammen mit der Bourgogne im Süden), der durch die Heirat von Margrete von Male (1384–1405) mit Philipp dem Kühnen von Burgund (1363–1404) im Jahre 1369 begründet und während der Herrschaft von Philipp dem Guten (1419–1467) ausgebaut wurde. Erstmals auf niederländischem Gebiet leiteten die burgundischen Herrscher eine Zentralisierung des Finanz- und Rechtswesens ein. Ende 1477 wurde, um den Widerstand gegen diese Zentralisierungspolitik Burgunds aufzufangen, eine Gesamtvertretung der Stände aus den niederländischen Territorien einberufen. Die Generalstände (*staten generaal*) konnten auch aus eigenem Antrieb zusammentreten und mußten sowohl der Erklärung von Kriegen wie der Erhebung neuer Steuern zustimmen. Aus ihnen heraus entwickelte sich später das heutige niederländische Parlament. Bis ins 17. Jahrhundert hinein drückten die Burgundischen Niederlande der Kultur Nordwesteuropas mit ihrem Mix aus höfischer französischer Adelskultur und städtischer niederländischer Bürgerkultur ihren Stempel auf.

Nachdem der Versuch Karls des Kühnen (1467–1477) gescheitert war, durch die Eroberung Lothringens eine dauerhafte Verbindung zwischen den südlichen und nördlichen Teilen Burgunds zu schaffen, gelang es erst seinem Schwiegersohn und späteren Kaiser Maximilian von Habsburg, den drohenden Verlust Burgunds an Frankreich zu verhindern. Maximilian hatte durch Heirat mit der früh verstorbenen Maria von Burgund die Niederlande 1477 dem Habsburgischen Imperium einverleiben können. Bei der Teilung der habsburgischen Länder fielen die Niederlande an die spanische Linie. Während Maximilian sich noch mit der Opposition der südniederländischen Städte Gent und Brügge sowie der unabhängig gebliebenen Gebiete Friesland und Geldern auseinandersetzen mußte, gelang es seinem Enkel und Deutschen Kaiser Karl V. ab 1543, jedoch nur für wenige Jahrzehnte, alle 17 niederländischen Provinzen in einem gemeinsamen Staatswesen zu vereinen. Der Einfluß der Habsburger endete in den nördlichen Niederlanden mit der Ausrufung der Republik 1648, die südlichen Niederlande blieben jedoch bis 1794 ihrem Herrschaftsbereich unterstellt.

Sowohl im burgundischen als auch im habsburgischen Reich lag das Zentrum ökonomischer, politischer und kultureller Aktivitäten eher in Flandern und Brabant mit den reichen Handelsstädten Antwerpen, Gent, Brüssel und Brügge. Durch den Aufstand der nördlichen Niederlande und die als Reaktion darauf erfolgende Belagerung durch Spanien verlor Antwerpen seine führende Stellung an Amsterdam, das viele reiche Flüchtlinge aus den südlichen Handelsstädten aufnahm und zuvor schon durch den Ostseehandel eine starke Stellung erworben hatte.

Die religiösen Reformbewegungen, die entscheidend zur Gründung eines eigenständigen niederländischen Staates beitrugen, entstanden im 15. Jahrhundert. Eine dem christlichen Humanismus (Hauptvertreter: Erasmus von Rotterdam, 1469–1536) vorangehende und seine spätere Verbreitung vorbereitende Laienbewegung bildete die mönchischen Idealen nachstrebende *Devotio moderna*. Erasmus' philosophische Schriften bildeten ein wesentliches Element der lutheranischen Reformation, allerdings gerieten Luther und Erasmus über die theologische Frage des freien Willens des Menschen nach 1520 immer weiter auseinander. Wegen der harten Unterdrückung durch die Habsburger blieb der Protestantismus in den Niederlanden zunächst eine »Untergrundreligion«. Von den deutschen Städten Frankfurt und Emden aus, in denen sich niederländische Religionsflüchtlinge niedergelassen hatten, erfolgte nach 1550 die Verbreitung des Calvinismus in den Niederlanden, der dort rasch zur vorherrschenden protestantischen Strömung wurde. In der aufgeheizten Atmosphäre jener Zeit kam es 1566 zum sog. Bildersturm, in dessen Verlauf katholische Kirchen und Besitztümer teilweise zerstört, teilweise als protestantische Einrichtungen übernommen wurden.

Staatsrechtlich verlief die Entwicklung in den Niederlanden asynchron zur europäischen Geschichte: Die Niederländische Republik gewann internationale Aufmerksamkeit vor allem als der erste Staat in Europa, der seine Entstehung einer Revolte gegen die bestehende Ordnung verdankte und erfolgreich eine Form von Selbstregierung praktizierte. Waren die Niederlande Ende des 16. Jahrhunderts der erste europäische Staat, der den Monarchen absetzte, so sind sie gleichzeitig eines der letzten Länder in Europa, in dem Anfang des 19. Jahrhunderts (1814) noch die Monarchie eingeführt wurde. Ebenso waren die Niederlande fast 200 Jahre lang ein Staatsgebilde mit einer ausgeprägt föderalistischen Struktur (wie heute nur noch die Schweiz), um sich dann zu einem Staat mit stark einheitsstaatlichen Zügen zu entwickeln.

Der Kampf gegen die spanisch-habsburgische Herrschaft, der 1568 einsetzte und achtzig Jahre dauern sollte, läßt sich nur aus einer stark verflochtenen Kombination freiheitlicher Motive (Kampf gegen die Intensivierung der Habsburger-Herrschaft, Verteidigung alter ständischer Privilegien), konfessioneller Motive (Kampf um das Recht calvinistischer Glaubensausübung) und politisch-sozialer Motive (Kampf gegen die habsburgische Steuerschraube, Kampf der städtischen Mittelschichten um die Sicherung des erreichten Lebensstandards) erklären. Der Widerstand begann im Süden, aber es war der Norden, der schließlich den Sieg davontrug. Erst die harte, kompromißlose Haltung der Habsburger und ihrer Statthalter in den Niederlanden (so die Hinrichtung der Grafen Egmont und Hoorn durch Herzog Alba) erzeugte die Schubkraft für den militärischen Kampf der dann vom holländischen Fürsten Wilhelm von Oranien (ermordet 1584) angeführten niederländischen Freibeuter. Diesen *geuzen* genannten Truppen gelang die dauerhafte Eroberung einiger Städte in den niederländischen Provinzen Holland und Seeland, den einzig mehrheitlich protestantischen Provinzen in der kurze Zeit später gegründeten niederländischen Republik. Während noch 1576 mit der Genter Pazifikation eine friedliche Beilegung des Konfliktes möglich schien, zog eine erneute militärische Konfrontation seitens des spanischen Statthalters auch die Mehrheit der Generalstände in das Lager der Aufständischen. Mit dem 1579 fast gleichzeitig erfolgten Zusammenschluß der wallonischen Provinzen (Hennegau, Artois, Wallonisch Flandern, Luxemburg und Limburg) in der »Union zu Arras« sowie der nord-niederländischen Provinzen (Holland, Seeland, Utrecht, Geldern, Groningen und Stadt Gent) in der »Union zu Utrecht« war der Zusammenhalt der niederländischen Provinzen endgültig zerbrochen. Zwar gelangen dem Norden noch kleinere Landgewinne (sog. Generalitätsländer), an einer Rückgewinnung der Kernregion um Antwerpen zeigten insbesondere die Provinz Holland und die Konkurrenzstadt Amsterdam aber kein ernsthaftes Interesse mehr. 1581 setzte die Union von Utrecht den spanischen König formell als Landesherrn ab. Nachdem keines der angesprochenen Königs- und Fürstenhäuser die von der Union angetragene Herrschaft übernehmen wollte, entschloß sich die Ständevertretung 1588, die Regierungsverantwortung sowohl auf der Ebene der Einzelprovinzen als auch auf der Ebene des Gesamtstaates selbst zu übernehmen.

Die Niederländische Republik

1648 schließlich wurde die »Republik der Vereinigten Niederländischen Provinzen« im Westfälischen Frieden endgültig völkerrechtlich anerkannt. Politischer und sozialer Träger der neuen Republik waren die städtischen Eliten (Patrizier, Großbürgertum) und ihre lokalen Führungsgremien; in sehr viel geringerem Maße beteiligte sich der Adel bzw. der Klerus an der Machtausübung. Zu den »Regenten« zählten im 17. Jahrhundert rd. 2.000 Personen, die fast alle städtischen und staatlichen Ämter unter sich aufteilten. Viele Ämter wurden in bestimmten Familien erblich.

Die höchste Souveränität lag bei den Provinzen, die ihre Vertreter in die »Generalstaaten« entsandten. Auch in den Provinzen machte sich die Herrschaft der Regenten bemerkbar, die eigene »Fraktionen« bildeten. Im Sinne eines föderalen Staatenbundes ohne Monarchen, der sich eher mittelalterlichen denn neuzeitlichen Prinzipien verpflichtet fühlte, wurde die Zentralgewalt bewußt klein gehalten. Städte und Zünfte behielten ihre angestammten korporativen Privilegien und Unabhängigkeit. Die Folgen waren eine zersplitterte Rechtsprechung, Zollschranken, unterschiedliche Münzeinheiten und viele Dialekte. Die Kompetenz der Generalstaaten beschränkte sich auf wenige, fest umschriebene Gebiete (Außenpolitik, Aufsicht über die Handelsgesellschaften, Ein- und Ausfuhrzölle); Beschlüsse bedurften der Einstimmigkeit, vor allem aber der Zustimmung der wirtschaftlich und politisch dominanten Provinz Holland, die zu mehr als 50% die Finanzen der Republik trug. Als neue Institution wurde ein Staatsrat (*raad van state*) geschaffen, der als oberstes Verwaltungsorgan diente.

Zwei für die Politik der Republik entscheidende Ämter wurden der Statthalter und der Ratspensionär. Der Statthalter diente als höchster Beamter der Standesvertretung der Einzelprovinzen. Insofern nur Angehörige des Hauses von Oranien in dieses Amt gewählt werden konnten und der Statthalter seine Funktion in mehreren oder allen Provinzen ausübte, konnten einige Amtsträger quasi-monarchisches Ansehen erlangen. Er übernahm die Wahrung des reformierten Glaubensbekenntnisses, beaufsichtigte die Justiz und übernahm in Kriegszeiten den militärischen Oberbefehl. Gegenüber dem zentralisierenden Einfluß der Statthalter stand als föderal-partikularistische Interessen verfolgender Gegenspieler der Ratspensionär oder Landesadvokat der Provinz Holland. Er hatte als Leiter der holländischen Delegation in den Generalstaaten eine faktische Führungsrolle in verwaltungs-, finanz- und außenpolitischen Fragen inne. Führte die Republik Krieg (gegen England oder Frankreich, die in der zweiten Hälfte des 17. Jahrhunderts die Vormachtstellung der Niederlande zur See und zu Lande angriffen), erlangte zumeist der Statthalter das Übergewicht, während seine Rolle in Friedenszeiten umstritten war. Die Republik kannte zwei statthalterlose Perioden (1650–1672 und 1702–1747).

Mit der Republik begann das sog. Goldene Zeitalter der Niederlande. Trotz der kriegerischen Verwicklung mit Spanien wurden die Niederlande in dieser Zeit eine der führenden Weltmächte und Handelsnationen. Holland war im 17. Jahrhundert die am stärksten verstädterte und am dichtesten besiedelte Region in Nordwesteuropa. Es war führend in Europa beim Übergang von der Ständegesellschaft zur bürgerlichen Gesellschaft. Der Adel war (mit Ausnahme von Geldern und Overijssel) stark zurückgedrängt. Die Landwirtschaft machte eine Phase der Modernisierung und Kommerzialisierung durch (40% der holländischen Bauern besaßen bereits im 17. Jahrhundert die Besitzrechte am genutzten Land). Eine Mehrheit der Bevölkerung fand bereits Arbeit in Gewerbe und Handel. Im gewerblichen Bereich waren Schiffbau (Heringsfang, Handelsflotte) und Textilherstellung die wichtigsten Branchen. Neben dem traditionellen Ostseehandel, dem Handel in der Levante, den Azoren und Madeira war Anfang des 17. Jahrhunderts der Westindien-, Afrika- und schließlich der für das koloniale Zeitalter ausschlaggebende Ostindien-Handel getreten.

Während des Goldenen Zeitalters erlebten die Niederlande einen im europäischen Maßstab bis dato unbekannten sozialen Wohlstand. Trotz eklatanter sozialer Unterschiede zwischen Arm und Reich starb kaum noch jemand vor Hunger. Der Reichtum des Großbürgertums in Verbindung mit calvinistischer Ethik ließ ein erstes, aber noch sehr weitmaschiges soziales Netz aus Armenkassen, Armenküchen, Waisenhäusern und Altenheimen entstehen. Soziale Unruhen blieben in den Niederlanden ein städtisches Phänomen mit vornehmlich politischen resp. konfessionellen Ursachen.

Die enge Verknüpfung von Freiheits- und Glaubenskampf im niederländischen Aufstand verschaffte der Reformierten Kirche (*Hervormde Kerk*) in der niederländischen Republik eine deutlich privilegierte Position, aber nicht den Status einer Staatskirche. Auch bildeten die Calvinisten in der niederländischen Gesellschaft keine Mehrheit. Nur zwischen 1580 und 1630 wurden alle nicht-reformierten Glaubensbekenntnisse und Religionsgemeinschaften öffentlich verboten. In der Folgezeit entwickelten sich Meinungsfreiheit (die eingeräumten Freiheiten für die Druckpresse zogen viele humanistische Denker aus Europa wie Spinoza, Descartes und Locke an) und religiöse Toleranz (in gewissen Grenzen auch gegenüber Katholiken, Remonstranten, Lutheranern, Mennoniten und Juden). Religiöse Toleranz konnte sich entwickeln, da sie eine dem Handel förderliche Grundhaltung war. Insgesamt war es das Bürgertum, das die kulturelle Blüte im 17. Jahrhundert prägte. Im Zuge der Säkularisierung des Geschmacks entstand ein regelrechter Kunstmarkt, wobei die Herstellung der Kunstwerke von einem in Gilden gut organisierten Handwerk vorgenommen wurde (Jahresproduktion von 60–70.000 Bildern).

Außenpolitisch besiegelte die Niederlage im Spanischen Erbfolgekrieg (1702–1713) den Abstieg der Niederlande zu einer mittelgroßen europäischen Macht, an der die Entscheidungsprozesse in der europäischen Politik zunehmend vorbeiliefen. Zur See verloren die Niederlande ihre Vorrangstellung in drei Seekriegen an England, konnten sich zu Lande jedoch in vier Kriegen gegen Frankreich behaupten. Verfolgten die Niederlande eingedenk dieser Erfahrungen erfolgreich einen Neutralitätskurs im Österreichischen Erbfolgekrieg (1740–1748), so endete der Versuch einer eher bewaffneten Neutralität zugunsten der amerikanischen Freiheitsbewegung mit einer schweren militärischen Niederlage im Vierten Englisch-Niederländischen Krieg (1780–1784). Trotz der außen-, wirtschafts- und militärpolitischen Konkurrenz mit England entstanden zwischen beiden Ländern besonders enge Beziehungen: Die beiden Statthalter Wilhelm II. und Wilhelm III. waren beide mit britischen Prinzessinnen verheiratet. Letztgenannter Statthalter wurde im Jahre 1689 zum englischen König gekrönt.

Innenpolitisch läutete der Tod des Statthalters Wilhelm III., der keinen männlichen Erben hatte, im Jahre 1702 die zweite statthalterlose Periode ein. Erst Wilhelm IV. aus der friesischen Nebenlinie gelang es 1748 angesichts einer die Niederlande bedrohenden französischen Invasion, zum Statthalter aller Provinzen ernannt zu werden. Gleichzeitig wurde mit seinem Amtsantritt die erbliche Statthalterschaft in männlicher und weiblicher Linie eingeführt.

Als neue politische Gruppierung traten Schützengesellschaften auf, die beim Statthalter bürgerliche Rechte einklagten und eine Kontrolle der Regentenherrschaft in den Städten forderten. Für die militärische Niederlage gegen England 1781 machten die schnell an Boden gewinnenden »Patriotischen Gesellschaften« den Statthalter persönlich verantwortlich. Die Patriotenbewegung bestückte Freikorps, die jedoch in einer militärischen Auseinandersetzung mit den von England und Preußen unterstützten Truppen des Statthalters 1787 den kürzeren zogen. Der Erfolg der Revolution in Frankreich kam der Patriotenbewegung zu Hilfe. Sie organisierten Bürgerkomitees und übernahmen mit französischer Waffenhilfe die Macht in vielen Städten. 1795 riefen patriotische Kräfte die Batavische Republik aus.

Wirtschaftspolitisch war das 18. Jahrhundert auch in den Niederlanden durch einen krisenhaften Strukturwandel geprägt. Auf dem landwirtschaftlichen Sektor geriet der Käsehandel in die Krise, während Kartoffel- und Blumenanbau an Raum gewannen. Im Gewerbe setzte ein Niedergang von Brauereien und Textilgewerbe ein, während die Tabakindustrie aufblühte und die Schiffahrt stabil blieb. Dramatisch war der Einbruch im Heringsfang. Die Handelsentwicklung wies ebenfalls ein zwiespältiges Bild auf. Bedeutend war der Aufschwung des niederländischen (bzw. genauer des Amsterdamer) Kapitalmarktes, der zu den Hauptfinanziers aller europäischen Konflikte im 18. Jahrhundert zählte. Hoch war auch der Kapitalabfluß ins Ausland. Während des 18. Jahrhunderts gewann die ausländische Konkurrenz auf dem niederländischen Markt und auf den internationalen Märkten erheblich an Raum. Gleichzeitig fehlte in den Niederlanden eine Interessenidentität zwischen Handel (Freihandel) und Gewerbe (Protektionismus). Wirtschaftliche Stagnation setzte auch der weiteren Urbanisierung ein Ende. Die Bevölkerung entwickelte sich rückläufig, Arbeitslosigkeit und Armut nahmen – bei relativ hoch bleibenden Löhnen – stark zu (in Amsterdam lebten 1795 rd. 15% der Bevölkerung von der Armenunterstützung). Gleichzeitig wurden Frauen und Kinder außerhalb der Landwirtschaft stärker in den Arbeitsmarkt hineingezogen. Schließlich wurden in größerem Umfang deutsche »Gastarbeiter« (sog. Hollandgängerei) als Saisonarbeiter beschäftigt.

Das Königreich der Niederlande

Mit dem 18. Jahrhundert setzte die Niedergangsphase der niederländischen Republik ein. Nach Ausbruch der Französischen Revolution wurde in den Niederlanden eine kurzlebige Batavische Republik errichtet, an die sich nach 1806 für vier Jahre ein Königreich unter Napoleons Bruder Louis Bonaparte anschloß. 1810 wurden die Niederlande für weitere vier Jahre auf dem Wege der Annexion direkt dem napoleonischen Herrschaftsgefüge einverleibt. Die wenigen Jahre des französischen Intermezzos erzeugten in den Niederlanden einen nachhaltigen Modernisierungsschub. Erstmals wurde auch offiziell Religionsfreiheit gewährt und der Einfluß der protestantischen Kirche begrenzt. Die Staatsfinanzen wurden saniert, und die Staatsverschuldung wurde abgebaut. Ein neues Steuersystem verlagerte den Schwerpunkt von den indirekten auf die direkten Steuern. Eine Schulreform führte zum Aufbau eines flächendeckenden öffentlichen Grundschulwesens. Im Justizbereich wurde in Anlehnung an den »Code Napoléon« ein bürgerliches Gesetzbuch geschaffen und eine Strafrechtsreform durchgeführt. Überreste der Gilden- und Zunftherrschaft wurden abgeschafft, und die Gewerbefreiheit wurde eingeführt. Anstelle des alten

Partikularismus traten zentralistische Verwaltungsstrukturen. Der Unterschied zwischen Städten und Landgemeinden wurde aufgehoben, die Provinzen verschwanden für einige Jahre zugunsten von Departements von der politischen Landkarte.

Dennoch war die wirtschaftliche Lage der Niederlande unter französischem Einfluß äußerst prekär. Ende 1813 verbündeten sich der ehemalige holländische Ratspensionär *Hogendorp* und der Sohn des früheren Statthalters Wilhelms V. und organisierten einen erfolgreichen Aufstand gegen die französische Herrschaft. Kurze Zeit später verlor Frankreich auch die militärische Herrschaft in den südlichen Niederlanden. Im Juli 1814 wurden die nördlichen und südlichen Niederlande vereint, um ein nördliches Bollwerk gegen Frankreich zu errichten. Gleichzeitig erhielten die Niederlande die meisten ihrer Kolonien von den Engländern zurück (Ausnahme: Ceylon, Kapland und einige karibische Inseln). Bei der Rückgewinnung der staatlichen Unabhängigkeit entschieden sich in einer kurzen Auseinandersetzung zwischen Königstreuen und Republikanern die Niederlande 1813/14 für den Aufbau eines »Königreichs der Niederlande« als der heute noch gültigen Staatsform. Erster König wurde Wilhelm I., Prinz von Oranien-Nassau, der bis 1830 auch König von Belgien und bis 1890 in Personalunion Großherzog von Luxemburg wurde. Im März 1815 nahm Prinz Wilhelm, der Sohn des letzten Statthalters, den ihm angetragenen Titel »König der Niederlande« an. Bei den Verhandlungen des Wiener Kongresses über eine europäische Neuordnung wurde die Vereinigung mit Belgien sanktioniert.

Mit der Gründung des Königreichs wurde nach 1579 noch einmal für 16 Jahre der Versuch unternommen, die südlichen und nördlichen Teile der burgundischen Niederlande in Personalunion unter König Wilhelm I. zu vereinen. Im europäischen Revolutionsjahr 1830 gelang dann Belgien durch einen Aufstand Brüsseler Unterschichten, die sowohl vom liberalen Bürgertum wie von der katholischen Kirche unterstützt wurden, der Schritt zur bis heute andauernden staatlichen Unabhängigkeit. Der niederländische König Wilhelm I. erkannte die Abtrennung erst 1839 an und trat kurze Zeit darauf zurück. Seither haben sich die europäischen Staatsgrenzen des Königreichs der Niederlande nicht mehr verändert, sieht man einmal davon ab, daß die Provinz Limburg erst einige Jahrzehnte später seine Restbindungen zum Deutschen Bund völlig aufgab und daß sich die Oberfläche der Niederlande durch wasserbauliche Eingriffe und Landgewinnungsmaßnahmen ständig ändert. Innenpolitisch lagen mit der Teilung der übermächtigen Provinz Holland in Süd- und Nordholland bis zur Bildung einer neuen Polderprovinz Flevoland die Provinzgrenzen für mehr als 100 Jahre fest.

Das neue Regierungssystem, das in der niederländischen Verfassung (*grondwet*) von 1814 festgeschrieben worden war, nahm auf die Wünsche des belgischen Landesteils Rücksicht. Die bisherigen Generalstände wurden zur Zweiten Kammer zurückgestuft, für die ein ständischer Wahlmodus vorgeschrieben wurde. In der neuen Ersten Kammer saßen vom König persönlich ernannte Notabeln vornehmlich südniederländischer Herkunft. Die politische Macht wurde beim König festgeschrieben, der die Regierungsgewalt innehatte und dem alle Minister persönlich verantwortlich waren. Steuern wurden auf zehn Jahre bewilligt, Gesetze auf dem Verordnungsweg erlassen. Hiervon machte Wilhelm I. vor allem in der Wirtschafts-, Schul- und Sprachenpolitik Gebrauch.

Mit der Regentschaft von Wilhelm II. (1840–1849) begann der Übergang zur parlamentarischen Monarchie, ohne daß es hierzu in den Niederlanden eines bewaffneten Aufstandes bedurft hätte. Im europäischen Revolutionsjahr 1848 arbeitete der Liberale und spätere Ministerpräsident Johan Rudolf *Thorbecke* Pläne für eine Verfassungsreform aus, die noch heute das staatsrechtliche Rückgrat des politischen Systems der Niederlande bildet. Er begründete das niederländische Zwei-Kammer-System, schuf das Gesetzgebungs- und Haushaltsbewilligungsrecht des Parlaments und führte das Prinzip der parlamentarischen Ministerverantwortlichkeit ein, mit der in den kommenden Jahrzehnten das Verhältnis von Monarch und Parlament neu geordnet werden konnte. Verwaltungsmäßig führte Thorbecke das Prinzip des dezentralisierten Einheitsstaats ein und schuf einheitliche Gesetze für die Einrichtung und Tätigkeit von autonomen Provinzen und Gemeinden. Schließlich wurden die Grundrechte erweitert (Versammlungsfreiheit, Briefgeheimnis, Schulfreiheit). Politisch wurden die Liberalen zur führenden Kraft in der Zweiten Kammer, die nach dem neuen (Zensus-)Wahlrecht von 1850 zusammengesetzt wurde.

Mit dem Tod von Wilhelm III. endete die Erbfolge des niederländischen Königshauses in männlicher Linie. Seit dieser Zeit werden die Niederlande von Königinnen regiert. Nach der Regentschaft ihrer Mutter Emma bis zum Jahre 1898 bestieg deren Tochter Wilhelmina den Thron. Ihre Regierungszeit endete erst nach über fünfzig Jahren im Jahre 1948, als ihre Tochter Juliana ihr nachfolgte. Deren älteste Tochter Beatrix trat die Nachfolge ihrer Mutter im Jahre 1980 an. Es zeichnet sich ab, daß vermutlich ihr 1967 geborener ältester Sohn, Prinz Willem Alexander, eines Tages die männliche Erbfolge wieder aufnehmen wird.

Typisch für die niederländische Wirtschaftsentwicklung im 19. Jahrhundert war die »verspätete« Industrialisierung, die dem Fehlen größerer Kohlevorkommen, eines leistungsfähigen Maschinenbaus und den naturräumlichen Verhältnissen (wodurch Eisenbahnen gegenüber dem Schiffstransport lange Zeit unrentabel blieben) zugeschrieben wird. Ausgangs des 19. Jahrhunderts hatte sich eine fast gleichmäßige Verteilung der niederländischen Berufstätigen über Landwirtschaft, Gewerbe und Handel ergeben. Das schnellste Wachstum war im industriell-gewerblichen Bereich auszumachen. Die Industrie profitierte vom zunehmenden Kolonialhandel, aber auch von der Entstehung der Nahrungsmittel-, Investitionsgüter- und der chemischen Industrie. Ende des 19. Jahrhunderts machte in den Niederlanden zugleich der Ausbau und Nutzung der »nassen« (Kanäle, Dampfschiffahrt) und »trockenen« (Eisenbahnen) Infrastruktur rasche Fortschritte.

Die Entwicklung der Niederlande im 20. Jahrhundert

Außenpolitisch gelang es den Niederlanden im Ersten Weltkrieg erfolgreich, ihre Politik der Neutralität zu bewahren und damit Kriegsschäden und Wiederaufbauprobleme zu vermeiden.

Während des Ersten Weltkriegs gelang es den Niederlanden 1917, die konstitutionelle Monarchie zu einer parlamentarischen Demokratie umzugestalten. Mit der Einführung des allgemeinen Wahlrechts war der Übergang vom Mehrheitswahlrecht zu einem reinen Verhältniswahlrecht verbunden. Hierdurch wurden die Grundlagen des noch heute anzutreffenden Vielparteiensystems mit dem Zwang zur Bildung von Koalitionsregierungen und mit der Verteilung der Oppositionsfunktion auf mehrere Parteien gelegt. Im Gegensatz zur Weimarer Republik erwuchs aus dem Vielparteiensystem aber keine Bedrohung für die Stabilität des politischen Systems. Obgleich die Bildung einer Koalitionsregierung meist zeitraubend war, erfreuten sich niederländische Regierungen im allgemeinen einer großen Stabilität. Insbesondere gelang es den Parteien, die als politische Vertretung einer der etablierten Säulen galten, sich in wechselnden Koalitionen eine Mehrheit zu sichern.

Im Zentrum des niederländischen Parteiensystems standen seit 1917 die konfessionellen Parteien. Bis in die sechziger Jahre hinein behaupteten sie eine absolute Mehrheit im Parlament, und bis 1994 war mindestens eine der konfessionellen Parteien stets an der Regierung beteiligt. Stärkste konfessionelle Gruppierung wurde 1926 erstmals die der römisch-katholischen Kirche verbundene Partei, die sich zunächst als

»Römisch-Katholische Staatspartei« (RKSP) gründete und nach 1945 als »Katholische Volkspartei« (KVP) einen Neuanfang unternahm. Obwohl die Katholiken stets stärkste konfessionelle Einzelpartei waren, bestimmten in der Zwischenkriegszeit eher die protestantischen Parteien (Antirevolutionäre Partei und Christlich-Historische Union) den politischen Kurs der konfessionellen Koalitionsregierungen. In diesen Jahrzehnten erlangte in der niederländischen Gesellschaft die Versäulung ihren Höhepunkt. Die konfessionellen Säulen konnten erfolgreich die von ihnen vertretenen Gruppen an sich binden. Das bedeutete, daß nach Einführung des allgemeinen Wahlrechts die Sozialdemokratische Arbeiterpartei (SDAP) zwar zur numerisch zweitstärksten politischen Kraft wurde, ihre Wähler aber auf die nicht konfessionell gebundene Arbeiterschaft beschränkt blieb. Eine vorschnell von Sozialistenführer *Troelstra* im Parlament Ende 1918 ausgesprochene Revolutionshoffnung erfüllte sich nicht und mußte kurz darauf von ihm als Irrtum zurückgenommen werden. Dies bot den konfessionellen Parteien den Vorwand, die Sozialisten bis 1939 in der Oppositionsrolle zu belassen.

Auch in den Niederlanden entstand Anfang der dreißiger Jahre eine nationalsozialistische Bewegung unter Leitung von Anton *Mussert*. Diese blieb in der niederländischen Gesellschaft aber stark isoliert, konnte nie mehr als 50.000 Mitglieder gewinnen und erreichte mit einem Wahlergebnis von 8% bei den Provinzwahlen 1936 ihr bestes Ergebnis. Zur Begrenzung ihres Einflusses trug die kompromißlose Haltung der niederländischen Kirchen bei, die ihren Mitgliedern schon früh eine Mitgliedschaft in nationalsozialistischen Organisationen verboten. Erst die Besatzung durch die deutschen Faschisten verhalf der NSB zu einem zeitweiligen Status als Hilfstruppe der deutschen Besatzer.

Die niederländische Wirtschaft erlebte zwischen 1923 und 1929 eine Hochkonjunktur mit einem jährlichen Wirtschaftswachstum von rd. 5%. Gleichzeitig faßten die Niederlande im internationalen Welthandel wieder Fuß. Als einer der großen internationalen Kreditgeber wurden die Niederlande nach dem Schwarzen Freitag an der New Yorker Börse im Oktober 1929 von der rasch um sich greifenden Abwertungspolitik der Schuldnerländer erfaßt, die zudem protektionistische Maßnahmen ergriffen, die den niederländischen Außenhandel und vor allem die Landwirtschaft (Verfall der Landwirtschaftspreise) trafen. Die Arbeitslosigkeit stieg bis 1936 in nur sieben Jahren von 3,4 auf 17,4%, so daß viele niederländische Arbeitnehmer im nationalsozialistischen Deutschland Arbeit suchten. Als Antwort auf die Wirtschaftskrise verfolgte die niederländische Regierung eine unnachgiebige Politik des »harten Guldens« (Festhalten am Goldstandard, Deflationspolitik, Haushaltskonsolidierung), die aber kaum beschäftigungspolitische Wirkung zeigte. Erst die Abwertung des Gulden um ein Fünftel seines Wertes und das Abrücken vom Goldstandard führten nach 1936 zu einer gewissen wirtschaftlichen Wiederbelebung.

Angesichts der nationalsozialistischen Machtübernahme in Deutschland und des politischen Kurses des Hitler-Regimes gerieten die Niederlande in einen außenpolitischen Konflikt zwischen der Bedeutung, die die wirtschaftlichen Beziehungen zum östlichen Nachbarn hatten, und den rasch sichtbar werdenden politischen Folgen insbesondere der Judenverfolgung, die in den Niederlanden kritisiert wurde und ein Anwachsen der Zahl jüdischer Asylbewerber nach sich zog. Die niederländische Außenpolitik in jenen Jahren pendelte zwischen moralischen Ansprüchen, dem Wunsch, am Neutralitätskurs festzuhalten, und dem Versuch, ein möglichst einvernehmliches Auskommen mit der neuen deutschen Regierung zu finden.

Trotz ihres Neutralitätskurses wurden die Niederlande im Mai 1940 von Deutschland angegriffen und nach fünf Tagen – einschließlich des Bombardements der Stadt Rotterdam – besiegt. Der niederländischen Königin, der Regierung und vielen führenden Politikern gelang die Flucht nach England, wo sie eine Exilregierung bildeten. In den Niederlanden baute zunächst die deutsche Wehrmacht eine Militärverwaltung in eigener Regie auf, die aber bereits nach wenigen Tagen durch eine Zivilregierung unter Leitung des österreichischen Reichskommissars Seyss-Inquart abgelöst wurde. Die bestehenden politischen Parteien wurden zunächst nicht abgeschafft. Der Hoffnung der deutschen Faschisten, die Niederländer freiwillig in das »Großgermanische Reich« zu integrieren, war trotz einiger Anläufe (zeitweilige Duldung und Förderung der Niederländischen Union als einer konservativen Sammlungsbewegung) kein Erfolg beschieden. Auch die Monopolstellung, die man später der NSB-Organisation unter *Mussert* einräumte, verlief nicht zur Zufriedenheit der Besatzer. Ab März 1943 wurde aktiv die Auflösung der nationalen Einheit der Niederlande betrieben. Hierzu zählten verschärfte wirtschaftspolitische Maßnahmen (Ausbeutung niederländischer Unternehmen für die deutsche Kriegsproduktion; Einsatz von mehr als 250.000 Niederländern als Zwangsarbeiter in Deutschland), die Verschärfung der Repressalien gegen den niederländischen Widerstand (Geiselerschießungen) und die Eskalation der Judenverfolgung in den Niederlanden. Zunächst wurde die jüdische Bevölkerung vornehmlich isoliert und abgesondert. Anfang 1942 wurde

25 jaar na de bevrijding.
Je weet nooit wie er naast je staat in een Duitse tram ...

»25 Jahre nach der Befreiung.
Du weißt ja nie, neben wem du stehst in einer deutschen Straßenbahn ...«

V-MANNEN NSB-W.A. JEUGDSTORM NEDERL. ℋ LEGIOEN POLITIE VERKLIKKERS LANDSTORM-
S.D.   ℋ   NEDERLAND SCHALKHAAR   LANDWACHT NEDERLAND

... maar dat weet je in Nederland ook niet.

... aber das weißt du in den Niederlanden auch nicht.«

Karikatur: Fritz Behrendt

135

das Tragen des Gelben Sternes verpflichtend. Viele Juden suchten wie Anne Frank unterzutauchen, um den ab Juli 1942 einsetzenden Deportationen in die Konzentrationslager zu entgehen. Aber bis Kriegsende fielen fast alle in den Niederlanden lebenden Juden den deutschen Besatzern zum Opfer (nur 6.000 von 140.000 Juden, die sich 1941 in den Niederlanden befanden, überlebten Verfolgung und Deportation).

In der Öffentlichkeit wurde nach 1945 der Widerstand der Niederländer während der Besatzungszeit stark in den Vordergrund gestellt (die Kapitulation der deutschen Truppen am 5. Mai wurde in Verbindung mit der am Vorabend begangenen *Dodenherdenking* (Totengedenken) zum Nationalfeiertag; es kam zu einer ausführlichen öffentlichen Aufarbeitung der Kriegsjahre). Zu den herausragenden Ereignissen des Widerstandes zählten der Amsterdamer Hafenarbeiterstreik im Februar 1941 gegen den geplanten Zwangsarbeitereinsatz und gegen die Deportation jüdischer Mitbürger sowie der Eisenbahnerstreik im Herbst 1944. Dieser legte den deutschen Kriegsnachschub fast völlig lahm, führte aber in Verbindung mit der unterbrochenen Lebensmittelversorgung der eigenen Bevölkerung im sog. Hungerwinter 1944/45 zu einer Hungerkatastrophe, der fast 15.000 Niederländer zum Opfer fielen. Ansonsten überwogen im niederländischen Widerstand, der von naturräumlichen Gegebenheiten nicht begünstigt wurde, und im internationalen Vergleich eher gering blieb, kleinere Aktionen und publizistischer Widerstand durch die Untergrundpresse. Aus ihr gingen nach dem Krieg mehrere der größten niederländischen Zeitungen (z. B. *Vrij Nederland*) hervor. Erst in jüngster Zeit beginnt sich in den Niederlanden die Erkenntnis durchzusetzen, daß es neben der Unterstützung der kleinen Gruppe niederländischer Nationalsozialisten auch eine weitreichende Kollaboration von großen Teilen der öffentlichen Verwaltung und eines Teils der niederländischen Unternehmer gab.

Die Niederlande seit dem Zweiten Weltkrieg

Nach der deutschen Kapitulation kehrte die niederländische Exilregierung sowie die königliche Familie im Juni 1945 aus dem britischen Exil zurück, nachdem die südlichen Niederlande schon im Herbst 1944 befreit worden waren (und daher vom Hungerwinter im Westen des Landes weitgehend verschont blieben). Die Regierungsgewalt übernahm bis zur Durchführung erster freier Wahlen ein sog. Kabinett der Nationalen Einheit unter Leitung des Katholiken *Schermerhorn* und des Sozialisten *Drees*. Trotz einer intensiv geführten Debatte darüber, ob eine Rückkehr zu den Vorkriegsstrukturen des niederländischen Parteiensystems gewünscht sei, gelang es den fünf Säulenparteien, rasch wieder ihre alten Machtpositionen gegenüber neuen Herausforderern zu besetzen. Ein Reformelement war der Umbau der alten sozialdemokratischen SDAP zu einer »Partei der Arbeit« nach dem Vorbild der britischen Labour Party. Allerdings blieb auch der neuen PvdA der »Durchbruch« zu einer politischen Mehrheitspartei versagt. Ein zweites neues Element bildete die Vereinigung der liberalen Kräfte zu einer unternehmensnahen, konservativen »Volkspartei für Freiheit und Demokratie«. Großer Gewinner der Wahlen von 1946 wurde die ebenfalls reformierte »Katholische Volkspartei« (KVP) mit rd. 30% der Wählerstimmen. Obwohl numerisch eine Fortsetzung der konfessionellen Koalitionsregierungen möglich war, entschied sich die Führung der katholischen KVP in den Jahren 1948 bis 1958 zu einer Koalition mit der PvdA, die mit Drees auch den Ministerpräsidenten stellte. Dieser »schwarz-roten« Koalition gehörten in wechselnden Arrangements auch CHU, ARP und VVD an. In diesen Jahren wurde mit Hilfe des Marshallplans der wirtschaftliche Wiederaufbau in Angriff genommen, der Sozialstaat auf- und ausgebaut, der Verlust des Kolonialreichs bewältigt und die Grundlagen der heutigen niederländischen *overleg*-Wirtschaft gelegt.

An die Stelle der gescheiterten Neutralitätspolitik wechselten die Niederlande in ihrer Außenpolitik zu einer strikt west- und europaorientierten Haltung. Mit Belgien und Luxemburg wurde bis 1958 zunächst eine Zoll- und dann eine Wirtschaftsunion geschaffen. Sowohl in der NATO wie in der EWG waren die Niederlande Gründungsmitglied. Die konsequente Ausrichtung auf Europa erhielt in den neunziger Jahren seinen sichtbaren Ausdruck im Tagungsort Maastricht als der Ort, in dem die Vollendung des Europäischen Binnenmarktes 1992 beschlossen wurde. Andererseits kontrastiert die Europafreundlichkeit der Niederlande mit einer besonders niedrigen Wahlbeteiligung bei den letzten Europawahlen (nur mehr knapp über 35%).

Der Wiederaufbau in den von Kriegszerstörungen stark betroffenen Niederlanden vollzog sich rasch unter Nutzung von Marshallplan-Mitteln in Höhe von rd. einer Mrd. US-Dollar. Die Wiederaufnahme der Industrieproduktion und der Gütereinfuhr geschah schneller als im Bereich Landwirtschaft und Dienstleistungen. Innerhalb der Industrie vollzog sich ein bemerkenswerter Konzentrationsprozeß auf wenige Branchen. Textilindustrie, Schiffbau und Linienschiffahrt gehörten zu den ersten Opfern dieses Konzentrationsprozesses. Ab Mitte der sechziger Jahre geriet auch die metallverarbeitende Industrie unter Druck, und der Steinkohlebergbau wurde völlig eingestellt. Die Industriestruktur wird seither wesentlich getragen von einigen wenigen energie- und kapitalintensiven Branchen: Erdgas- und Ölindustrie, chemische Industrie, Kunststoffverarbeitung und Papierindustrie. Die meisten Industriebetriebe sind auf die Einfuhr von Roh- und Brennstoffen angewiesen, wobei der größte Teil der in den Niederlanden hergestellten Produkte später wieder in den Export gelangt. Eine Sonderstellung nehmen in der niederländischen Industrie multinationale Konzerne (Philips, Shell, Unilever und Akzo) ein. Die industriemäßig betriebene Nahrungsmittelbranche und Landwirtschaft bildet einen weiteren Pfeiler der niederländischen Volkswirtschaft. Begünstigt durch die europäische Agrarpolitik vollzog sich eine Maßstabsvergrößerung und Modernisierung der stark exportorientierten Landwirtschaft (Fleisch, Milch, Milchprodukte, Gemüse, Obst, Blumen), deren Kennzeichen Großstallanlagen und Gewächshauskulturen bilden. Im Dienstleistungsbereich nehmen die beiden Verkehrsdrehscheiben Rotterdam und Amsterdam eine herausragende Rolle ein. Hinzu kommt seit den achtziger Jahren die wachsende Bedeutung des Finanzdienstleistungssektors.

Prägendes Merkmal der niederländischen Wirtschaftsstruktur als *mixed economy* wurde die Kombination von Marktelementen, staatlicher Planung sowie Sozialpartnerschaft. Im Bereich der Lohn- und Preispolitik wurden mit dem »Sozial-Ökonomischen Rat« und der »Stiftung der Arbeit« korporatistische Elemente eingebaut, die auch für den Bereich der sog. öffentlich-rechtlichen Wirtschaftsordnung prägend waren (paritätisch besetzte Produktschaften, Betriebsschaften, Branchenvereinigungen, drittelparitätisch besetzte Kammern). Auf zentralstaatlicher Ebene wurden mit dem »Zentralen Planungsamt« und dem »Statistischen Amt« (ergänzt in den siebziger Jahren um ein sozial-kulturelles Planungsbüro) Instanzen der wissenschaftlichen Politikberatung und der indikativen Wirtschaftsplanung geschaffen. Die Einkommens- und Preispolitik wurde in engem Zusammenspiel von Sozialpartnern und Staat gestaltet. Die Gewerkschaften erhielten starke Mitspracherechte auf zentralstaatlicher und Branchenebene in der Lohn-, Arbeitsmarkt- und Sozialpolitik, wohingegen ihre betriebliche Präsenz und die Mitsprache in der Wirtschaftspolitik nicht ausgebaut wurden. Die Vertretung von Arbeitnehmerinteressen in den Betrieben nehmen die Unternehmensräte wahr, die sich in der Nachkriegszeit immer stärker zu Betriebsräten nach deutschem Vorbild entwickelten. Statt Tarifautonomie betrieb man bis zum Erreichen der Vollbeschäftigung in den sechziger Jahren eine sog. gelenkte Lohnpolitik.

Die niederländische Gesellschaft und Politik der beiden ersten Nachkriegsjahrzehnte erhielten durch die Wechselwirkung von Versäulung, Sozialpartnerschaft und Konkordanzdemokratie ihr unverwechselbares Gepräge, wie es am zutreffendsten von dem niederländischen Politologen Arend *Lijphart* in seinem Buch »Consociational Democracy« Ende der sechziger Jahre beschrieben worden ist. Mit dem Erreichen der Ziele des Wiederaufbaus in der langanhaltenden Wirtschaftswunderphase überlebten sich die Einrichtungen der versäulten Konkordanzdemokratie. Mitte der sechziger Jahre gerieten die Niederlande für fast fünfzehn Jahre in eine tiefgreifende Umbruchphase. Diese wurde geprägt durch das Abbröckeln der Säulen, durch Säkularisierung, Demokratisierung, Jugendproteste und einer grundlegenden Veränderung der politischen Kultur. Sichtbarster Ausdruck waren Studentenproteste, die Provobewegung und die Unruhen in Amsterdam anläßlich der Hochzeit von Prinzessin Beatrix mit Claus von Amsberg im März 1966. Zahlreiche neue Parteigründungen, die als Protestbewegungen resp. als Abspaltungen der Säulen-Parteien entstanden, gelang der zeitweilige Einzug ins niederländische Parlament. Die Mehrheit der konfessionellen Parteien geriet ins Wanken. Erstmals wurde 1974 eine Regierung unter Ministerpräsident Joop *den Uyl* gebildet, in denen progressive, nicht-konfessionelle Kräfte den Ton angaben. In dieser Zeit fiel der Umbau des klassischen niederländischen Sozialstaates zu einem umfassenden Versorgungsstaat, der vom Prinzip einer gerechteren Verteilung von Wohlstand, Einkommen und Bildung und einer Akzentverschiebung von materiellem Wohlstand zum individuellen *welzijn* (Selbstverwirklichung und Partizipation) geleitet wurde. Der Umfang des öffentlichen Sektors erreichte in diesen Jahren seinen Höhepunkt. Gleichzeitig markierten die beiden Ölkrisen das Ende der Wachstumsphase der Nachkriegsökonomie und wurden die Grenzen der Finanzierbarkeit öffentlicher Politik deutlich.

Mitte der siebziger Jahre setzte ein neuerlicher Wandel im politischen Kräftefeld ein. Während es den progressiven Kräften im Umfeld der PvdA nicht gelang, bei Wahlen eine Mehrheit zu erreichen, gelang den drei konfessionellen Parteien ARP, CHU und KVP eine Konsolidierung ihrer gefährdeten Position durch den interkonfessionellen Zusammenschluß zum »Christdemokratischen Appel« in Anlehnung an das Vorbild der deutschen CDU. Nachdem der CDA erstmals 1975 als Wahlbündnis angetreten war, 1977 bei den Parlamentswahlen den Regierungschef (*van Agt*) stellen konnte, wurde 1980 die Fusion der drei Parteien endgültig vollzogen. Unter ihrem neuen Spitzenkandidaten Ruud *Lubbers*, der zwischen 1982 und 1994 drei Koalitionsregierungen anführte und als einer der stärksten Ministerpräsidenten in die niederländische Geschichte einzugehen sich anschickt, erlangte der CDA in den achtziger Jahren neuerlich die vorherrschende Stellung im niederländischen Parteiensystem. Erst im Umfeld des geplanten Abgangs *Lubbers'* von der nationalen politischen Bühne erlitt der CDA 1994 eine verheerende Wahlniederlage, die zum Verlust der Regierungsteilnahme führte. Erstmals in der Geschichte der parlamentarischen Demokratie der Niederlande kam eine rein nicht-konfessionelle Koalitionsregierung unter Ministerpräsident Wim *Kok* zustande. Es gelang Rechtsliberalen und Sozialdemokraten unter aktiver Vermittlung der linksdemokratischen Demokraten '66 und nach schwierigen Koalitionsverhandlungen, ihre seit den fünfziger Jahren unüberbrückbaren Differenzen in der Wirtschafts- und Sozialpolitik zurückzustellen. Der beständige Wechsel niederländischer Koalitionsregierungen, an denen nur die vier größten Parteien teilnehmen, von denen aber keine allein die Chance auf Erreichung einer parlamentarischen Mehrheit hat, gehört zu den konstanten Faktoren des politischen Systems. Stabil bleiben auch die Chancen kleiner Protestparteien, ins Parlament einzuziehen, wofür nach dem niederländischen Verhältniswahlrecht bereits ein Hundertfünfzigstel der landesweit abgegebenen Stimmen ausreicht.

Die Niederlande als Kolonialmacht

1621 wurde für den Handel mit Westafrika und Amerika die *West-Indische Companie* (WIC) als Aktiengesellschaft gegründet, die eine Zeitlang den internationalen Zuckerhandel dominierte. Bedeutender als die WIC erwies sich die Gründung der *Verenigde Oost-indische Compagnie* (VOC), zu der sich 1602 die holländische und seeländische Handelsgesellschaft zusammenschlossen. Diese Gesellschaft übernahm zunächst den Pfeffer- und Gewürzhandel, später den noch lukrativeren Handel mit Baumwolle, Textilien sowie Japan-Produkten und war lange Zeit das größte Handelsunternehmen der Welt. Nachdem 1595 eine erste niederländische Flotte Java angesteuert hatte, übertrugen die Generalstaaten der VOC als konzessionierter Aktiengesellschaft alle souveränen Rechte in ihrem Handelsgebiet (Anlage von Militärposten, Anwerbung von Soldaten, Abschluß von Verträgen mit ausländischen Herrschern). In der zweiten Hälfte des 18. Jahrhunderts verschlechterte sich die wirtschaftliche Lage: Die VOC warf keine Gewinne mehr ab und wurde 1798 verstaatlicht; der niederländische Staat übernahm damit Verluste in Höhe von rd. 140 Mio. Gulden. Die Seeblockade Englands gegen Napoleon traf die niederländische Schiffahrt und den Handel ins Mark. Die meisten niederländischen Kolonien (mit Ausnahme des kleinen Handelspostens Deshima in Japan) wurden in dieser Zeit von England besetzt.

Nach der Rückgabe der Kolonien durch England Anfang des 19. Jahrhunderts entwickelten sich die Kolonien in den kommenden Jahrzehnten zunächst als Kostenfaktor, insofern die Niederlande mehrere Militäraktionen starteten, um sich ihren Einflußbereich auf Java zu sichern. Um die niederländischen Kolonien ökonomisch rentabler zu machen, führte das Kolonialministerium das *Cultuurstelsel* ein, wonach die javanischen Bauern anstelle bisheriger Geldzahlungen 20% ihrer Arbeitszeit und ihres Landes auf die Produktion rentabler Kolonialprodukte verwenden mußten. Die höchst profitable Vermarktung dieser Produkte übernahm der niederländische Staat selbst in Form einer neu gegründeten Handelsgesellschaft (*Nederlandsche Handelsmaatschappij*). In seinen besten Zeiten erwirtschaftete das Zwangsanbausystem mehr als ein Fünftel des niederländischen Staatshaushaltes und hat damit eine ähnliche Bedeutung gehabt wie die Erdgasförderung in den siebziger Jahren des 20. Jahrhunderts. Mit diesen Einnahmen konnte der Staat Infrastrukturprojekte großen Stils vorantreiben sowie strategische Schlüsselsektoren der damaligen Volkswirtschaft (Schiffahrt und Schiffbau) großzügig subventionieren. Diese Form des monopolisierten kolonialen Staatskapitalismus wurde in den siebziger Jahren des vorigen Jahrhunderts durch eine liberal-koloniale Wirtschaftspolitik ersetzt, indem privaten Unternehmen der Zugang zum attraktiven javanischen Markt eröffnet wurde. Zu den vielen Unternehmen, die gegründet wurden, zählte auch die 1907 aus einer Fusion entstandene *Royal Dutch Shell*-Ölgesellschaft. Von anderer Seite kritisierten vor allem Kirchenvertreter die Weigerung der Kolonialbehörden, der javanischen Bevölkerung einen Zugang zur niederländischen Sprache und zu einer christlichen Religion zu ermöglichen.

Im Gegensatz zur wirtschaftspolitischen Liberalisierung gelang es den Niederlanden erst um 1910, ihren politischen Herrschaftsanspruch in dieser Region auf den gesamten indonesischen Archipel zu erweitern, wozu teilweise jahrzehntelange Militäraktionen der Königlich-Indischen Armee KNIL (wie gegen das Sultanat Aceh in Westsumatra zwischen 1879–1903) nötig waren. Nach Abschluß der militärisch-politischen Absicherung des Herrschaftsbereichs wurden vielen Gebieten ein Teil ihrer Autonomie zurückgegeben. Auch gab sich die niederländische Kolonialpolitik nach der Jahrhundertwende einen »ethischen« Anspruch, der eine sittliche Verpflichtung gegenüber der einheimischen

Bevölkerung einschloß, und sich in Bewässerungsprojekten, einer besseren Lebensmittelversorgung und dem Aufbau eines Schulsystems (unter Ausschluß der niederländischen Sprache, die weiterhin einer kleinen privilegierten Lokalelite vorbehalten blieb) niederschlug.

Insgesamt blieb die Bedeutung der Kolonien als Absatzgebiet für den niederländischen Binnenmarkt gering. Trotz ihres großen Kolonialbesitzes, der die Niederlande zu Beginn des 20. Jahrhunderts immerhin zur drittgrößten Kolonialmacht hinter Großbritannien und Frankreich machte, verblieben die Niederlande im außenpolitischen Bereich auf ihrem Status als europäischer Kleinstaat. Während des Zweiten Weltkriegs fiel Niederländisch-Indien im März 1942 in die Hände der Japaner. Die niederländischen Kolonialisten wurden in Internierungslager oder, soweit sie der Armee angehörten, in Kriegsgefangenschaft gebracht. Ab 1944 versuchten die in militärische Bedrängnis geratenen Japaner die Unterstützung der einheimischen Bevölkerung mit dem Angebot einer späteren Unabhängigkeit ihres Landes zu gewinnen. Am 17.8.1945 riefen Achmed *Sukarno* und Mohammed *Hatta* die indonesische Republik aus. Auf diese Wendung der Kolonialpolitik war die niederländische Exilregierung nicht vorbereitet, zumal keine der tonangebenden Säulen-Parteien konsequent für eine Unabhängigkeit Indonesiens eintrat. Insbesondere die sozialistische SDAP befand sich hierbei in einem Dilemma zwischen der grundsätzlichen Sympathie für die Unabhängigkeitsbewegung und den Befürchtungen um die hierbei auf dem Spiel stehenden niederländischen Arbeitsplätze. Im Glauben an die Vorbildlichkeit der eigenen Kolonialpolitik sah man in der indonesischen Unabhängigkeitsbewegung einen mit allen Mitteln zu bekämpfenden Feind, dessen Führer interniert wurden. Auf Druck Großbritanniens entstand in Verhandlungen zwischen der neuen Republik Indonesien und der Kolonialmacht Niederlande im Abkommen von Linggadjati vom 15.11.1946 ein »Niederländisches Commonwealth«, dem auch Surinam und Curaçao beitreten sollten. Um die Besitzansprüche niederländischer Plantagenbesitzer durchzusetzen, führten die Niederlande zwei militärische Operationen, die verniedlichend »Polizeiaktionen« genannt wurden, durch (Juli 1947 und Dezember 1948). Gegen diese niederländische Politik machten die USA und die neu gegründete UNO starken Druck, der zur Einrichtung eines »Runden Tisches« führte, an dem im November 1949 die Niederlande der Unabhängigkeit Indonesiens zustimmen mußten. Die niederländische Kolonialarmee KNIL wurde 1959 aufgelöst. Allein West-Guinea blieb bis 1962 in niederländischem Besitz und wurde 1963 in die Republik Indonesien integriert.

Die »westindischen« Kolonien hatten in den Niederlanden immer eine eher zweitrangige Bedeutung. Sie waren wirtschaftlich uninteressanter und geographisch wie politisch viel heterogener. Allerdings prägen sie die heutige ethnische Zusammensetzung der Niederlande in einem viel stärkeren Maße. In Südamerika erhielt Surinam, das 1667 im Tausch mit den Engländern für die niederländischen Gebiete in den heutigen USA an die Niederlande gekommen war, 1975 die Unabhängigkeit. Nach der Unabhängigkeit geriet Surinam zunächst unter den Einfluß einer linksorientierten Militärdiktatur.

Letzter überseeischer Bestandteil des Königreichs der Niederlande bleiben die Niederländischen Antillen (Curaçao, Bonaire, Saba, St. Eustatius und St. Maarten), eine kleine Inselgruppe vor der Küste Venezuelas, die seit der ersten Hälfte des 17. Jahrhunderts zu den Niederlanden gehört und bis heute nicht die Absicht hat, ihre vorteilhaften Bindungen zu den Niederlanden zu lösen. Das ebenfalls zu dieser Inselgruppe gehörende Aruba nimmt seit 1986 einen Sonderstatus im Königreich als gleichberechtigter Partner ein, dem die übrigen Inseln gerne folgen würden. Schon im neuen Statut des Königreichs der Niederlande war seit 1954 den Niederländischen Antillen (sowie Surinam) eine weitgehende Autonomie bis auf die Bereiche der Außen- und der Militärpolitik eingeräumt worden.

Niederländische Außenpolitik heute

Gemäß den Bestimmungen der niederländischen Verfassung ist die Außenpolitik Angelegenheit der Krone, d. h. de facto der Regierung. Das Parlament kann außenpolitischen Verträgen zustimmen bzw. diese ablehnen und mit Hilfe seines Haushaltbewilligungsrechts auch eine gewisse außenpolitische Kontrolle ausüben. Insgesamt wird die niederländische Außenpolitik jedoch durch die Dominanz der Exekutive gekennzeichnet.

Nach dem Zweiten Weltkrieg setzte in den Niederlanden eine außenpolitische Umorientierung ein, da die traditionelle Neutralitätspolitik der Niederlande spätestens 1940 mit den Einmarsch der deutschen Truppen offensichtlich gescheitert war. Die Niederlande wurden zu einem Vorreiter der atlantischen Allianz und der europäischen Einigung. In der Aufbauphase der atlantischen und europäischen Gemeinschaften spielte der katholische Außenminister Joseph *Luns* eine entscheidende Rolle. Die Niederlande sind bzw. waren Gründungsmitglied der UNO, der OECD, der NATO, der Europäischen Gemeinschaft für Kohle und Stahl (EGKS) und der EWG.

Die niederländische Außenpolitik weist drei Komponenten auf, die teilweise in einem Spannungsverhältnis zueinander stehen (Woyke 1985). In der unmittelbaren Nachkriegszeit dominierte die atlantische Dimension (Marshallplan-Hilfe; NATO; UNO; KSZE). Die Niederlande haben sich in der NATO und im Verhältnis zu den Vereinigten Staaten als treuer, manchmal aber unbequemer Verbündeter erwiesen. In der Diskussion um den NATO-Doppelbeschluß zögerte die niederländische Regierung mehr als vier Jahre ihre Entscheidung zur Stationierung der amerikanischen Pershing-Raketen hinaus, bis sie dieser schließlich trotz heftiger innenpolitischer Gegenwehr 1986 zustimmte.

Die niederländische Armee, die sich aus Marine, Landstreitkräften, Luftwaffe und Königlicher Marechaussee (Militärpolizei) zusammensetzt, wurde 1996 in eine Berufsarmee mit rd. 84.000 Militär- und Zivilangehörigen umgewandelt. Formell bleibt die Wehrdienstpflicht jedoch weiter bestehen. Die politische Verantwortung liegt beim Verteidigungsminister und seinem Staatssekretär. Der Anteil der Verteidigungsausgaben in Höhe von rd. 14 Mrd. Gulden lag mit 2,2% am BIP um 0,8 Prozentpunkte niedriger als der Weltdurchschnitt. Die Königlich Niederländische Armee nimmt seit einigen Jahren teil an einer im westfälischen Münster stationierten gemeinsamen Deutsch-Niederländischen Brigade. Des weiteren hat die niederländische Armee an vielen Friedensmissionen der letzten Jahre teilgenommen, wobei ihre Rolle im Jugoslawien-Konflikt (Rolle des »Dutchbat« in Srebrenica) Anlaß für starke öffentliche Kritik bot. Im Rahmen der KSZE nahmen die Niederlande eine aktive Rolle ein. Auf ihren Vorschlag wurde ein Hochkommissar für Nationale Minderheiten eingesetzt.

Als zweiter Pfeiler der niederländischen Außenpolitik gilt ihr Engagement für die europäische Integration. Als traditionelle Handelsnation, die auch von der Schaffung eines gemeinsamen europäischen Wirtschaftsraumes nur profitieren kann, galten die Niederlande jahrzehntelang als »Muster-Europäer«. Die zwischen Belgien, Luxemburg und den Niederlanden zwischen 1944 und 1958 ständig ausgebaute Benelux-Gemeinschaft entwickelte sich zur Keimzelle der späteren EWG. Der Wegfall der Grenzen zwischen den Benelux-Staaten diente auch dem Schengener Abkommen, dem heute die Niederlande als eines von zehn Ländern angehören, als Vorbild.

Die niederländische Außenpolitik tritt traditionell für das Prinzip der Supranationalität im Sinne von übernationalen Organen ein, forderte eine stärkere demokratische Kontrolle der Organe der europäischen Gemeinschaft und plädierte seit den 60er und 70er Jahren für ein Offenhalten des europäischen Integrationsprozesses für neue Mitglieder (insbesondere Großbritannien). Als kleinerer Mitgliedstaat ist das Interesse der niederländischen Außenpolitik darauf gerichtet, eine Dominanz der großen Mitglieder zu begrenzen und zu kontrollieren. Aufgrund jahrhundertelanger Tradition haben sich die Niederlande zu einem Zentrum der internationalen Gerichtsbarkeit entwickelt. In Den Haag ist der Internationale Gerichtshof angesiedelt, wo unter anderem die internationalen Tribunale in Sachen Iran, Jugoslawien und Ruanda stattfinden. Auch die europäische Polizeiorganisation Europol und ihre geplante Nachfolgerin haben ihren Sitz in den Niederlanden.

Als dritte »Säule« der niederländischen Außenpolitik gilt die Dritte-Welt-Politik. Erst Anfang der 60er Jahre zogen die Niederlande nach der erzwungenen Unabhängigkeit Indonesiens einen Trennungsstrich unter ihre koloniale Vergangenheit. Seither betreiben sie eine besonders aktive Dritte-Welt-Politik und zählen heute zu den führenden Nationen auf dem Gebiet der internationalen Entwicklungshilfe: die Niederlande sind international das viertgrößte Geberland. Um die Effizienz der Hilfe zu erhöhen, ist die Zahl der geförderten Länder in den letzten Jahren nachhaltig verringert geworden. In der niederländischen Entwicklungspolitik überlagern sich moralische, humanitäre und wirtschaftliche Interessen. Als eines der ersten Länder akzeptierten die Niederlande die Forderung nach Unterstützung der Entwicklungsländer mit 1% des Bruttosozialprodukts (der aktuelle Anteil liegt bei 0,7%). Entwicklungspolitik spielt auch im gesellschaftlichen Bewußtsein der niederländischen Bevölkerung eine wesentlich größere Rolle als in vergleichbaren Nachbarländern. Die Niederlande sind Mitglied der Europäischen Bank für Wiederaufbau und Entwicklung, die die neuen osteuropäischen Staaten finanziert. Im Nahen Osten engagieren sich die Niederlande traditionell stark für Israel, unterstützen den arabisch-israelischen Friedensprozeß und finanzieren seit den 90er Jahren auch die palästinensische Verwaltung unter Arafat.

3   Staat und Verwaltung

Verfassung

Die noch heute geltende Verfassung (*Grondwet*) wurde 1814 mit der Erbmonarchie eingeführt. Die wichtigste Reform dieser Verfassung fand 1848 statt. Mit dieser liberalen Verfassung wurde die Entwicklung zum politischen System der Niederlande in seinen heutigen Grundzügen eingeleitet. Spätere Verfassungsänderungen schränkten die Befug-

nisse des Königs ein, verankerten die parlamentarische Verantwortung
der Regierung und führten das allgemeine und gleiche Verhältniswahlrecht ein. Staatsrechtlich sind die Niederlande heute eine parlamentarische Monarchie in einem dezentralisierten Einheitsstaat.

Im Februar 1983 trat eine gründlich redaktionell überarbeitete Verfassung in Kraft, die an ihren Grundprinzipien jedoch nichts änderte.
So sind die Grundrechte nunmehr im ersten Hauptteil zusammengefaßt. Über liberale Freiheitsrechte hinaus enthält die niederländische
Verfassung auch soziale Grundrechte, es handelt sich jedoch um keine
individuell einklagbaren Grundrechte. 1983 wurde das aktive und
passive Wahlalter auf 18 Jahre gesenkt, die Möglichkeit für ein Aus-
länderwahlrecht auf kommunaler Ebene eingeführt und die Stellung
von Provinzen und Gemeinden gegenüber der zentralstaatlichen Ebene
gestärkt. Die seit den 60er Jahren breit geführte Diskussion um staatsrechtliche Erneuerungen, die mit dem Ende des Versäulungszeitalters
einsetzte, hat sich bis heute in der niederländischen Verfassung noch
nicht niedergeschlagen. Gefordert wurde u. a. Mehrheits- statt Verhältniswahlrecht, Direktwahl des Ministerpräsidenten durch das Parlament
statt bisheriger Verfahren zur Koalitionsbildung sowie eine Verstärkung direktdemokratischer Partizipationsmöglichkeiten auch oberhalb
der kommunalen Ebene.

Im Gegensatz zur Bundesrepublik Deutschland kennen die Niederlande keine eigenständige Verfassungsgerichtsbarkeit. Der Staatsrat
ist keine Instanz, um Gesetze auf ihre Vereinbarkeit mit Verfassungs-
normen zu überprüfen und durch verbindliche Verfassungsinterpreta-
tion das Verfassungsrecht weiterzuentwickeln. Daß Verfassungsänderungen in den Niederlanden selten stattfinden, erklärt sich auch aus
dem aufwendigen Verfahren: Zunächst muß der Änderungsentwurf in
beiden Kammern des Parlaments mit absoluter Mehrheit angenommen
werden. Anschließend prüft der Monarch die Gesetzesvorlage, was
mehr ist als eine Formalität. Als nächster Schritt werden beide Kammern aufgelöst. Anschließend finden für die Zweite Kammer Neuwah-
len statt, und es werden auch die Abgeordneten der Ersten Kammer
erneut von den Provinzlandtagen bestimmt. Danach findet in beiden
Kammern eine erneute Beratung über die geplante Verfassungsänderung statt, die in beiden Kammern mit einer Zwei-Drittel-Mehrheit
angenommen werden muß. Der letzte Schritt im Verfahren einer Verfassungsänderung ist die Unterzeichnung des Gesetzes durch den Monarchen.

Staatsoberhaupt

Die Niederlande sind, wie Artikel 24 und 25 der Verfassung festlegen, eine parlamentarische Monarchie mit gleichberechtigter männlicher und weiblicher Erbfolge. Regierendes Königshaus ist das traditionell der protestantischen *Hervormde Kerk* zugehörige Haus Oranien-Nassau. Zu Beginn des 19. Jahrhunderts sind die Niederlande nach mehr als zweihundert Jahren republikanischer Staatsform zur Monarchie zurückgekehrt. Trotz verbreiteter republikanischer Grundhaltung steht noch immer eine breite Mehrheit der Bevölkerung loyal zur Monarchie. In einer stark versäulten, pluralistischen Gesellschaft hat das Haus Oranien die Funktion als Symbol nationaler Einheit übernommen. Das Haus Oranien verfügt zurückgehend auf seine Anführerrolle in den Freiheitskriegen gegen Spanien über eine stabile Vertrauensgrundlage in der Bevölkerung. Die Treue zur Monarchie – trotz einiger Krisen um einzelne dem Königshaus angehörende Personen – wurde durch das Verhalten des Königshauses während der Zeit der nationalsozialistischen Besatzung entscheidend gestärkt. Bei jüngsten Meinungsumfragen erreichte Königin Beatrix eine Zustimmung von mehr als 90% der Befragten. Die beiden sichtbarsten Auftritte der Monarchie sind die Eröffnung des parlamentarischen Jahres mit der Thronrede am *Prinsjesdag* (Dritter Dienstag im September) sowie die offizielle Geburtstagsfeier – unabhängig vom tatsächlichen Geburtsdatum – des Monarchen am 30. April (*Koninginnedag*) als gesetzlicher Feiertag.

Die Einflußmöglichkeiten des niederländischen Monarchen in der politischen Praxis sind nur schwer abzuschätzen. Der Monarch nimmt heute alle zeremoniellen Aufgaben eines Staatsoberhauptes wahr. Bei der Regierungsbildung verfügt der Monarch über einen eigenen Handlungsspielraum. So ist es der Monarch selbst, der wegen der häufig unklaren Mehrheitsverhältnisse und der Möglichkeit zur Bildung von unterschiedlichen Koalitionen die Entscheidung trifft, welchen Politiker aus welchem politischen Lager er mit der Sondierung zur Regierungsbildung beauftragt. Die Verfassung läßt in politischen Krisensituationen oder in Situationen des politischen Machtvakuums zu, daß der Monarch zum wichtigsten Träger der Staatsgewalt wird. Schließlich ist die Monarchie für die niederländische Gesellschaft eine der wichtigsten Integrationsklammern.

Die Niederlande kennen mit Staatsrat, Rechnungshof und Hohem Rat drei sog. *staatcolleges*. Der **Staatsrat** ist das älteste und höchste Beratungsorgan der Krone. Das Gremium nimmt direkt am Gesetzgebungsprozeß teil. Der Staatsrat setzt sich aus bis zu 28 Mitgliedern zusammen. Diese werden auf Vorschlag der Regierung von der Krone auf Lebenszeit berufen. Den Vorsitz im Staatsrat führt formal der Monarch als Präsident. In der Praxis nimmt der stellvertretende Vorsitzende diese Aufgabe wahr. Traditionell gehören dem Staatsrat stets mehrere Mitglieder des Königshauses an – darunter vor allem auch der Thronfolger. Noch bevor ein Gesetzentwurf von der Regierung den beiden Kammern des Parlamentes vorgelegt wird, muß der Staatsrat gehört werden. Im Auftrag der Krone nimmt er eine allgemeine Rechtsprüfung des Gesetzvorhabens vor und spricht gegebenenfalls eigene sachliche Empfehlungen aus. Ein zweites Mal tritt der Staatsrat im Gesetzgebungsverfahren beratend in Erscheinung, bevor der Monarch das vom Parlament verabschiedete Gesetz gegenzeichnet. Der Staatsrat verfügt jedoch über kein eigenes Veto- oder Entscheidungsrecht. Seit 1964 fungiert der Staatsrat auch als oberste Berufungsinstanz in Rechtsstreitigkeiten zwischen Bürgern und Verwaltung. Seit 1976 schließlich bildet die Rechtsabteilung des Staatsrates auch formal die oberste Berufungsinstanz mit Entscheidungsbefugnis im Bereich der Verwaltungsgerichtsbarkeit. Inzwischen hat sich der Staatsrat von einem kleinen, vertraulichen Kreis hoher adeliger Würdenträger zu einer staatlichen Behörde mit rund 500 Mitarbeitern entwickelt.

Der **Rechnungshof** (*Algemene Rekenkamer*) veröffentlicht einen stark beachteten Jahresbericht und eine große Zahl von Gutachten. Neben der Finanzkontrolle im engeren Sinne umfaßt die Prüfung durch den Rechnungshof auch weitergehende Fragen der Effektivität und Effizienz staatlicher Maßnahmen und Instrumente (Evaluierung).

Rechtssystem

Die Niederlande kennen ein Zivilrechtssystem mit eingebauten Elementen der französischen Strafrechtsdoktrin. Die unterste Ebene der hierarchisch gegliederten Justiz in den Niederlanden bilden 62 Kantongerichte (entsprechen etwa den deutschen Amtsgerichten); über ihnen stehen die teilweise auch als Erstinstanz tätigen 19 Distriktgerichte (*arrondissementsrechtbanken*; entsprechen etwa den deutschen Landgerichten). Auf der obersten Ebene gibt es fünf Gerichtshöfe (entsprechen etwa den Oberlandesgerichten). An der Spitze der niederländischen Justiz steht als Kassationsgericht das dritte der *staatscolleges*: der **Hohe Rat** der Niederlande. Seine Aufgaben und Befugnisse sind in der Verfassung selbst geregelt. Eingesetzt, um die Einheitlichkeit der Rechtsprechung zu gewährleisten, hat es das Recht, alle Urteile nachgeordneter Gerichte für nichtig zu erklären. Als oberste Revisions- und damit auch Aufsichtsinstanz für die gesamte niederländische Justiz hat er hierin eine dem Bundesgerichtshof vergleichbar prägende Funktion. Alle Richter werden von der Krone auf Lebenszeit ernannt, die des Hohen Rats dabei auf Vorschlag des Parlaments. Die meisten Richter legen ihr Amt spätestens mit Erreichen des 70. Lebensjahres nieder.

Parallel zur Struktur des Gerichtswesens ist die in den Niederlanden sehr selbständig und weitgehend unabhängig von Weisungen des Justizministeriums arbeitende Staatsanwaltschaft aufgebaut. An ihrer Spitze steht ein Generalstaatsanwalt beim »Hohen Rat«. Er wird auf Lebenszeit ernannt und nimmt insofern eine Sonderstellung ein, als er in allen Rechtsfragen gehört werden muß, die der Entscheidung des »Hohen Rates« vorgelegt werden. Im Unterschied zum deutschen Rechtssystem verfahren die niederländischen Staatsanwaltschaften in der Verfolgung von Strafsachen nach dem Opportunitätsprinzip und nicht nach dem Legalitätsprinzip. Ein Staatsanwalt kann also, sofern keine ausdrückliche Weisung vorliegt, in Abwägung des Einzelfalles nach eigenem Ermessen über Zweckmäßigkeit und Sinn der Strafverfolgung entscheiden. Das niederländische Opportunitätsprinzip in der Strafverfolgung hat ein hohes Maß an pragmatischer Flexibilität in gesellschaftlich umstrittenen Rechtsfragen ermöglicht (Drogenkriminalität, Schwangerschaftsabbruch, Sterbehilfe).

Wie erwähnt gibt es in den Niederlanden kein eigenständiges Verfassungsgericht. Es gibt also keine Instanz, die ein vom Parlament verabschiedetes Gesetz für verfassungswidrig erklären kann. Auch unterliegen internationale Verträge, die von der niederländischen Regierung abgeschlossen werden, keiner gerichtlichen Überprüfung auf ihre Verfassungsmäßigkeit. Schließlich fehlt in den Niederlanden ein eigenständiger Instanzenzug der Verwaltungsgerichtsbarkeit. Damit beschäftigte Kammern sind den ordentlichen Gerichten zugeordnet. Eine Sonderstellung in der Verwaltungsgerichtsbarkeit nimmt der Staatsrat ein, der hier als oberste Berufungsinstanz auftritt. Seit 1992 gibt es für Zivil- und Strafrechtssachen von Minderjährigen eigene Jugendgerichte.

In den Niederlanden ist die Schiedsgerichtsbarkeit für zivile Streitigkeiten unterhalb der gerichtlichen Ebene stark ausgebaut, was erheblich zur Entlastung der Gerichte beiträgt. Die streitenden Parteien unterwerfen sich freiwillig dem Spruch eines Schiedsrichters. Gegebenenfalls wird eine Berufungsmöglichkeit bei einem ordentlichen Gericht vereinbart. In kaum einem anderen Land sind Prozeßkostenbeihilfen derart umfassend ausgestaltet wie in den Niederlanden.

Was es im niederländischen Rechtssystem auf keiner Ebene gibt, ist die Mitwirkung von Laienrichtern oder Geschworenen. Die professionelle und unabhängige Ausübung des Richteramtes, das von Richtern, die auf Lebenszeit ernannt sind, ausgeübt wird, genießt hohe Wertschätzung.

Öffentliche Verwaltung

Einen einheitlichen öffentlichen Dienst mit überall gleichen Zugangsvoraussetzungen gibt es nicht. Die Zahl der Ministerien steht nicht fest und kann politisch ausgehandelt werden. Politische Spitze eines Ministeriums ist der entsprechende Portefeuille-Minister. Mit der Verantwortung für wesentliche Teilgebiete eines Ministeriums werden ein oder mehrere Staatssekretäre betraut. Höchster Verwaltungsbeamter ist der *secretaris-generaal* (SG) mit einem eigenen Planungsstab. Die Verwaltungsstruktur eines Ministeriums ist in meist mehrere Generaldirektorien (*directoraat generaal*) aufgeteilt, die über eine verwaltungsintern starke Stellung verfügen. Insgesamt besitzen die Ministerien in der Praxis ein so hohes Maß an Eigenständigkeit, daß die Koordination zwischen den Ministerien zu einem vielbeklagten Problem geworden ist. Jedes Ministerium ist zudem autonom in seiner Personalrekrutierung. Ein besonderer Beamtenstatus ist in den Niederlanden unbekannt; de facto sind allerdings die Angehörigen des öffentlichen Dienstes unkündbar. Für den Eintritt in die höhere Verwaltung ist ein Universitätsabschluß gleich welcher Fakultät erforderlich. Ein faktisches »Juristenmonopol« besteht hier nicht.

Territorialer Staatsaufbau

Das in der Verfassung seit 1848 niedergelegte »Leitbild« des *dezentralisierten Einheitsstaates* bedeutet, daß die staatliche Problemverarbeitung über drei gebietskörperschaftliche Politikebenen verteilt ist: Reich, Provinzen und Gemeinden. Die beiden letzteren sind staatsrechtlich eigenständige Ebenen. Das *Einheitsstaatsprinzip* besagt, daß die Niederlande nur eine Verfassung kennen (*grondwet von 1814*; zuletzt 1983 gründlich redaktionell bearbeitet). Die nachgeordneten Gebietskörperschaften haben keine Staatsqualität wie in einem föderalen System. Das niederländische Staatsgebiet ist eingeteilt in derzeit 625 Gemeinden (Stand: Ende 1996), die wiederum das Grundgebiet von 12 Provinzen bilden. Finanzpolitisch bewirkt das Einheitsstaatsprinzip, daß die Einkommen von Provinzen und Gemeinden in einem für europäische Verhältnisse erstaunlich hohen Maße durch Finanzzuweisungen des Zentralstaates bestimmt werden: Eigene Steuern sichern Gemeinden und Provinzen nur rd. 10% der Finanzmittel.

Die Begrenzung des Einheitsstaatsprinzips durch das Dezentralisationsprinzip ist in den Niederlanden verfassungsmäßig ebenfalls festgeschrieben. Provinzen und Kommunen nehmen eine sehr viel stärkere Stellung ein als in einem typisch einheitsstaatlichen System. Einheitsstaats-, Mitverwaltungs- und Dezentralisationsprinzip ergeben in der Praxis ein besonderes System der Politikverflechtung.

Die Grundstruktur der Verfassungsorgane von Provinzen und Gemeinden ist ähnlich. Beide haben eine von der Bevölkerung direkt gewählte Vertretungskörperschaft (*Provinciale Staten*; *Gemeenteraad*). Diese wählen aus ihrer Mitte ein geschäftsführendes Organ mit quasi-exekutiven Kompetenzen (*Gedeputeerde Staten*; *College van Burgemeester en Wethouders*). An der Spitze dieser Gremien steht – als echte niederländische Besonderheit – ein von der Krone, d. h. der Regierung, ernannter, also nicht gewählter Bürgermeister bzw. Königlicher Provinzkommissar (*Commissaris der Koningin*, *Burgemeester*). Seiner Ernennung liegen im Zweifelsfall eher landesweite parteipolitische Proporzaspekte zugrunde, also nicht zwingend die Mehrheitsverhältnisse im Gemeinderat bzw. Provinzlandtag. Bei den Wahlen zu den Provinzlandtagen und Gemeinderäten kommt das Verhältniswahlrecht zur Anwendung.

Provinzen

Die Niederlande gliedern sich in zwölf Provinzen, die sich nach Größe und Einwohnerzahl stark unterscheiden. »Parlamentarisches« Entscheidungsgremium in den Provinzen sind die Provinzlandtage, deren Abgeordnete nach dem Grundsatz der Verhältniswahl auf vier Jahre gewählt werden. Die Zahl der Abgeordneten richtet sich nach der Einwohnerzahl der Provinz und schwankt zwischen 39 (Flevoland) und 83 (Südholland). Die Provinzlandtage wählen aus ihrer Mitte sechs Deputierte, die innerhalb der Provinzen die Exekutive bilden. Das Kollegium der Deputierten setzt sich in aller Regel proportional aus Vertretern aller im Provinzlandtag vertretenen »großen« Parteien zusammen. Von einem parlamentarischen Verhältnis zwischen Provinzlandtag und Deputierten resp. Landtagsmehrheit und Minderheit ist keine Rede. Dies wird besonders deutlich in der Funktion des von der Krone (de facto vom Innenminister) ernannten »Kommissars der Königin«: er ist sowohl Vorsitzender des Provinzlandtags als auch Vorsitzender des Deputiertenausschusses. War der Königliche Kommissar früher vor allem oberster Vertreter der Zentralgewalt in der Provinz, so wird er heute primär als oberster Repräsentant der Provinz wahrgenommen. Zu seinen Aufgaben zählt eine wichtige Rolle im Verfahren für die Ernennung von Bürgermeistern durch die Krone.

In staatsrechtlicher Perspektive bilden die Provinzen die Mittelinstanzen in der niederländischen öffentlichen Verwaltung (*binnenlands bestuur*). Sie sind eine der ältesten Instanzen des niederländischen Staates. Nach der Gründung des Königreichs der Niederlande 1814 verblieb den Provinzen innerhalb der staatlichen Problemverarbeitung nur eine randständige Rolle. Autonome Gesetzgebungskompetenzen sind ihnen kaum zugewiesen. Auch kennen die Provinzen keine direkte Mitwirkung an der gesamtstaatlichen Gesetzgebung. An der politischen Willensbildung auf nationaler Ebene sind die Provinzlandtage formal durch die Erste Kammer beteiligt. Die Provinzlandtage wählen zwei Monate nach ihrer Wahl gemeinsam und entsprechend dem Proporz der Mehrheitsverhältnisse die 75 Senatoren der Ersten Kammer. Die Mitglieder der ersten Kammer müssen nicht aus der jeweiligen Provinz stammen und fühlen sich auch nicht als direkte Interessenvertreter ihrer Provinzen. Die an einem gemeinsamen Datum stattfindenden Wahlen zu den Provinzlandtagen gelten als wichtiges politisches Stimmungsbarometer zwischen zwei Parlamentswahlen.

Die Provinzen verfügen kaum über eigene Einnahmen, sondern erhalten 95% ihrer Mittel vom Zentralstaat zugewiesen. Insgesamt ist das Gesamtbudget aller Provinzen geringer als der Haushalt der beiden größten niederländischen Städte. Im wesentlichen liegen die Aufgaben der Provinzen in der Durchführung der auf zentralstaatlicher Ebene beschlossenen Gesetze und Verordnungen sowie in Planungs- und Scharnierfunktionen zwischen Reich, Gemeinden und Wirtschaft. Zu den wichtigsten Handlungsfeldern der Provinzen zählen Planungsaufgaben in der Raumordnungs-, Umweltschutz- und Infrastrukturpolitik. Seit mehr als dreißig Jahren diskutieren die Niederlande darüber, wie in den Verdichtungsräumen im Westen des Landes eine neue schlagkräftige regionalpolitische Ebene geschaffen werden kann. Aktuelle Pläne sehen die Bildung von Stadtprovinzen in Rotterdam und vielleicht in Amsterdam und Eindhoven vor, die Ähnlichkeiten mit deutschen Stadtstaaten haben.

Gemeinden

Trotz erheblicher Größenunterschiede, die auch nach den seit den 70er Jahren vorangetriebenen kommunalen Gebietsreformen weiterbestehen, unterliegen alle niederländischen Gemeinden dem gleichen Gemeindegesetz, das ihre innere Ausgestaltung regelt. Oberstes Organ ist der Gemeinderat, der nach dem Prinzip der Verhältniswahl für vier Jahre gewählt wird. Der Rat wählt aus seiner Mitte die Beigeordneten (*wethouders*). 1995 gab es in den Niederlanden insgesamt 1.816 Beigeordnete, die zusammen mit dem Bürgermeister das »Kollegium von Bürgermeister und Beigeordneten« bilden. Dieses magistratsähnliche Kollegium ist das eigentliche Führungsorgan der Gemeinde und dem Gemeinderat gegenüber politisch verantwortlich. Die Beigeordneten bleiben Ratsmitglieder, es sind keine Beamten. Noch immer werden viele Magistrate proportional entsprechend der Sitzstärke der Fraktionen im Gemeinderat zusammengestellt (Abspiegelungs-Modell). Vor allem in größeren Städten trifft man jedoch auch Magistrate an, die von einer Koalition von Parteien gebildet werden, die entweder mit einem gemeinsamen Programm vor der Wahl angetreten sind (Programm-Modell) oder sich nach der Wahl in Koalitionsverhandlungen zusammengeschlossen haben (Koalitions-Modell). Beigeordnete können durch eine Mehrheit im Gemeinderat zum Rücktritt gezwungen werden, dies gilt nicht für den Bürgermeister.

Nach außen wird die Gemeinde durch den von der Krone ernannten Bürgermeister repräsentiert. Er führt den Vorsitz im Magistrat und im Gemeinderat. Seine Amtszeit beträgt sechs Jahre mit Verlängerungsmöglichkeit. Er erfüllt eine Doppelfunktion als höchster Repräsentant der Gemeinde einerseits und als oberster Vertreter der zentralstaatlichen Gewalt andererseits. Die Ernennung des Bürgermeisters durch die Regierung geschieht formal unabhängig von der parteipolitischen Zusammensetzung des Gemeinderates und unterliegt nationalen Proporzkriterien. Dennoch wird bei der Auswahl in der Regel den Mehrheitsverhältnissen im Gemeinderat, der ein eigenes Kandidatenprofil erstellt, Rechnung zu tragen gesucht. Die vier großen Städte des Landes werden allerdings auch bei entsprechenden Mehrheitsverhältnissen nicht von Bürgermeistern regiert, die nur einer Partei angehören. Nur selten wird ein Bürgermeister aus der eigenen Gemeinde ernannt.

Rund 90% des Haushaltes der niederländischen Gemeinden wird ihnen von der nationalen Regierung über einen Gemeindefonds zugewiesen, der sich aus einem bestimmten Anteil an Reichssteuern zusammensetzt. Diese Finanzierung verhindert eine zu starke Abhängigkeit von der lokalen Wirtschaftsentwicklung.

Die Stellung der Gemeinden ist in der Praxis sehr viel stärker, als sich dies aus der formalen Staatsstruktur und der Finanzausstattung ergibt. Dies ist der Tatsache zuzuschreiben, daß die Städte in der niederländischen Geschichte einer der Hauptmotoren für Handel und Kultur waren. Das Fehlen absolutistischer Herrschaftsformen hat zu einer stark verwurzelten städtischen Bürgerkultur und einem entsprechenden Selbstbewußtsein städtischer Politiker geführt.

4 Das parlamentarische Regierungssystem

Das niederländische Parlament

Zusammensetzung und Selbstverständnis: Das niederländische Parlament (»Generalstaaten«) setzt sich seit Gründung der Monarchie aus zwei Kammern zusammen. Mit der Verfassungsreform von 1848 wurde die politische Verantwortung der Regierung gegenüber dem Parlament festgelegt. Für beide Kammern gelten einige gemeinsame Prinzipien und Regelungen. Niemand kann in beiden Kammern vertreten sein. Weitere Unvereinbarkeitsbestimmungen schließen aus, daß ein Abgeordneter gleichzeitig Minister oder Staatssekretär sein darf. In einigen Parteistatuten ist außerdem die Unvereinbarkeit von Regierungsamt und hohem Parteiamt (Mitgliedschaft im Parteivorstand) verankert worden. Die jährliche Sitzungsperiode beider Kammern beginnt am dritten Dienstag im September. In einer feierlichen Sitzung wird das Parlamentsjahr vom Monarchen eröffnet. Als Thronrede verliest der Monarch eine Regierungserklärung des amtierenden Ministerpräsidenten. Sie enthält eine kurze Analyse zur Lage der Nation und eine Liste der politischen Vorhaben der Regierung.

Die **Erste Kammer** besteht aus 75 (bis 1956: 50) Abgeordneten. Die Senatoren werden von den Mitgliedern der zwölf Provinzlandtage gemeinsam – seit kurzem zum gleichen Termin – für vier Jahre gewählt. Das Mindestalter für das passive Wahlrecht liegt ebenso wie für die Zweite Kammer bei 18 Jahren. Der Vorsitzende wird vom Monarchen für eine Sitzungsperiode, die ein Jahr dauert, ernannt. Die Erste Kammer tritt wöchentlich einmal zusammen, daher behalten die Senatoren meist ihre berufliche Tätigkeit bei.

Der **Zweiten Kammer** gehören 150 (bis 1956: 100) auf vier Jahre gewählte Abgeordnete an. Im Unterschied zum Senat haben die Abgeordneten der Zweiten Kammer bei der Bestimmung des Parlamentspräsidenten ein Mitwirkungsrecht. Sie schlagen dem Monarchen drei Kandidaten vor, von denen er in der Regel den ersten ernennt. Die Wahrnehmung des Abgeordnetenamtes hat sich zu einem fulltime-job entwickelt.

Die Niederlande gehören zu den parlamentarischen Regierungssystemen, die nicht durchgängig und allein vom modernen Dualismus Regierungsmehrheit vs. Opposition (demnach stützt die Mehrheit der Parlamentsmitglieder die von ihr getragene Regierung; ihr steht im Parlament eine Minderheit von Abgeordneten als Opposition gegenüber) geprägt sind. Vielmehr hat sich in den Niederlanden aufgrund einiger Besonderheiten der Verfassungsordnung und einer entsprechenden Tradition auch der monistische Charakter des Gesamtparlaments als eigenständiges, der Regierung gegenüberstehendes Verfassungsorgan erhalten können. In dieser Rolle versteht sich das niederländische Parlament als nationales Diskussionsforum und als Sachwalter des Gemeinwohls. Möglich wird dies u. a. deswegen, weil Regierungsmitglieder aufgrund von Unvereinbarkeitsbestimmungen keine Parlamentsmitglieder sein können. Sowohl die Minister als auch der Ministerpräsident werden in beiden Kammern eher als »eingeladene Gäste« betrachtet.

Wie in anderen westeuropäischen parlamentarischen Regierungssystemen wird auch in den niederländischen Generalstaaten die Verbindung von Regierung und Regierungsmehrheit im Parlament hergestellt und koordiniert vermittels der Fraktionen. Zur Zeit der Versäulung waren die Fraktionen eine entscheidende Schaltstelle für alle Formen der Elitenkooperation. Als eigentlicher Parteiführer gilt in den Niederlanden traditionell der Vorsitzende der Fraktion in der Zweiten Kammer und nicht der jeweilige Parteivorsitzende. Rivalitäten zwischen Parteivorsitzenden und Fraktionsvorsitzenden sind kein unbekanntes Phänomen. Mitunter verfügte der Fraktionsvorsitzende einer großen Partei über mehr Macht und Einfluß als der Ministerpräsident selbst. Dies ist eine Folge des niederländischen Vielparteiensystems und der Verfassungsordnung: Der niederländische Ministerpräsident verfügt über keine Richtlinienkompetenz wie der deutsche Bundeskanzler. Da in den Niederlanden alle bisherigen Regierungen Koalitionsregierungen waren, ist zudem Rücksichtnahme auf die Fraktionen der ihn tragenden Parteien ein bekanntes Phänomen. Innerhalb der Regierungsparteien hat sich seit dem Ende der Versäulung jedoch eher eine Verlagerung der Führungsrolle von der Fraktion in das Kabinett vollzogen. Mit Ausnahme der rechtsliberalen VVD haben seit dieser Zeit die Spitzenkandidaten der großen Parteien statt des Fraktionsvorsitzes meist eine Rolle als Kabinettsmitglied (bzw. Ministerpräsident) gewählt.

In der politischen Kultur der Niederlande wird ein Parlamentsmandat häufig als Ausgangspunkt für oder als Zwischenetappe von anderen beruflichen resp. politischen Laufbahnen gesehen. Auch besteht zwischen den verschiedenen Bereichen des öffentlichen und wirtschaftlichen Lebens eine hohe Mobilität. Daher ist die Verweildauer von Abgeordneten der Zweiten Kammer im internationalen Vergleich recht kurz.

Für die Wahrnehmung ihres Mandats erhalten niederländische Abgeordnete der Zweiten Kammer eine Vergütung, die seit 1995 bei ca. 10.000 DM (11.557 Gulden) monatlich liegt. Weiterhin verfügt jeder Abgeordnete über ein eigenes Büro und einen persönlichen Assistenten. Auch erhalten die Fraktionen zur Beschäftigung ihres wissenschaftlichen Mitarbeiterstabes staatliche Zuschüsse. Bei letzterem handelt es sich um die einzige nennenswerte Form direkter staatlicher Parteienfinanzierung in den Niederlanden.

Plenum und Ausschüsse: Entsprechend seines Selbstverständnisses als öffentliches Forum der politischen Auseinandersetzung herrscht im niederländischen Parlament eine Form des politischen Diskurses im Sinne eines kompromißbezogenen Austausches von Argumenten vor. Die meisten Gesetzesvorlagen, aber auch allgemeine politische Probleme werden im Plenum eingehend und bis in Details behandelt. Ausschußarbeit zählt nicht zur parlamentarischen Tradition der niederländischen Demokratie. Erst in den letzten drei Jahrzehnten hat die Arbeit in Ausschüssen ständig an Bedeutung gewonnen. Erst seit dieser Zeit sind ihnen Beschlußrechte übertragen worden. Derzeit gibt es rd. 30 Ausschüsse in der Zweiten und 20 Ausschüsse in der Ersten Kammer. Neben den ständigen Ausschüssen steigt auch die Zahl von ad-hoc-Kommissionen und parlamentarischen Untersuchungsausschüssen. Als Folge der Demokratisierungsphase nach dem Ende der Versäulung tagen Ausschüsse in den Niederlanden inzwischen grundsätzlich öffentlich und dürfen auch von Radio und Fernsehen übertragen werden.

Aufgaben und Rechte der Opposition: Zu den Hauptaufgaben des niederländischen Parlaments zählen die Gesetzgebungs- und die Wahlfunktion (auch wenn der Ministerpräsident formal nicht vom Parlament bestätigt werden muß), das Budgetrecht sowie die insbesondere von der Opposition wahrgenommene Kontroll- und Öffentlichkeitsfunktion. Das inzwischen weitaus am häufigsten genutzte Kontrollinstrument des Parlaments ist das *Interpellation* genannte Fragerecht in Form Kleiner und Großen Anfragen. Sehr viel seltener, in letzter Zeit aber vermehrt, werden Untersuchungsausschüsse eingesetzt (Enquêterechte), deren öffentliche Wirkung zumeist beträchtlich ist.

Im Gesetzgebungsprozeß verfügt die Zweite Kammer zudem über ein Amendementsrecht (also das Recht, Gesetzesentwürfe zu ändern) und über das Initiativrecht (also das Recht, eigene Gesetzesentwürfe einzubringen). Derartige Anträge (*moties*) spielen eine besondere Rolle für die Öffentlichkeitsfunktion des Parlaments. Anträge müssen von mindestens vier Abgeordneten eingebracht werden; das Antragsrecht kann daher auch von kleinen Fraktionen oder kleineren Oppositionsgruppen innerhalb einer größeren Fraktion genutzt werden. Anträge bekunden den eigenen politischen Willen, zeigen politische Alternativen auf oder kritisieren politische Positionen anderer Fraktionen bzw. der Regierung. Etwa zwei Drittel bis drei Viertel der Anträge werden von Oppositionsfraktionen eingebracht. Trotz der bestehenden Mehrheitsverhältnisse haben *moties* eine gute Chance auf Annahme im Parlament – sofern keine existentielle Fragen der Regierungspolitik berührt sind oder besonders scharfe Kritik an der Regierungspolitik geübt wird. Allerdings gelten auch in den Niederlanden die »Grenzen der Mehrheitsdemokratie«. *Moties* seitens der Opposition werden zwar als Willensbekundung vom Gesamtparlament unterstützt, allerdings ist damit nicht schon ihre politische Umsetzung verbunden. Opposition führen im niederländischen Vielfraktionen-Parlament ist vielmehr eine besonders undankbare Rolle. Die Opposition verteilt sich immer über eine Vielzahl der Parteien, die untereinander meist weniger Gemeinsamkeiten aufweisen als die Parlamentsmehrheit, deren interne Gegensätze durch den Zwang zur Unterstützung der gemeinsamen Regierung gedämpft werden.

Seit 1982 gibt es in den Niederlanden einen von der Zweiten Kammer auf sechs Jahre gewählten Nationalen Ombudsmann (das gleiche Amt gibt es inzwischen auch bei Provinzen und Gemeinden). Das Amt ist mit einem hohen Maß an Unabhängigkeit ausgestattet, um der Frage nachzugehen, wie sich Behörden in bestimmten Angelegenheiten gegenüber den Bürgern verhalten haben. Seine Gutachten haben jedoch keinen bindenden Charakter.

Regierung und Verwaltung

Struktur und Zusammensetzung: Die niederländische Verfassung spricht ausdrücklich von der politischen Verantwortung der Regierung gegenüber dem Parlament. Allerdings ist weder eine ausdrückliche Bestätigung eines neuen Kabinetts durch das Parlament vorgesehen, noch wird der von der Krone ernannte Ministerpräsident durch das Parlament gewählt. Als Folge kann das Parlament in den Niederlanden einer

Regierung nicht formell das Mißtrauen aussprechen und sie zum Rücktritt zwingen. Dennoch wird der Monarch nur einen Ministerpräsidenten ernennen, der über eine Mehrheit in der Zweiten Kammer verfügt. Traditionell tritt eine Regierung zurück, wenn sie bei einem wichtigen Gesetzesvorhaben eine Abstimmungsniederlage in der Zweiten Kammer erleidet. In einem solchen Fall können beide Kammern gleichzeitig oder eine Kammer allein durch die Regierung bzw. den Monarchen aufgelöst werden.

Der niederländische Ministerpräsident verfügt innerhalb des Ministerrates über keine Richtlinienkompetenz. Er ist eher primus inter pares. Die Minister leiten ihre Geschäftsbereiche selbständig. In der Regel steht ein Minister einem bestimmten Ministerium vor, es gibt allerdings auch Minister ohne besonderen Geschäftsbereich. Neben der gemeinsamen Verantwortung des Kabinetts gegenüber dem Parlament ist jeder Minister auch individuell dem Parlament gegenüber verantwortlich. Politische Staatssekretäre gehören seit 1948 zur Regierung. Sie gehören zwar dem Kabinett, jedoch nicht dem **Ministerrat** als Verfassungsorgan im engeren Sinne an, sind aber ebenfalls für ihre Politik dem Parlament gegenüber verantwortlich. Ein Trend der letzten beiden Jahrzehnte ist die Aufwertung des Ministerrats bzw. der Regierung als Kollektivorgan gegenüber dem Prinzip der Ministerverantwortung.

Der niederländische Ministerpräsident verfügt als Leiter einer Koalitionsregierung über keine direkten Weisungs- und Einflußmöglichkeiten auf die Politik der nicht seiner Partei angehörenden Regierungsmitglieder. Auch hat er kaum Einfluß auf die personelle Zusammensetzung des Kabinetts außerhalb der Ministerposten seiner eigenen Partei. Vor allem Regierungsbildungen, aber auch Kabinettsumbildungen machen meist komplexe politische und personelle »Paketlösungen« erforderlich, die sorgfältig und balanciert ausgehandelt werden müssen. Ministerpräsidenten insbesondere in der Zeit nach dem Ende der Versäulung haben die rechtlich und strukturell relativ schwache Stellung ihres Amtes teilweise durch ihre starke politische Persönlichkeit ausgleichen können (so vor allem die beiden Ministerpräsidenten Ruud *Lubbers* von 1982 bis 1994 und sein Nachfolger Wim *Kok* seit 1994).

Regierungsbildung: Wie bei Koalitionsregierungen in einem Vielparteiensystem üblich, stellt die Regierungsbildung die strategisch wichtigste, meist schwierige und oft langwierige Phase in einer Kabinettsperiode dar.

In einer Vorklärungsphase berät der Monarch die Situation nach der Wahl zur Zweiten Kammer zunächst mit dem Vizepräsidenten des

Staatsrates, den Präsidenten der beiden Kammern des niederländischen Parlamentes sowie den Fraktionsvorsitzenden der Zweiten Kammer. Im Anschluß ernennt der Monarch einen *Informateur*. Er übernimmt die Aufgabe, Sondierungsgespräche mit den Fraktionen zu führen und schlägt dem Monarchen abschließend einen *Formateur* vor. Seine Aufgabe ist es, Koalitionsmöglichkeiten zu erkunden und auszuloten, welche dieser Koalitionen im Parlament auch über eine regierungsfähige Mehrheit verfügen kann. Feste Koalitionsaussagen der großen Parteien vor den Wahlen zählen in den Niederlanden zu den Seltenheiten. Ist ihm die Klärung dieser Frage gelungen, erstellt der *Formateur* zusammen mit den beteiligten Fraktionen ein gemeinsames Regierungsprogramm. Ein derartiger *Regeerakkoord* ist eine Art Koalitionsabkommen und von unterschiedlichem Detaillierungsgrad. Danach wird unter Leitung des *Formateurs* mit den beteiligten Fraktionen über die Verteilung der Minister- und Staatssekretärsposten verhandelt.

Die Ergebnisse seiner Verhandlungen legt der *Formateur* dem Monarchen vor. Förmlich endet hiermit sein Auftrag. Anschließend ernennt und vereidigt der Monarch den Ministerpräsidenten (häufig übernimmt der *Formateur* selbst dieses Amt) und die Minister. Der Prozeß der Regierungsbildung dauert in den Niederlanden im Durchschnitt mehr als zwei Monate (1994: 102 Tage; der Rekord von 1977 liegt bei 208 Tagen). Der Einfluß des Parlaments auf die Regierungsbildung in den Niederlanden wird oft als zu gering kritisiert. Auch verfügt der Monarch durch seine potentiell starke Rolle während der Regierungsbildung über demokratisch schwer zu legitimierende Einflußmöglichkeiten.

Die christlich-demokratische(n) Partei(en) standen im Zentrum des niederländischen Parteiensystems und hatten bis 1994 die Wahl zwischen einer Koalition mit der sozialdemokratischen PvdA oder mit der liberal-konservativen VVD. Die kleineren Parteien in der Zweiten Kammer (mit Ausnahme von D'66) spielen für die Regierungsbildung keine Rolle, obwohl dies mitunter rechnerisch möglich war.

Gesetzgebungsprozeß: Die gesetzgebende Gewalt wird in den Niederlanden von Monarch, Regierung und den beiden Kammern des Parlaments gemeinsam ausgeübt. Dabei verfügt die Zweite Kammer im Gesetzgebungsprozeß über eine deutliche Vorrangstellung gegenüber der Ersten Kammer, obwohl für ein Gesetz die Zustimmung beider Kammern erforderlich ist. Die Initiative im Gesetzgebungsverfahren steht primär der Regierung zu. Es sind aber auch Gesetzesinitiativen aus den Reihen der Zweiten Kammer, nicht aber der Ersten Kammer möglich. Die Mehrzahl der Änderungsanträge aus der Zweiten Kammer stellen erwartungsgemäß die Oppositionsfraktionen.

Der Gesetzgebungsprozeß vollzieht sich in folgenden Schritten: beschließt das Kabinett eine Gesetzesvorlage, leitet es diese dem Staatsrat zu. Nach dessen Stellungnahme leitet die Königin den Gesetzentwurf der Zweiten Kammer zu. Das Parlament kann nach der Beratung in den Ausschüssen die Gesetzesvorlage verändern. Hat die Zweite Kammer den Gesetzentwurf verabschiedet, muß die Erste Kammer dem Gesetz zustimmen oder es ganz ablehnen. Auch kann die Regierung den Gesetzentwurf ihrerseits in dieser Phase noch zurückziehen, Änderungen sind jedoch nicht mehr erlaubt. Nach Gegenzeichnung durch die Königin und durch den verantwortlichen Minister tritt der Gesetzentwurf in Kraft. Gelegentlich kommt es vor, daß der verantwortliche Minister sich weigert, einen vom Parlament wesentlich geänderten oder gegen seinen Willen eingebrachten und verabschiedeten Gesetzentwurf zu unterzeichnen. In aller Regel kommt es in dieser Situation, für die das niederländische Staatsrecht keine Lösung vorsieht, doch noch zu einem Kompromiß; in den wenigen Einzelfällen während der letzten Jahrzehnte, wo dies nicht gelang, kam es zum Rücktritt der betroffenen Minister.

Bei umstrittenen Gesetzesvorhaben macht die Erste Kammer von ihrem intensiven Beratungsrecht durchaus Gebrauch, obwohl ihr nur die Möglichkeit der Zustimmung oder des Vetos bleibt. Es gibt kein förmliches Vermittlungsverfahren zwischen Erster und Zweiter Kammer. Ein Veto der Ersten Kammer ist eine große Seltenheit und bringt das Gesetzesvorhaben endgültig zum Scheitern. Durch ihre Verzögerungstaktik bei der Entscheidung können die Senatoren indirekt die Zweite Kammer auffordern, den Gesetzentwurf noch einmal im Sinne der vermutlichen Mehrheitsmeinung in der Ersten Kammer zu überarbeiten. Dieses Verfahren kam in den zurückliegenden Jahren vor allem bei ethisch besonders sensiblen Fragen (Abtreibung und Sterbehilfe) zur Anwendung.

5 Politische Kultur und Parteiensystem

Wahlsystem

Das 1917 eingeführte niederländische Wahlsystem ist ein reines Verhältniswahlrecht. Es gibt keinerlei Sperrklausel. Vielmehr reichen landesweit 0,67% der Stimmen aus, um eines der 150 Mandate in der

Zweiten Kammer zu erlangen. Das Mindestalter für das aktive und passive Wahlrecht beträgt 18 Jahre. Der Wähler verfügt über eine einzelne »Präferenzstimme«, die er für einen Listenkandidaten seiner Wahl abgibt. In der Praxis spielen »Präferenzstimmen« kaum eine Rolle, da die meisten Wähler ihre Stimme für den Spitzenkandidaten einer Liste abgeben. Bei den Wahlen ist das Land in insgesamt 19 Kammerwahlkreise eingeteilt. In jedem dieser Kammerwahlkreise kann eine Partei unterschiedliche Kandidatenlisten vorlegen. Die Ergebnisse in den Kammerwahlkreisen werden landesweit zusammengerechnet und anschließend proportional auf die Parteien verteilt. Heute sind regional unterschiedliche Kandidatenlisten einer Partei eher selten. Niederländische Wahlen sind nicht kandidatenorientiert, sondern eine ausschließliche Parteienkonkurrenz. Es gibt kaum eine direkte Beziehung zwischen dem einzelnen Abgeordneten und seinen Wählern. Wahlkämpfe sind in den Niederlanden in der Regel auf einige wenige Wochen beschränkt. Für Wahlkämpfe geben die großen Parteien meist nicht mehr als 1 Mio. Gulden aus.

»Arbeit Liste 1. Frieden Liste 2. Sicherheit Liste 3. Basislohn Liste 4.
Soziale Sicherheit Liste 5. Freiheit Liste 6. Umwelt Liste 7.«
Karikatur: Nico Visscher (1994)

Politische Strömungen

Rechtliche Stellung der Parteien: In den Niederlanden gelten die politischen Parteien als freie Vereinigungen. Sie genießen keinen besonderen Verfassungsrang. Es gibt auch kein besonderes Parteiengesetz. Vielmehr unterliegen Parteien den für alle Vereine und Verbände geltenden Bestimmungen des Bürgerlichen Gesetzbuches. Seit 1988 ist es möglich, eine Organisation, »welche die öffentliche Ordnung in ihren Zielen oder in ihren Handlungen stört«, zu verbieten und aufzulösen. Darunter fallen auch Parteien. Auch hat eine Änderung des Wahlgesetzes seit 1989 schärfere Maßstäbe für den rechtlichen Status »politischer Gruppierungen« eingeführt, die mit Kandidatenlisten zu Wahlen antreten. Eine direkte staatliche Parteienfinanzierung gibt es in den Niederlanden bis heute noch nicht. Parteiorganisationen erhalten – abgesehen von den Zuschüssen für Fraktionsarbeit und denen für Radio- und Fernsehwerbung im Wahlkampf – keine direkten Zuwendungen. Ausgeweitet wurden aber die Zuschüsse für parteinahe Tätigkeiten und Organisationen (seit 1971: Forschungsinstitute; seit 1974: Arbeit der einzelnen Abgeordneten; seit 1975: Bildungsinstitute der Parteien; seit 1981: Jugendorganisationen der Parteien).

Christlich-Demokratischer Appell (*Christen-Democratisch Appél*; CDA): Der CDA entstand 1980 aus dem Zusammenschluß von Katholischer Volkspartei (KVP), Antirevolutionärer Partei (ARP) und Christlich-Historischer Union (CHU). Ziel war zunächst ein vereintes Auftreten bei nationalen und regionalen Parlamentswahlen. Als christdemokratische Partei strebt der CDA eine Gesellschaft an, in der christliche Wertvorstellungen einen zentralen Platz einnehmen. Leitbegriffe der CDA-Programmatik bilden »Solidarität, Gerechtigkeit und geteilte Verantwortung«. Bei den nationalen Parlamentswahlen 1994 erlitt der CDA starke Einbußen. Der CDA verlor 20 Mandate und damit auch seine Stellung als stärkste Fraktion an die PvdA. Nach mehr als 70jähriger Regierungsbeteiligung fiel dem CDA der Übergang in die Oppositionsrolle erwartungsgemäß schwer. Noch immer ist der CDA mit rd. 120.000 Mitgliedern die bei weitem mitgliederstärkste Partei der Niederlande.

Die Rolle der Christdemokraten in den 90er Jahren ist höchst ambivalent. Es waren die drei von Ministerpräsident *Lubbers* zwischen 1982 und 1994 geführten Regierungen, die die politischen Rahmenbedingungen für den späteren Erfolg des niederländischen Modells geschaffen haben. Unter der Führung von CDA-Ministerpräsident *Lubbers* wurde mit der Sanierung der Staatsfinanzen begonnen. Wenige Monate nach seiner Amtsübernahme kam das wichtige Abkommen von Wassenaar 1982 mit den Sozialpartnern zustande. Unter seiner Regierung wurde der Umbau des Sozialstaates eingeleitet. Konnte Ministerpräsident *Lubbers* 1986 und 1990 zweimal seiner Partei einen komfortablen Wahlsieg verschaffen, so gelang es ihm nicht, seinen geplanten Abgang von der niederländischen politischen Bühne ebenso erfolgreich zu gestalten. Für *Lubbers* endete der Versuch, ein internationales Wahlamt anzunehmen (EU-Kommissionsvorsitzender; NATO-Generalsekretär), zweimal mit einer bitteren Niederlage schon während der Kandidatenauswahl. Mit dem von ihm selbst ausgesuchten Nachfolger, Elco *Brinkmann*, überwarf sich *Lubbers* bereits vor der Parlamentswahl 1994. Als dennoch von den Christdemokraten aufgestellter Spitzenkandidat erlaubte sich *Brinkmann* im Wahlkampf 1994, den bislang von allen Parteien immer gemiedenen Bereich der Altersversorgung in Frage zu stellen. Nicht zuletzt diese Wahlkampfaussage kam bei der überalterten Wählerschaft der CDA nicht gut an. Sie führte zu den stärksten Wahleinbrüchen in der Geschichte der modernen Niederlande und damit in letzter Konsequenz auch zum Verlust der 70jährigen ununterbrochenen Regierungsmacht. Als Nebenprodukt dieser Wahlkampfführung gelang es übrigens zwei Seniorenparteien, zum ersten Mal ins niederländische Parlament einzuziehen.

Partei der Arbeit (*Partij van de Arbeid*; PvdA): Die PvdA wurde 1946 als Nachfolgeorganisation der Sozial-Demokratischen Arbeiterpartei von 1894 gegründet. Trotz ihres Namens bestehen heute keine direkten Verbindungen zur Gewerkschaft mehr. Über die Mitglieder der ehemaligen SDAP hinaus traten linksgerichtete Protestanten, Liberale und Katholiken der PvdA bei. Die PvdA war in den Jahren 1945–1958, zwischen 1972–1977 und wieder ab 1989 an der Regierung beteiligt. In der Zeit zwischen 1946–1958 (*Drees* sr.), 1973–1977 (d*en Uyl*) sowie seit 1994 (*Kok*) stellte die PvdA den Regierungschef. Die PvdA wurde bei den Parlamentswahlen 1986 zweitstärkste und bei den Wahlen 1994 trotz deutlicher Verluste stärkste Fraktion in der Zweiten Kammer.

Die niederländischen Sozialdemokraten haben Anfang der 90er Jahre eine heftige innerparteiliche Diskussion über ihre Organisationsprinzipien, ihr Staatsverständnis, über die Rolle von Markt und Staat sowie über die Zukunft der sozialen Sicherung hinter sich gebracht. Diese parteiinterne Diskussion kostete der PvdA einen Teil ihrer Mitglieder, aber auch viele Wähler. Die PvdA verfügte Ende 1996 über etwa 60.000 Mitglieder. Dennoch gelang Wim *Kok* als PvdA-Spitzenkandidat 1994 der Sprung in das Amt des Ministerpräsidenten. Er hatte seit 1989 als Finanzminister die Verantwortung für die eher unpopuläre Fortführung des Sparkurses aller niederländischen Regierungen seit Anfang der 80er Jahre mitgetragen. Erst seit Mitte der 90er Jahre wird in den Niederlanden anerkannt, daß diese Politik mit dazu beitrug, daß das Haushaltsdefizit abgetragen werden konnte und der niederländische Gulden stabil blieb. Sein eigenes Regierungsprogramm von 1994 stellte *Kok* unter das Motto »Arbeit, Arbeit, nochmals Arbeit«. Er knüpfte seine Bereitschaft zur Akzeptanz einer von den Rechtsliberalen getragenen, marktnahen Wirtschaftspolitik daran, daß die »Aktivierung« von arbeitslos oder arbeitsunfähig gewordenen Menschen in allen Regelungen der sozialen Sicherung eine deutlich höhere Priorität bekommen sollte, daß der Anteil der aktiven Arbeitsmarktpolitik deutlich gestärkt wird und daß beim Umbau der sozialen Sicherungssysteme, die am stärksten von der neuen Flexibilisierung der Arbeit betroffenen Gruppen einen verstärkten sozialen Schutz bekommen sollten. Der sozialdemokratische Premierminister *Kok* gilt inzwischen nicht nur bei Unternehmen, sondern auch in der breiten Öffentlichkeit als glaubwürdig, fachkundig und integer und genießt inzwischen ein ähnlich hohes Vertrauen wie die Königin. Auf seine Partei färbt diese Popularität aber bislang kaum ab.

Volkspartei für Freiheit und Demokratie (*Volkspartij voor Vrijheid en Democratie*; VVD): Die Liberalen waren im 19. Jahrhundert die stärkste Kraft im niederländischen Parlament. Der Liberale *Thorbecke* schuf 1848 die noch heute gültige Verfassung. Die Liberalen bildeten den eigentlichen Verlierer der Einführung des allgemeinen Wahlrechts. Zudem zerfiel der geschwächte niederländische Liberalismus in mehrere Strömungen. 1946 schlossen sich die Linksliberalen zunächst der PvdA an. Viele von ihnen beteiligten sich 1948 bereits wieder an der Gründung der VVD. Die in ihrem Programm deutlich liberal-konservative VVD tritt uneingeschränkt ein für NATO und EU sowie für eine freie Marktwirtschaft. Sie strebt den Ab- und Umbau des Sozialstaats zu einem »Minisystem« und eine weitgehende Deregulierung der Wirtschafts- und Arbeitsmarktpolitik an. Ein besonderes politisches Anliegen war ihr bis vor kurzem der Abbau von korporatistischen Elementen in der niederländischen Politik. Im niederländischen Parteiensystem übernimmt die VVD die vakante Position einer konservativen Partei. Bei den Parlamentswahlen 1994 erzielte die VVD erstmals wieder einen kräftigen Zugewinn, der sich bei den anschließenden Provinzwahlen fortsetzte. Sie wurde zur drittstärksten Fraktion, wobei sich der Abstand zu den beiden größten Parteien deutlich vermindert hat. Auch bei den Mitgliedern hat die VVD deutlich zugelegt und verfügte Ende 1996 über knapp 70.000 Mitglieder.

Demokraten '66: (*Democraten 1966*; D'66): D'66 wurde während der Phase der Entsäulung und des allgemeinen Gesellschaftsprotestes 1966 in Amsterdam unter tatkräftiger Mithilfe einer Gruppe von Medienmachern als Partei links von der Mitte gegründet. Die Partei, deren chaotische Frühphase in mancherlei Hinsicht an die deutschen Grünen erinnert, wandte sich 1968 bei ihrem ersten öffentlichen Auftreten fast ausschließlich an junge Wähler. Hauptanliegen sind staatsrechtliche Reformen, die den Einfluß des einzelnen Wählers erhöhen sollen. D'66 sah ihre politischen Vorbilder in den USA vor allem in der Person und im Programm von Präsident John F. Kennedy verkörpert. Zu den Hauptforderungen zählen eine Wahlrechtsform, eine Reform der parlamentarischen Demokratie und gesellschaftliche Reformen. Als antikonfessionelle Antisäulenpartei lehnt sie jede Form konfessionell ideologisierter Politik ab. Bei den Wahlen erweist sich D'66 zumeist als »Jo-Jo-Partei« ohne feste Stammwähler. Sie verbuchte ab 1986 wieder Stimmengewinne und konnte bei den Wahlen 1994 dank des charismatischen Auftretens ihres Spitzenkandidaten und Parteigründers Hans *van Mierlo* ihre Mandatszahl sogar verdoppeln. Bislang ist es D'66, die ihren Status als viertgrößte Partei seit den siebziger Jahren gefestigt hat, nicht gelungen, mehr als rd. 13.500 Mitglieder an sich zu binden.

Kleinere Parteien

Staatskundliche Reformierte Partei (*Staatkundig Gereformeerde Partij*; SGP): Die SGP wurde 1918 gegründet. Es handelt sich um eine extrem rechtsgerichtete, calvinistisch-dogmatische Partei mit einem kleinen, aber sehr beständigen Wähleranhang. Von allen kleineren Parteien verfügt sie mit rd. 24.000 Mitgliedern auch über die größte und stabilste Mitgliederschaft.

Reformierter Politischer Bund (*Gereformeerd Politiek Verbond*; GPV): Der 1948 gegründete GPV setzt sich aus Anhängern der Reformierten Kirchen in den Niederlanden zusammen, vertritt ebenfalls ein stark theokratisch geprägtes Programm und verfügt über rd. 13.000 Mitglieder.

Reformatorisch Politische Föderation (*Reformatorisch Politieke Federatie*; RPF): Die evangelisch-christliche RPF wurde 1975 gegründet.

165

Sie vertritt auf christlicher Grundlage ein gesellschaftliches Reformprogramm. Ihre Anhänger lehnten einen Anschluß an den CDA ab. Die erste Wahlbeteiligung der RPF fand 1977 statt. Der RPF gehören rd. 11.000 Mitglieder an.

Grün Links (*Groen Links*): Das Parteienbündnis entstand 1991 und vereint in sich die bisherige Kommunistische Partei (CPN), die Evangelische Volkspartei (EVP), die Pazifistisch-Sozialistische Partei (PSP) sowie die Progressiv-Radikale Partei (PPR). Die relativ schwachen Ergebnisse für die Grünen in den Niederlanden erklären sich daraus, daß ökologische Themen schon sehr frühzeitig von den etablierten Parlamentsparteien besetzt wurden. Hinzu kam als niederländische Besonderheit, daß die linksliberale Reformpartei D'66 viele Themen aufgriff, die in anderen Ländern von grün-alternativen Parteien erfolgreich besetzt wurden.

Zentrumsdemokraten (*Centrumsdemokraten*; CD): Bei den CD handelt es sich um eine von allen anderen niederländischen Parteien gemiedene rechtsradikale, nationalistische Partei. Sie konnte bei den Wahlen 1994 auf nationaler und kommunaler Ebene erhebliche Zugewinne verbuchen. Ihr Vorsitzender ist J. *Janmaat*. Die oftmals in personelle Querelen verwickelte Partei verfügt über rd. 1.500 Mitglieder.

Vielparteiensystem und Koalitionsregierungen

Das auf der Versäulung beruhende Parteiensystem blieb bis in die Mitte der 60er Jahre äußerst stabil. Die fünf »Versäulungs«-Parteien – die sozialistisch/sozialdemokratische PvdA, die katholische KVP, die beiden protestantischen Parteien CHU (bürgerlich-konservativ) und ARP (orthodox-calvinistisch mit starkem linken Flügel) sowie die liberal-konservative VVD beherrschten eindeutig die niederländische Politik. Den christlich-demokratischen Parteien kam als der politischen Mitte sowie aufgrund ihres stabilen und starken Wähleranhangs jahrzehntelang die Schlüsselrolle bei der Regierungsbildung zu. Zwischen 1948 und 1952 wies die Regierung mit der Einbeziehung von vier der fünf Säulenparteien die größte politische Bandbreite auf. Die Nachkriegszeit wurde insbesondere durch die katholisch-sozialdemokratische Zusammenarbeit (den Parteien resp. Säulen mit der größten Massenbasis) zwischen 1946 und 1958 geprägt. Ab 1958 geriet die PvdA in die Opposition, in der sie mit einer kurzen Unterbrechung bis 1973 verblieb. Bereits 1952 war es auf Grund von tiefen Meinungsverschiedenheiten in der Wirtschafts- und Sozialpolitik zum Bruch zwischen PvdA und VVD gekommen, die danach mehr als dreißig Jahre bis 1994 nicht mehr einer gemeinsamen Regierung angehörten.

Das festgefügte niederländische Parteiensystem der Nachkriegszeit geriet in den 60er Jahren zunehmend unter Druck. Schlagworte wie »Politisierung«, »Polarisierung«, »Partizipation« sowie die Forderung nach »Mehr Deutlichkeit in der Politik« bestimmten die breite öffentliche Debatte. Während der Krisenphase der niederländischen Politik in der zweiten Hälfte der 60er Jahre konnten neue Parteien – durch das Wahlrecht gestützt – rasche Erfolge erzielen. Die nachhaltigste Neugründung war die Partei »Demokraten '66« (D'66), die sich bei stark schwankenden Wahlergebnissen als linksliberale Reformpartei im Parteiensystem behaupten konnte.

Konfessionelle Parteien verloren 1967 zum ersten Mal die Mehrheit aller Parlamentssitze. Zugleich aber erhöhte sich die Integrationskraft des konfessionellen Lagers durch den 1977 erstmals bei nationalen Parlamentswahlen praktizierten Zusammenschluß der drei konfessionellen Säulenparteien KVP, ARP und CHU auf christdemokratischer Grundlage. Dieser Zusammenschluß ist das bedeutsamste Resultat der parteipolitischen Entsäulung. Trotz einer Verminderung des Sitzanteils im Parlament behielten die Christdemokraten mit dem CDA bis Anfang der 90er Jahre ihre angestammte Zentrumsposition im Regierungssystem.

Innerhalb der PvdA kam es Anfang der siebziger Jahre zu einer programmatischen Links-Profilierung. Bei den Wahlen 1971 versuchte die PvdA mit einer Bündelung aller »progressiven« Kräfte (mit einer klaren Bündnisaussage, einer gemeinsamen Wahlplattform und einem Schattenkabinett) eine Mehrheitsposition zu erlangen. Die Blockbildung und die dahinterliegende Polarisierungsstrategie bedeuteten die Aufgabe eines wichtigen Prinzips der niederländischen Konkordanzdemokratie. Das Ziel der Polarisierungsstrategie wurde jedoch nicht erreicht. Beinahe ironischerweise gelang es der PvdA erst auf dem historischen Tiefpunkt ihres Wähleranhangs 1994, nach fast zwanzig Jahren erstmals wieder den Regierungschef zu stellen.

Die 80er Jahre bildeten eine Phase erneuter Stabilität, Kontinuität und politischer Beruhigung im Verhältnis der Parteien zueinander. Es kam zu wechselnden Koalitionen des CDA mit der liberal-konservativen VVD (1982–1989) und mit der sozialdemokratischen PvdA (1981–1982; 1989–1994). Die Stabilisierung der Stellung der traditionellen Parteien (auf niedrigerem Niveau) seit den 80er Jahren bedeutete aber keine Rückkehr zu den gesellschaftlichen Versäulungsstrukturen der Nachkriegszeit.

Mit der Bildung einer Regierung aus PvdA, VVD und D'66 im Sommer 1994 wurde überhaupt zum ersten Mal seit Einführung des allgemeinen Wahlrechts im Jahre 1917 eine Regierung ohne konfessionelle Parteien gebildet. Während der Stimmenanteil der CDA auf ein historisches Tief von 22,2% absackte und die PvdA von 31,9 auf 24% schrumpfte, legte die rechtsliberale VVD von 14,6 auf 19,9% und die Demokraten '66 von 7,9 auf 15,5% zu. Seniorenparteien gewannen aus dem Stand 4,5%.

Die Wahlen zur Zweiten Kammer des niederländischen Parlaments vom 6. Mai 1998 kennen einen klaren Sieger: Ministerpräsident Wim Kok konnte als Spitzenkandidat der sozialdemokratischen *Partij van de Arbeid* mit 45 Sitzen fast ein Drittel der 150 zu vergebenden Parlamentssitze erobern. Die PvdA legte dabei gegenüber den letzten Wahlen 1994 um 8 Sitze zu und realisierte den größten Gewinn aller angetretenen Parteien. Auch der zweite große Koalitionspartner der PvdA, die national-konservative, rechtsliberale *Volkspartij voor Vrijheid en Democratie*, ging aus den Wahlen 1998 als Sieger hervor. Mit 39 Sitzen, einem Zugewinn von 7 Sitzen, holte ihr Spitzenkandidat Bolkestein das beste Ergebnis, das eine liberale Partei nach 1945 erzielen konnte.

Mit 84 von 150 Sitzen wären PvdA und VVD stark genug, um künftig eine Regierung auch ohne den dritten bisherigen Koalitionspartner, die linksliberalen D'66, zu bilden, die mit 10 Sitzen Verlust nur noch 14 Abgeordnete stellen. Zweiter großer Verlierer dieser Wahlen ist der christdemokratische CDA, der einen Verlust von 10 Mandaten hinnehmen mußte und nun mit 28 Abgeordneten die größte Oppositionsgruppe stellt. Gegenüber dem Spitzenergebnis von 54 Sitzen unter dem letzten CDA-Ministerpräsidenten Ruud Lubbers im Jahr 1991 bedeutete dieses Ergebnis fast eine Halbierung der Fraktion.

Im Gegensatz zu den Verlusten des CDA blieb der Wähleranhang der drei kleinen konfessionellen Splitterparteien mit 8 Sitzen wieder einmal stabil. Nimmt man alle konfessionellen Sitze zusammen, so ist das einst dominierende und im Zentrum des niederländischen Parteiensystems befindliche konfessionelle Lager zu einer Minderheit von rund einem Viertel der Wähler bzw. Abgeordneten zusammengeschmolzen.

Zu den Wahlverlierern 1998 zählten insbesondere auch die Seniorenparteien, die keinen ihrer 1994 errungenen 7 Parlamentssitze verteidigen konnten, sowie die rechtsextremistische Zentrumspartei von Janmaat, die ebenfalls im neuen niederländischen Parlament nicht mehr vertreten sein wird.

Große Wahlgewinner waren zwei oppositionelle Gruppen am linken Rand des niederländischen Parteienspektrums: *Groenlinks* gewann

6 Sitze hinzu, erreichte 11 Sitze und übersprang damit die als Merkmal für eine große Partei angesehene Hürde von 10 Sitzen. Der linkssozialistischen SP, die erstmals 1994 ins Parlament einzog, gelang 1998 der Sprung von einem auf drei Mandate.

6 Versäulung und Konkordanzdemokratie

Versäulung und Entsäulung

Für die gesellschaftlichen Grundlagen der niederländischen Konkordanzdemokratie benutzen Soziologen den anschaulichen Begriff der »Versäulung«. In den Niederlanden haben bis Ende der 60er Jahre religiös und ideologisch bestimmte Gruppen (Katholiken, Protestanten, Sozialisten und Liberale) in sogenannten »Säulen« friedlich nebeneinander gelebt, wobei die Hochburgen der Säulen auch räumlich getrennt waren. An der Basis der Säulen gab es weder intensive Kommunikation noch soziale Interaktionen mit Angehörigen anderer Säulen. Dies blieb allein den Organisationseliten vorbehalten, die zu einer intensiven Zusammenarbeit fanden. Die voneinander getrennten Säulen neigten daher nicht zum Separatismus, sondern die Säuleneliten trugen zusammen den niederländischen Staat. Die Aufgliederung der niederländischen Gesellschaft in einen katholischen, protestantischen und einen laizistischen (liberalen) Block findet sich schon zur Zeit der Staatsgründung im 16. Jahrhundert. Organisatorisch verfestigte sich die Versäulung allerdings erst in der zweiten Hälfte des 19. Jahrhunderts. In der Auseinandersetzung um die Einführung des allgemeinen Wahlrechts sowie im Streit um die Gleichstellung öffentlicher und konfessioneller Schulen bildete sich ein auf der gesellschaftlichen Versäulung gründendes Parteiensystem heraus. Seine Hauptträger wurden die neuen Massenparteien der Katholiken, der orthodoxen Calvinisten und der Sozialisten.

Als Säule im engeren Sinne versteht man die Gesamtheit der durch eine Konfession bzw. Weltanschauung geprägten, formal selbständigen Einzelorganisationen (Parteien, Verbände, Vereine) in unterschiedlichen gesellschaftspolitischen Handlungsfeldern. Als Säulen gelten in den Niederlanden die Netzwerke von Katholiken und orthodoxen Calvinisten (beide strebten in unterschiedlichem Tempo aktiv die Säulenbildung an, wobei sich in einigen Bereichen aufgrund weltanschaulicher und sozialer Spaltungen zwei protestantische Säulen unterscheiden lassen) und Sozialisten (die eher unfreiwillig und reaktiv zur Säulenbildung übergingen) sowie das weitgehend rudimentär gebliebene Organi-

sationsnetzwerk des liberalen Bürgertums. Säulen prägten die Sozial-
beziehungen in einer Vielzahl gesellschaftlicher Teilsysteme und
ermöglichten gleichzeitig eine soziale Mobilisierung, Emanzipation,
Kontrolle und schließlich Versorgung mit wohlfahrtsstaatlichen
Dienstleistungen dieser Bevölkerungsgruppen. Da nicht alle Säulen in
allen gesellschaftspolitischen Bereichen gleichermaßen aktiv wurden,
ergaben sich in unterschiedlichen Bereichen durchweg unterschiedliche
Organisationsstrukturen. Versäulung als spezifische Form der politischen Interessenvermittlung umschreibt schließlich die Herausbildung
eines dichten Netzes von Interaktionen zwischen den Säulen auf der
Elitenebene.

Keine der »Säulen« konnte in den Niederlanden jemals eine eindeu-
tige politische, soziale, ökonomische oder kulturelle Vorherrschaft erlangen. Im Gegenteil: jede Säule für sich genommen blieb in einer Art
Minderheitsposition. Es gelang aber den Säulen gemeinsam, alle nicht-
versäulten Gruppen in die politische Defensive zu drängen. Die beiden
konfessionellen Säulen erlangten dabei gemeinsam ein dauerhaftes
Machtübergewicht gegenüber Liberalen und Sozialisten und eine strategische Vetoposition als gesellschaftspolitisches »Zentrum«. Die wichtigsten *Regeln für politische Konfliktlösungen* beruhten auf der Repräsentation aller als entscheidungsrelevant anerkannten Gruppen. Zu den
wichtigsten Mechanismen der politischen Konfliktlösung zählten Aus-
handlungsrunden mit ausgiebigen Anhörungs-, Beratungs- und Ver-
handlungsverfahren der gesellschaftspolitisch relevanten Gruppen und
Organisationen. Konsensorientierte (zum Teil auch informelle) Interaktionen waren dabei in der Regel wichtiger als formalisierte Veto-
rechte von Minderheiten.

Ende 1917 kam es zu einem ersten Erfolg der kompromißorientier-
ten Zusammenarbeit der politischen Säuleneliten. Auf dem Verhand-
lungswege wurde eine Paketlösung kontroverser und für die einzelnen
Säulen zentraler Fragen erreicht: Einführung des allgemeinen Verhält-
niswahlrechtes; gesetzliche Gleichstellung von »öffentlichem« und
»privatem«, d. h. konfessionellem Bildungssystem; Anerkennung der
Mitverantwortlichkeit des Staates bei der Lösung der sozialen Frage.
Mitte der 20er Jahre wurde das parlamentarische System um neue, in
der Verfassung verankerte Formen funktionaler Repräsentation ergänzt. Sie bildeten die rechtlichen Voraussetzungen für eine engere
Verflechtung der Spitzenkader der versäulten Interessenverbände und
Parteien. Die nach Kriegsende stark gestiegene Kooperation zwischen
den versäulten Gruppen führte zu weitreichenden Plänen einer intensiven, möglichst gesetzlich geregelten und stark institutionalisierten

Zusammenarbeit von Staat und gesellschaftlichen Gruppen in den Bereichen Wirtschafts- und Sozialordnung, Landwirtschaft, Lohn-, Einkommens- und Preispolitik, Wohnungsbau, Gesundheit und Kultur. Nach 1945 wurde die Vorrangperspektive für den Wiederaufbau im Rahmen einer »mixed economy« und die außenpolitische Einbindung in das westliche Verteidigungs- und Wirtschaftsbündnis von allen versäulten Gruppen geteilt. Neue politische Konkurrenten der Säulen wurden entweder besiegt oder zur Anerkennung der von ihnen geprägten Spielregeln gezwungen. Zudem gewann dieses Herrschaftskartell dank der Einbindung der Sozialdemokratie in die Regierung an Breite und Tragfähigkeit. Eine starke Legitimation erfuhr die versäulte Verhandlungsdemokratie nach 1945 dadurch, daß ihre Hauptziele dank günstiger internationaler Rahmenbedingungen und der gemeinsamen Zielperspektive von Staat, Politik und Sozialpartnern weitgehend erreicht wurden. Allerdings schuf der Erfolg zugleich die Voraussetzungen für das Ende der Versäulung und der versäulten Verhandlungsdemokratie.

Zwischen 1950 und 1965 erreichte der Einfluß der versäulten Parteien, Massenmedien und Interessengruppen seinen historischen Höhepunkt. Bei allen Parlamentswahlen dieser Zeit erreichten die fünf Säulenparteien (katholische KVP, protestantische CHU und ARP, liberal-konservative VVD, sozialdemokratische PvdA) mindestens 90% der Parlamentssitze. Nur diese Parteien wurden in den Prozeß der Regierungsbildung einbezogen. Mindestens eine der Säulenparteien blieb jedoch jeweils in der Opposition (es gab also keine Allparteienregierung). Bis 1971 lag der Sitzanteil der drei konfessionellen Parteien am Gesamtanteil der Säulenparteien immer über 50%. Obgleich diese drei Parteien zudem bis 1963 auch über die absolute Mehrheit der Sitze verfügten, beteiligten die Konfessionellen stets einen weiteren Koalitionspartner an der Regierung.

Ende der 60er Jahre kam es zu einem zeitlichen Zusammenfallen von ökonomischen Wachstums- und Strukturproblemen sowie der Auflösung traditioneller Werte und gesellschaftlicher Strukturen. Säkularisierung, gestiegene Mobilität, höhere Bildung, die Entstehung einer Jugend- und Protestkultur sowie eine Reihe »hausgemachter« politischer Verkrustungserscheinungen (weitgehende Ritualisierung politischer Konflikte bei gleichzeitiger pragmatischer Kooperation) bewirkten, daß die Versäulung sowie die damit zusammenhängenden Spielregeln des politischen Systems in den Mittelpunkt allgemeinen Unbehagens und politischer Kritik gerieten. Der *Normen- und Wertewandel* fiel in den Niederlanden vermutlich umfassender aus als in den meisten Nachbarländern. Auf parteipolitischer Bühne entstanden mehrere »Anti-Versäulungsparteien« (D'66, die progressive, ehemals linkskatholische Radikale Partei PPR, die pazifistisch-sozialistische Partei PSP und die rechts-populistische *Boerenpartij*).

Ende der 80er Jahre waren die Entsäulungsprozesse in Parteien und Massenmedien weitgehend abgeschlossen. Auch die Entsäulungsprozesse bei Gewerkschaften und Kapitalorganisationen in der Industrie sind weitgehend abgeschlossen. Eine stärkere Kontinuität zeigte sich bis Anfang der 90er Jahre im Bereich der Landwirtschaft, der Beamtenorganisationen sowie des Handwerks und der Mittel- und Kleinbetriebe. Auch im soziokulturellen Bereich und in der wohlfahrtstaatlichen Dienstleistungserstellung hat sich die Entsäulung langsamer und widersprüchlicher vollzogen. Insbesondere der Schulbereich trägt noch immer relativ starke Merkmale der Versäulung.

Konkordanzdemokratie

Eine Konkordanzdemokratie in einer sozial und kulturell aufgespaltenen Gesellschaft gelangt nach einer einflußreichen These des Demokratieforschers Arend *Lijphart* dann zu politischer Stabilität, wenn es gelingt, mögliche zentrifugale Kräfte zu neutralisieren. Dies kann geschehen durch eine bewußte Verständigungs- und Kompromißpolitik auf Elitenebene. Eine Konkordanzdemokratie schließt eine weitreichende Anwendung des Mehrheitprinzips aus. Vielmehr bauen die wichtigsten Spielregeln der Konkordanzdemokratie auf Proporz und Parität, d. h. auf eine möglichst gleichgewichtige Repräsentation aller entscheidungsrelevanten Gruppen und auf einem ausgebauten Minderheitenschutz. In der politischen Kultur der Niederlande schlägt sich die Konkordanzdemokratie besonders in zahlreichen Verfahren zur Beratschlagung, Konsultation und zur Kompromißfindung nieder. Elitenkooperation bedeutete gleichzeitig, daß individuelle politische Partizipation außerhalb der von den Säulen zur Verfügung gestellten Kanäle unterentwickelt blieb.

In der Entwicklung der politischen Kultur der Niederlande fällt die Gleichzeitigkeit von Tradition und Wandel auf: »Die großen politischen Traditionen der Anerkennung pluralistischer Strukturen in der Gesellschaft, die Berücksichtigung von Minderheiten auch in Entscheidungs- und Gestaltungsprozessen, die ihnen gegenüber praktizierte Toleranz sowie ein ungebrochenes, historisch begründetes nationales Selbstbewußtsein bei gleichzeitiger regionaler Diversität wirken bis heute fort und sind in einem tiefen nationalen Konsens begründet«

»Wahlprogramm«   *Karikatur: Peter van Straaten (1997)*

(*Lepszy* 1997). Auf der anderen Seite sind die konfessionellen Trennungslinien, die für die Versäulung und die darauf aufbauende Form der Konkordanzdemokratie prägend waren, weitgehend verschwunden. Insgesamt haben traditionelle soziale Milieus auch in den Niederlanden an Prägungskraft für das politische und soziale Verhalten verloren. Davon ist besonders das Parteiensystem betroffen.

Nachdem während der Phase der Entsäulung (1967–1982) die Auffassung vorherrschte, daß damit auch das Ende der Konkordanz- und

Verhandlungsdemokratie bevorstünde, wurden Ende der 80er Jahre die Stimmen wieder lauter, die auf ein unerwartet hohes Maß an Kontinuität in der niederländischen Politik verwiesen (so in dem von Hans *Daalder* herausgegebenen Niederlande-Sonderheft der Zeitschrift »Westeuropean Politics« im Jahr 1989). Diese Einschätzung hat durch die Betonung von Konsens und Korporatismus als zwei wichtige Erfolgsfaktoren des niederländischen Modells in jüngster Zeit neue Nahrung erhalten. Insofern bildet weniger die Versäulung als vielmehr die Verhandlungsdemokratie den »roten Faden« für das Verständnis niederländischer Politik seit 1945. So sind nach einer fast fünfzehnjährigen Umbruch- und Übergangsperiode (Entsäulung) ab Anfang der 80er Jahre wesentliche Elemente der niederländischen Verhandlungsdemokratie (ohne Versäulung) offensichtlich nur wenig modifiziert wieder zu Geltung gelangt.

Historisch haben die Niederlande schon früh ein auch im europäischen Maßstab relativ gesichertes Wohlstandsniveau erreicht. Das relativ geringe Maß der erst verspätet einsetzenden Industrialisierung verhinderte Kapital-Arbeit-Konflikte im großen Stil, zumal das stark konfessionell gebundene Kleinbürgertum die prägende soziale Schicht war und blieb. Historisch angelegt und durch die Versäulung zementiert, etablierte sich in der niederländischen Gesellschaft und Politik eine politische Kultur des Ausgleichs und des Kompromisses, für die der unübersetzbare Begriff *overleg* steht, der heute sowohl zur Kennzeichnung der Wirtschaftsordnung wie der parlamentarischen Demokratie gebraucht wird. Stabile politische Institutionen, eine seit 1814 nur durch die deutsche Besatzung unterbrochene Verfassungtradition (damit sind die Niederlande nach den USA das Land mit der ältesten geschriebenen Verfassung, die heute noch in Kraft ist) schufen den Rahmen für ein Reformen und Modernisierung eher förderndes als verhinderndes gesellschaftspolitisches Klima.

Politische Partizipation

Die versäulte Konkordanzdemokratie in den Niederlanden kannte, um zu funktionieren, drei miteinander verknüpfte Voraussetzungen:

- Die Eliten benötigten einen möglichst großen Entscheidungs- und Verhandlungsspielraum im politischen Prozeß der Kompromißfindung und des Ausgleichs.
- Die Haltung der Eliten mußte weitgehend unabhängig von Auffassungen und Meinungsäußerungen der eigenen Mitgliedschaft bleiben.

– Gleichzeitig bedurfte es einer hohen Folgebereitschaft der Mitglieder für die von den Eliten getroffenen Entscheidungen.

Typisch für die politische Kultur bis Mitte der 60er Jahre waren eine starke Gemeinwohlorientierung, ein ausgeprägtes Harmoniebedürfnis sowie die Vorstellung von der gütlichen Einigung aller Beteiligten in einem auch sachgerechten Kompromiß. Hingegen blieb die Austragung von Konflikten, die nicht von den Säulen getragen wurde, eine große Ausnahme. Daher waren die versäulten Eliten auch zunächst überrascht, als es Mitte der 60er Jahre zu bislang ungekannten Formen der Interessenartikulation der traditionell »folgsamen« Basis kam.

Zu einem tiefgreifenden Wandel der politischen Kultur und des politischen Verhaltens kam es, nachdem die Aufgabenstellungen der unmittelbaren Nachkriegszeit (Wiederaufbau, Entkolonialisierung) erfolgreich erledigt waren. Mit den neuen politischen Inhalten entwickelten sich auch neue Formen politischer Beteiligung und politischen Protesthandelns. Früher und radikaler als in den meisten anderen europäischen Ländern wurden die neuen, aus Amerika übernommenen Aktions- und Protestformen von vielen Bürgergruppen der unterschiedlichsten gesellschaftspolitischen Couleur zur Aufdeckung und Bekämpfung gesellschaftlicher Mißstände übernommen. In dieser Hinsicht zählen die Niederlande zu den Gründungsländern der europäischen Bürgerinitiativbewegung.

Zu den Protestbewegungen der ersten Stunde gehörten die Amsterdamer Provos mit ihren an Happenings ausgerichteten Aktionen. Weitere Aktionsgruppen und ad-hoc-Organisationen betraten und verließen in kurzer Zeit die politische Bühne. Zu den beliebtesten der von ihnen aufgegriffenen Themen zählten Umweltprobleme, Probleme der Raumordnung und Verstädterung sowie Themen der Frauenbewegung (Liberalisierung der Schwangerschaftsunterbrechung). Obwohl es sich eher um organisations- und konfliktschwache Interessen handelt, die nicht unmittelbar an die Interessen der versäulten Lager anschlußfähig waren, erzielten sie aufgrund der historischen Tradition der niederländischen Konkordanzdemokratie, Minderheitsinteressen grundsätzlich zu tolerieren, beträchtliche Aufmerksamkeit.

Als bis dato größte und wichtigste Aktionsbewegung entwickelte sich Ende der 70er und in den 80er Jahren die niederländische Friedensbewegung. Sie vereinte ein weitgefächertes gesellschaftspolitisches Spektrum aus den verschiedensten politischen und konfessionellen Lagern. Erster Kristallisationspunkt der Bewegung war die von Linkskräften initiierte Kampagne gegen die Neutronenbombe, die von mehr als 1 Mio. Bürgern mit ihrer Unterschrift unterstützt wurde. Der

zweite Kernpunkt des Protests richtete sich in Form mehrerer spektakulärer Großdemonstrationen in Amsterdam (1981) und Den Haag
(1983) gegen die Stationierung atomarer US-Mittelstreckenwaffen im
Rahmen des NATO-Doppelbeschlusses. Wichtigstes Koordinierungs-
organ der niederländischen Friedensbewegung war der auf einer über-
konfessionellen Grundlage arbeitende »Interkirchliche Friedensrat«,
der auch von den Gewerkschaften und mehreren Parteien unterstützt
wurde. Formen gewalttätigen Protestes bilden in den Niederlanden
immer noch die Ausnahme (Geiselnahmen durch Südmolukker; Aktionen der Amsterdamer Hausbesetzerszene). Neben der sichtbaren Zunahme von Formen direkter Protestaktionen, Demonstrationen und
der Existenz zahlreicher Bürgerinitiativen werden auch eher konven-
tionellere Formen politischer Beteiligung in verstärktem Maße wahrgenommen (Unterzeichnung von Protestschreiben; direkte Kontaktaufnahme zu Kommunalpolitikern). Der naheliegende Befund, daß sich
die politische Kultur in den Niederlanden seit Ende der 60er Jahre in
partizipatorischer Richtung entwickelt hat, wird durch vergleichende
Untersuchungen unterstützt. Nach Ansicht des Wertwandelforschers
Ronald *Inglehart* gehören die Niederlande Mitte der 90er Jahre zu den
Ländern, in denen postmaterialistische Lebensstile am stärksten Fuß
gefaßt haben.

Massenmedien

Hörfunk und Fernsehen: Die Versäulung war lange Zeit auch eines
der auffälligsten Kennzeichen der Struktur von Rundfunk und Fernsehen in den Niederlanden. Programmanbieter sind hier keine staatlichen
oder öffentlich-rechtlichen Rundfunkgesellschaften, sondern privatrechtliche Rundfunkvereine auf weltanschaulicher und konfessioneller
Grundlage. Ihnen gehören rd. 5 Mio. Niederländer resp. gut 80% aller
Haushalte an. Der Niederländische Rundfunk wurde 1928 von Rundfunkvereinigungen gegründet, die noch heute bestehen: die AVRO (*Algemene Vereniging Radio-Omroep*), eine weltanschaulich neutrale,
eher liberal orientierte Organisation; die katholische KRO (*Katholieke
Radio-Omroep*); zwei Gesellschaften, die unterschiedliche Strömungen
des niederländischen Protestantismus vertraten, und zwar die orthodox-protestantische NCRV (*Nederlandse Christelijke Radiovereni-
ging*) sowie die eher liberal-protestantische VPRO (*Vrijzinnig Prote-
stantse Radio-Omroep*); schließlich die sozialistische Rundfunkgesell-
schaft VARA (*Vereniging van Arbeiders-Radio-Amateurs*). Konnte
sich die Grundstruktur des versäulten Rundfunksystem noch bis in die

80er Jahre in wenn auch modifizierter und erweiterter Form erhalten, so ist das System durch die neuen Angebote kommerzieller Programmanbieter sowie durch das rasche Wachstum neuer Medien in den letzten Jahren gründlich verändert worden.

Auf der Basis des in den Niederlanden verbreiteten Proporzsystems ist auch der grundsätzliche Zugang zum öffentlichen Rundfunksystem geregelt worden. Eine Gesellschaft, die entsprechend dem niederländischen Mediengesetz einen Antrag auf Zulassung stellt, muß zunächst mindestens 60.000 zahlende Mitglieder nachweisen (maßgeblich ist die Zahl der Abonnenten für die Programmzeitung der Rundfunkvereinigung). Die Rundfunkvereinigung erhält dann für drei Jahre einen sog. Kandidatenstatus, in deren Verlauf sich deren Mitgliederzahl auf mindestens 150.000 erhöht haben muß. Für die Aufteilung der Sendezeiten sind drei Kategorien – je nach Mitgliederzahl – vorgesehen (A-Kategorie: mehr als 450.000 Mitglieder; B-Kategorie: 300.000–450.000 Mitglieder; C-Kategorie: 150.000–300.000 Mitglieder). Die überkuppelnde *Nederlandse Omroep Stichting* (NOS) erhält doppelt soviel Sendezeit wie eine Vereinigung der A-Kategorie.

Seit Mitte der 60er Jahre ist es mehreren Vereinigungen gelungen, in das Bollwerk der etablierten Rundfunkanbieter einzudringen. Dafür sprechen die Erfolge des ehemaligen Piratensenders *Veronica*, der neuen und inzwischen größten protestantischen Rundfunkvereinigung *Evangelisch Omroep* (EO) sowie der erst 1966 gegründeten TROS (*Televisie Radio Omroep Stichting*). Letztere ist eine Rundfunkvereinigung, die »versäulte« Bindungen ablehnte, stark auf Unterhaltungssendungen setzte und der es gelang, in wenigen Jahren den A-Status zu erreichen. Neben diesen größeren Rundfunkvereinigungen gibt es mehr als 30 politische und gesellschaftliche Gruppen (von der Regierung, den politischen Parteien, den Kirchen, bis hin zu den Gesellschaften gesellschaftlicher Randgruppen), denen gesetzlich Sendezeit zusteht. Wer von diesen Gruppen zugelassen wird, entscheidet der Minister für Kultur und Freizeit. Als Folge der Entsäulung haben sich die traditionellen Bindungen der Rundfunkvereinigungen stark gelockert oder völlig aufgelöst. Dies gilt für die mit Abstand größte Gesellschaft, die protestantische AVRO, für die Bindungen der katholischen KRO zur katholischen Kirche und zur katholischen resp. christlich-demokratischen Partei. Am ehesten noch hat sich die Unterstützung der VARA für die Sozialdemokratie erhalten.

Im öffentlichen Netz werden drei nationale Femsehprogramme sowie fünf Rundfunkprogramme ausgestrahlt. Anfang der 90er Jahre wurde im Fernsehen das bisherige weltanschaulich-konfessionelle

Schema durch drei sog. Programm-Identitäten ersetzt. Dabei müssen sich die Rundfunkvereinigungen eines Programms inhaltlich in einem zuvor unbekannten Maße abstimmen. Daneben gibt es zehn regionale Stationen und ca. 150 Lokalsender. Im öffentlich-versäulten Bereich des niederländischen Rundfunks ist die Zusammenarbeit der Radiogesellschaften stark ausgebaut worden. Ein Großteil ihrer technischen Einrichtungen wird in Hilversum gemeinsam genutzt. 1969 wurde die niederländische Rundfunk-Stiftung (NOS) als koordinierende Dachorganisation geschaffen, die auch eigene Programme wie z. B. Sport- und Nachrichtensendungen gestaltet. Mit einem »Gesetz über neue Medien« von 1988 in Ergänzung zum Mediengesetz von 1967 wurde den kommerziellen und technologischen Entwicklungen im Medienbereich Rechnung getragen. Fast alle niederländischen Haushalte haben Zugang zum Kabelnetz. Auf diesem Weg verbreiteten zunächst RTL 4 und RTL 5 von Luxemburg aus ihr niederländisches Programm. Seit 1992 sind kommerzielle Anbieter auch in den Niederlanden selbst erlaubt. Die Konkurrenz der Anbieter in den privatwirtschaftlich betriebenen Kabelnetzen ist hoch. Aufsehen erregte der kürzlich erfolgte Ausstieg des *Veronica Omroep* aus dem öffentlichen NOS-System. 1995 schlossen sich mehrere der größten Kabelanbieter, Zeitungen und Buchverlage zur »Holland Media Group« zusammen. Damit ist der derzeit ablaufende Fusionsprozeß im Medienbereich aber wohl noch längst nicht abgeschlossen.

Presse: Im Gegensatz zu Rundfunk und Fernsehen blieb die Versäulungsstruktur im unter privatwirtschaftlichen Bedingungen arbeitenden niederländischen Pressewesen nur bis in die 50er Jahre strukturprägend. Bis dahin waren es allerdings politische Parteien gewesen, die auf die Gründung vieler Tages- oder Wochenzeitungen Einfluß genommen hatten. Bereits in den 60er Jahren verkaufte die PvdA und der sozialistische Gewerkschaftsbund NVV ihre 50%-Anteile an der Tageszeitung *Het Vrije Volk*. Zuvor hatte die einstmals auflagenstärkste Tageszeitung der Niederlande fast zwei Drittel ihrer Leser verloren. Die ehemals katholische *Volkskrant* setzte ebenfalls einem Auflagenrückgang Ende der 60er Jahre einen politischen Schwenk in Richtung auf eine unabhängige, politisch eher progressive »Qualitätszeitung« entgegen. Eine weitere katholische Zeitung, die *Tijd*, wurde in eine Wochenzeitung umgewandelt.

Auch in den Niederlanden hat sich ein deutlicher Konzentrationsprozeß vollzogen, dennoch ist die Zeitungsvielfalt immer noch beachtlich. Insgesamt erschienen 1995 in den Niederlanden 64 Tageszeitungen mit einer Gesamtauflage von 4,6 Mio. Exemplaren. Ganz überwiegend werden Tageszeitungen im Abonnement bezogen; entsprechend stark ist die Familienorientierung. Es gibt fünf überregionale, nationale Tageszeitungen mit einer Gesamtauflage von etwa 2 Millionen: die auflagenstärkste Zeitung ist der konservative *Telegraaf* (780.000 Leser; der *Telegraaf* war übrigens die einzige während der gesamten nationalsozialistischen Besatzungszeit zugelassene niederländische Zeitung), es folgt das unabhängig-neutrale *Algemeen Dagblad* (415.000), die progressive *Volkskrant* (340.000) sowie das unabhängig-liberale *NRC-Handelsblad* (240.000) sowie schließlich die protestantisch-christliche *Trouw* (120.000). Ein Massenboulevardblatt wie die Bild-Zeitung gibt es in den Niederlanden nicht. Auch kennen die Niederlande keine großen marktbeherrschenden Pressekonzerne. Auf regionaler und lokaler Ebene existieren weitere 60 Zeitungen mit einer Gesamtauflage von etwa 3 Millionen. Zur Förderung der Pressevielfalt erhalten diese Zeitungen seit 1974 in beschränktem Maße eine Förderung aus öffentlichen Mitteln des Pressefonds.

Der Zeitschriftenmarkt kennt neben Fach- und Freizeitzeitschriften auflagenstarke Frauenzeitschriften und eine kleine Gruppe von Nachrichtenmagazinen und Wochenzeitschriften (*Vrij Nederland, HP De Tijd, HN Magazine, De Groene Amsterdammer* und *Elsevier*), deren Einfluß größer ist als ihre Leserzahl. Eine niederländische Besonderheit bilden die Programmzeitschriften der Rundfunkvereinigungen. Seit 1984 hat die niederländische Presse das Recht, auch als Anbieter von Pay-TV, Kabelzeitschriften und Teletext-Dienste aufzutreten.

Interessenverbände und Interessenvermittlung

Der niederländischen Konkordanzdemokratie im politischen System entspricht eine Institutionalisierung der sozialpartnerschaftlichen Konfliktaustragung, die als eine besondere Form des Neo-Korporatismus bezeichnet werden kann: Hierbei treten die Arbeitnehmervertreter, d. h. die Gewerkschaften, und die Verbände der Arbeitgeber in Verhandlungen ein, größtenteils unter direkter oder indirekter Einbeziehung der staatlichen Seite, und kommen in aller Regel zu verbindlichen, landesweiten Regelungen. Unmittelbar nach dem Zweiten Weltkrieg sind in den Niederlanden verschiedene Gesetze geschaffen worden, die zu einer engen Zusammenarbeit der drei beteiligten Hauptakteure, der Gewerkschaften, der Arbeitgeber und des Staates verpflichteten. Trotz aller Veränderungstendenzen – von der Versäulung zur Entsäulung, von der Konkordanz- zur Konkurrenzdemokratie, vom Neo-Korporatismus zur freien, konkurrenzorientierten Marktwirtschaft – weisen auch die Institutionen und eingefahrenen Konfliktregelungsmechanismen im sozioökonomischen Bereich eine erstaunliche Überlebensfähigkeit auf.

Gewerkschaften: Niederländische Gewerkschaften sind wie die Arbeitgeberorganisationen und fast alle anderen Verbände geprägt von der Versäulung. Konfessionelle und ideologische Trennungslinien haben die Organisationsstrukturen bestimmt und das Zustandekommen einer Einheitsgewerkschaft verhindert. Allerdings bestimmte die Versäulung nicht unbedingt auch die Inhalte gewerkschaftlichen Handelns und wirkten die versäulten Strukturen allenfalls konfliktschlichtend.

Auf programmatischer Ebene fällt auch heute noch die starke gesellschaftspolitische Verantwortung der niederländischen Gewerkschaften ins Auge. Beide großen Gewerkschaften zeichnen sich durch eine starke Gemeinwohlorientierung aus. Die Solidarität mit Arbeitslosen und Sozialleistungsempfängern nimmt im Rahmen der gewerkschaftlichen Interessenvertretung einen im internationalen Vergleich relativ hohen Stellenwert ein. Insgesamt hat die Vertretung von nicht-lohnbezogenen Forderungen seitens der Arbeitnehmerorganisationen deutlich an Bedeutung gewonnen. Insofern nehmen die beiden größten gewerkschaftlichen Dachverbände FNV und CNV regelmäßig eine deutliche politische Interessenabwägung vor.

Anfang der 90er Jahre existierten in den Niederlanden rd. 340 Einzelgewerkschaften. Rund 40 von ihnen sind einem von derzeit drei Gewerkschaftsdachverbänden angeschlossen, die aber über 80 Prozent der Gewerkschaftsmitglieder vertreten. Die Dachverbände nehmen alle Aufgaben wahr, die die Ebene der Einzelgewerkschaften überschreiten. Hierzu gehören neben allgemeinen Serviceaufgaben vor allem Lobbyaufgaben (Kontakte zu Parteien, Parlament und Regierung) und Repräsentationsfunktionen (Teilnahme in Konsultations-, Beratungs-, Koordinations- und Verhandlungsgremien).

Mit mehr als einer Million Mitgliedern in zwanzig Einzelgewerkschaften ist die *Federatie Nederlandse Vakorganisaties* (FNV) die mit Abstand größte niederländische Gewerkschaftsorganisation. Die FNV entstand 1975 aus dem spektakulären Zusammenschluß des bisherigen sozialistischen und des katholischen Dachverbandes. Der 1905 gegründete sozialistische Gewerkschaftsbund NVV (*Nederlands Verbond van Vakbewegingen*) hatte sich innerhalb der sozialistischen Säule rasch zu einer zentralisierten und disziplinierten Gewerkschaft, die nach dem Industrieverbandsprinzip organisiert war, entwickelt. Vor der Fusion mit dem katholischen Gewerkschaftsbund NKV (*Nederlands Katho-lieke Vakverbond*) umfaßte der NVV als der mit Abstand größte Ge-werkschaftsbund rd. 750.000 Mitglieder. Die FNV organisiert rd. 15% aller niederländischen Arbeitnehmer. Sie vertritt mehr als doppelt so viele Mitglieder wie die anderen Dachverbände zusammen und zählte Ende 1996 rd. 1,1 Mio. Mitglieder. Die FNV ist nicht nur die größte, sondern auch die von ihren Forderungen her tonangebende Gewerk-schaft. Der Aktionsradius der FNV erhält jedoch durch die Anwe-senheit konkurrierender Arbeitnehmerorganisationen seine besondere Prägung. In den programmatischen Hauptzielsetzungen des FNV-Dachverbandes zeigt sich eine große Kontinuität: Es geht um eine kontrollierte Lohnentwicklung (im Rahmen nationaler und dezentraler Verhandlungssysteme) bei gleichzeitiger Verbesserung der Arbeits-bedingungen. Für Anfang 1998 ist eine Fusion der vier stärksten Ein-zelgewerkschaften, die in der Privatwirtschaft tätig sind, im neuen FNV-*Bondgenoten* vorgesehen. Damit würden im FNV zwei starke Gewerkschaftsblöcke für Arbeitnehmer in der Privatwirtschaft und im öffentlichen Dienst entstehen.

Im protestantischen Lager wurde 1909 ein eigener Dachverband, der *Christelijk Nationaal Vakverbond* (CNV) gegründet, der – im Ge-gensatz zur katholischen Gewerkschaftsbewegung – trotz enger Ver-bindung von den protestantischen Kirchen weder abhängig war noch unmittelbar reglementiert wurde. Als Folge des Zutritts neuer Organi-sationen, die auf katholischer Seite die Fusion zur FNV nicht mit-machten, pendelte sich die Mitgliederzahl des CNV Anfang der 90er Jahre auf rund 300.000 ein, das sind rd. 18% der organisierten Arbeit-nehmer. Programmatisch hält der CNV als einziger Dachverband noch an einer (über)konfessionellen Grundlage fest und vertritt besonders akzentuiert sozialpartnerschaftliche Konzepte.

Der Zwang, sich zu einem Dachverband zusammenzuschließen, um Zugang zu den privilegierten Formen der Interessenvermittlung auf nationaler Ebene zu finden, beschleunigte in den 70er Jahren die Grün-dung eines nicht-versäulten Dachverbandes für Gewerkschaften von leitenden Angestellten und höheren Beamten im *Raad voor Overleg Middelbaar en Hoger Personeel* (MHP). Das Verhältnis zu den beiden anderen Gewerkschaftszentralen blieb auch in der Folgezeit eher kühl. Heute vertritt der MHP rd. 8% der organisierten Arbeitnehmer. Die erst Anfang der 90er Jahre entstandene *Algemene Vakcentrale* (6% der organisierten Arbeitnehmer) hat sich 1997 dem FNV angeschlossen.

Der besondere Stellenwert der gewerkschaftlichen Dachverbände liegt darin, daß sie bislang noch exklusiv als Tarifparteien und als Teilnehmer in Konsultations-, Beratungs- und Verhandlungsgremien auf nationaler, regionaler und Branchenebene zugelassen werden. Die herausgehobene Stellung der Dachverbände spiegelt sich in ihrer exklusiven Anerkennung als repräsentative Organisationen durch den SER und die SvdA wider, deren Kriterien in anderen Bereichen wiederum durch den Staat in Gesetzen und Erlassen übernommen werden.

Der gewerkschaftliche Organisationsgrad beträgt im Landesdurchschnitt derzeit knapp 28%. Mehr als die Hälfte aller 1,8 Mio. Gewerkschaftsmitglieder ist im Staatsdienst oder im staatlich subventionierten quartiären Sektor beschäftigt, viele Rentner und Arbeitslose sind Mitglieder ihrer Gewerkschaft geblieben. Der gewerkschaftliche Organisationsgrad der rund 800.000 Beschäftigten im öffentlichen Dienst liegt bei knapp 60%.

Der Abbau von Arbeitsplätzen traf gerade gewerkschaftlich gut organisierte Branchen, während neue Arbeitsplätze zumeist in Sektoren mit niedrigem gewerkschaftlichen Organisationsgrad geschaffen wurden. Die gewachsene Teilnahme von Frauen im Arbeitsprozeß stellt die auch in den Niederlanden noch stark von Männern geprägte Gewerkschaftsbewegung vor das Problem, daß der Organisationsgrad von Frauen mit 11% deutlich niedriger ist als der von Männern (32%). Zudem haben alle Gewerkschaften Schwierigkeiten mit der Nachwuchsrekrutierung. Sowohl bei FNV und CNV sind rd. ein Drittel der Mitglieder entweder pensioniert oder arbeitslos.

Auf betrieblicher Ebene sind die Gewerkschaften als Ergebnis eines historischen Kompromisses nach Ende des Zweiten Weltkriegs – die Gewerkschaften verzichteten im Gegenzug für eine Beteiligung an landesweiten Gremien der Wirtschafts- und Sozialpolitik auf eine institutionalisierte Präsenz in den Betrieben – lange Zeit so gut wie gar nicht und auch heute noch eher schwach vertreten. Auf der Betriebsebene ist den Gewerkschaften in den letzten Jahren mit den Betriebs- resp. Unternehmensräten eine ernstzunehmende Konkurrenz entstanden.

Arbeitgeberorganisationen: Historisch sind die ersten niederländischen Arbeitgeberorganisationen nicht als Reaktion auf die Bildung von Gewerkschaften, sondern zur Artikulation politischer Forderungen gegenüber dem Staat im Bereich der Sozialgesetzgebung entstanden. Der erste nationale Arbeitgeberverband wurde 1899 (*Vereniging van Nederlandse Werkgevers*, VNW) gegründet. Im Jahre 1920 entstand aus dem Zwang zu Verhandlungen mit den Gewerkschaften ein nationales Koordinationsgremium auf dem Gebiet der Arbeits- und Tarifpolitik (*Central Overleg*) sowie parallel dazu der *Centraal Indu-*

strieel Verbond (CIV) zur Wahrnehmung von wirtschaftlichen Interessen (ab 1945: *Centraal Sociaal Werkgevers Verbond*; CSWV).

Im Gegensatz zu den Gewerkschaften haben die Kapitalverbände weniger Probleme mit einem zu niedrigen Organisationsgrad und mit Mitgliederfluktuationen. Dafür hat die Kapitalseite häufig mit internen Bindungsproblemen zu kämpfen. Anfang der 70er Jahre begann das Unternehmerlager, nicht nur gegenüber den Gewerkschaften geschlossener aufzutreten. Darüber hinaus begannen die Unternehmerdachverbände, sich stärker auf ihre politische Lobbyfunktion zu besinnen. In Beratungs- und Verhandlungsgremien schlug das traditionell eher reaktive Verhalten der Unternehmer um in den Versuch, die Verhandlungsführerschaft zu erlangen. Aber auch im Unternehmerlager wird die niederländische Verhandlungsdemokratie von den zentralen Dachverbänden grundsätzlich als eine begrüßenswerte Tradition geschätzt und nicht – wie im liberalen politischen Lager – grundsätzlich in Frage gestellt.

Die *Organisationsmuster* im Bereich der Unternehmerverbände werden bestimmt durch Branchen, lokale und regionale Vereinigungen sowie vereinzelt auch noch durch konfessionelle Unterscheidungsmerkmale. Die Gesamtzahl der Interessenorganisationen von Unternehmern (ohne die vielen lokalen Zusammenschlüsse) wird auf ca. 1.600 geschätzt.

Insgesamt gibt es in den Niederlanden zur Zeit drei bzw. vier dem Unternehmerlager zurechenbare *Dachverbände*.

Im März 1995 fand die Vereinigung der beiden größten Arbeitgeberorganisationen der Niederlande zur VNO-NCW statt. Der *Verbond van Nederlandse Ondernemingen* (VNO) ist die nicht-konfessionell gebundene Organisation, die 1968 die bis dahin getrennten »allgemeinen« Organisationen zur Wahrnehmung von Arbeitgeber- und Unternehmerfunktionen integrierte. Sie ist die mit Abstand größte und einflußreichste Arbeitgeberorganisation. Mitglieder des VNO sind Unternehmen und Branchenverbände. Sie repräsentieren insgesamt etwa knapp 10.000 Unternehmen. Dem VNO sind rund 90 Branchenorganisationen angeschlossen, acht weitere industrielle Arbeitgebervereinigungen sind über ihre Mitgliedschaft in der *Algemene Werkgevers Vereniging* (AWV), die ihrerseits als Branchenorganisation Mitglied ist, mit dem VNO verbunden.

Die zweite große industrielle Arbeitgeberorganisation war der *Nederlands Christelijk Werkgeversverbond* (NCW), der 1970 aus einer Fusion der katholischen und protestantischen Arbeitgeberverbände hervorgegangen ist. Die Konfessionszugehörigkeit war jedoch kein zwingendes Kriterium für die Mitgliedschaft im NCW. Er umfaßte etwa 4.000 Mitglieder, die rund 9.000 Firmen, aber auch viele persönliche Mitglieder repräsentierten.

Schätzungen gehen davon aus, daß Anfang der 90er Jahre rd. 90% der größeren Unternehmen diesen beiden Organisationen angehörten.

7 Die niederländische Volkswirtschaft

Wirtschaftsstruktur und Wirtschaftswachstum

Die Wirtschaftsstruktur der Niederlande hat sich im 20. Jahrhundert drastisch verändert. Die Niederlande waren Anfang des Jahrhunderts noch ein Agrar- und Handelsstaat mit einem kolonialen »Spielbein« (in den ostindischen Kolonien wurden rd. 15% des Volkseinkommens erwirtschaftet). Die Industrialisierung begann stark verspätet erst um die Jahrhundertwende, schritt bis zum Zweiten Weltkrieg nur zögerlich voran, um in den beiden folgenden Jahrzehnten unter den Bedingungen von Wiederaufbau und Marshallplan-Hilfe sowie des lange Zeit anhaltenden Wirtschaftsbooms kräftig zuzulegen.

Die Niederlande haben niemals eine so starke Ausrichtung auf die Industrie gekannt wie z. B. Deutschland. Der jeweilige Anteil der Industrie am Bruttosozialprodukt lag in den Niederlanden regelmäßig um 40% unter dem in Deutschland. Heute sind die Niederlande ein exportorientierter Industrie- und vor allem Dienstleistungsstaat. Das Land zählt zu den 20 reichsten und größten Volkswirtschaften der Welt. Dank günstiger Standortfaktoren und einer offensiven Standortpolitik haben sich in den Niederlanden eine große Zahl ausländischer Unternehmen mit Produktionsstätten, vor allem aber mit Distributionszentren und Generalvertretungen für den europäischen Markt niedergelassen. Das Land zählt ca. 450.000 Unternehmen, die rd. 6,5 Mio. Menschen beschäftigen. Das Pro-Kopf-Einkommen in den Niederlanden liegt rund 15% unter dem Deutschlands. Das relativ geringe Wachstum des Pro-Kopf-Einkommens der Niederlande erklärt sich durch die geringe Beschäftigungsquote und den hohen Anteil der Teilzeitbeschäftigten.

Der niederländische Staat erzielte 1994 Einkünfte in Höhe von rd. 170 Mrd. Gulden. Davon entfielen auf die Einkommensteuer 43,7% sowie auf die Umsatz- und Verbrauchssteuern 32,7%. Mehr als 70% der Staatsausgaben werden aus Steuermitteln finanziert, weitere 16% stammen aus sonstigen Einnahmen, worunter als größter Einzelposten die Erdgaseinnahmen fallen; der Rest in Höhe von rd. 11% wird auf dem Kapitalmarkt geliehen. Dem standen im gleichen Jahr Staatsausgaben in Höhe von 189 Mrd. Gulden gegenüber, von denen 21,5% auf die Bereiche Soziales und Gesundheit, 18,6% auf Bildung, Wissenschaft und Kultur sowie weitere 7,6% auf den Bereich der Verteidigung entfielen. Die Staatsschuld erreichte im gleichen Jahr eine Gesamthöhe von rd. 215 Mrd. US-Dollar.

Das Wirtschaftswachstum lag in den Niederlanden 1997 bei rd. 2,8% und damit etwas niedriger als im Vorjahr. Allerdings lag das Wachstum noch immer um 0,6% oberhalb des EU-Durchschnitts. Besonders stark fiel das Wachstum der industriellen Produktion aus (+ 4%). Aber auch der private Verbrauch wies mit 3,1% in den ersten drei Quartalen 1997 (vor allem bei langlebigen Konsumgütern) ein überdurchschnittliches Wachstum auf. Die Inflationsrate hat sich auf einem Niveau von 2,5% eingependelt und gehört damit zu den höchsten aller EU-Länder. Das Zinsniveau bewegt sich derzeit auf einem ungekannt niedrigem Niveau. Gleichzeitig hat sich die Kapitaleinkommensquote als Gradmesser für Gewinnmargen von Unternehmen im industriellen Bereich deutlich verbessert (3,9% 1997), während sie im Bereich Dienstleistungen und Handel als Folge der niedrigeren Arbeitsproduktivität (Teilzeitanteil) stagniert.

Sektorale Wirtschaftsstruktur

Der Agrarsektor trägt heute noch rd. vier Prozent zur Entstehung des Bruttoinlandproduktes (BIP) bei. Hier finden sich rd. 6% aller Arbeitsplätze. In der niederländischen Landwirtschaft dominieren Viehzucht (Rinder, Schweine, Geflügel), Blumen-, Gemüse-, Obstanbau sowie Ackerbau (Kartoffeln, Zuckerrüben, Weizen). Größter landwirtschaftlicher Sektor ist der Gartenbau. Wichtigste Exportgüter sind Tomaten, Schlangengurken und Paprika. Die hochmechanisierte und weitgehend industriell betriebene Agrarwirtschaft ist jedoch (einschließlich Verarbeitung) zu einem Viertel am niederländischen Export beteiligt. Mit dieser Leistung belegen die Niederlande international den dritten Platz als Agrarexporteur. Dem stehen umfangreiche Einfuhren in Form von Grundstoffen für die Genußmittelindustrie gegenüber. In den Niederlanden herrscht eine stark intensivierte Landwirtschaft mit hohen Hektarerträgen vor. Noch immer weisen die Niederlande einen sehr hohen, wenngleich inzwischen leicht rückgängigen Stickstoff-, Phosphat- und Kaliverbrauch in der Landwirtschaft auf. Dies liegt auch darin begründet, daß die Viehwirtschaft rd. zwei Drittel des Brutto-

produktionswertes bildet. In letzter Zeit haben die niederländischen
Viehzüchter sowohl durch die BSE-Seuche als auch durch die Schwei-
nepest, die 1997 allein die Schlachtung von 12 Mio. Schweinen er-
zwang, erhebliche Rückschläge zu verzeichnen.

Der Beitrag der Industrie zum BIP liegt bei rd. 23%. Zu den wichtigsten Industrieprodukten zählen Stahl, Metallerzeugnisse, Elektro-
geräte, Erdölprodukte und chemische Erzeugnisse. Zweitgrößter In-
dustriezweig ist die Nahrungsmittelindustrie. Seit 1994 gehört die
Industrie, in der sich 28% aller Arbeitsplätze finden, zu den wichtigsten Trägern der wieder anziehenden Konjunktur. Dabei erweist sich
derzeit die Metallindustrie und insbesondere die elektrotechnische Industrie als besonders wachstumsträchtig. Auf die niederländische Bau-
industrie entfällt rd. 10% des BIP. Die niederländische Industrie be-
herbergt außer einer großen Zahl von Klein- und Mittelbetrieben einige
der größten multinationalen Unternehmen (Royal Dutch Shell, Philips,
DSM, Akzo Nobel, Unilever). Gerade bei den Großunternehmen fanden während der 90er Jahre einschneidende Reorganisations-
maßnahmen statt. Durch einen starken Personalabbau (auch in den
niederländischen Werken) und durch Auslandsbeteiligungen wurden
die Multis in die Lage versetzt, hohe Gewinne zu erzielen. Das Ende
der Rezession zeigte sich in den Niederlanden auch darin, daß die Zahl
der Konkurse weiter rückläufig blieb. Größter und spektakulärster
Konkurs bildete 1995/1996 der Zusammenbruch des Flugzeugherstel-
lers Fokker, von dem rd. 6.000 Arbeitsplätze betroffen waren. Regional
konzentriert sich die Industrie vor allem auf die drei sog. *Randstad*-
Provinzen Nord- und Südholland sowie Utrecht.

Dominierender Wirtschaftssektor in den Niederlanden ist heutzutage der Dienstleistungsbereich mit einem Zwei-Drittel-Anteil an der
Entstehung des BIP (66,4%). Der Dienstleistungsbereich mit seinen
vielen Klein- und Mittelbetrieben ist gleichzeitig der Sektor, in dem die
meisten neuen Beschäftigungsverhältnisse geschaffen wurden. Der
kommerzielle Dienstleistungsbereich bildet zusammen mit dem staats-
nahen »quartiären Sektor« (gesundheits- und bildungspolitische Einrichtungen) den Ort, wo sich der eigentliche Boom der niederländischen Arbeitsplätze und vor allem der Teilzeitarbeit vollzog. Der
Anteil der Arbeitsplätze im Dienstleistungssektor liegt bereits deutlich
über zwei Drittel (69%). Davon gehören 27,3% zu den Bereichen
Handel, Gastronomie und Transport; 12,9% zu den Bereichen öffentliche Verwaltung, Sozialversicherung, Verteidigung und Schulen sowie
28,9% zum sonstigen Dienstleistungsbereich. Innerhalb des Nahrungs-
mittelsektors vollziehen sich in den Niederlanden erhebliche Konzen-

trationstendenzen. So entfällt bereits jetzt 70% des gesamten Nahrungsmittelumsatzes (40 Mrd. hfl.) auf Supermärkte. Dieser Prozeß setzt sich seit der Liberalisierung des Ladenschlußgesetzes 1996 noch stärker fort.

Außenhandel

Trotz relativ kleiner Bevölkerungszahl und geringer Fläche sind die Niederlande die siebtgrößte Exportnation der Welt. Über die Hälfte der jährlich produzierten Güter und Dienstleistungen in den Niederlanden gehen in den Export. 1994 beliefen sich die niederländischen Importe auf 253 Mrd. hfl, die niederländischen Exporte auf 282 Mrd. hfl. Industrielle Exportgüter sind vor allem Agrarprodukte, metallindustrielle Erzeugnisse sowie chemische Produkte. Beim Export im Dienstleistungsbereich nimmt der Transithandel eine herausgehobene Stellung ein.

Fast drei Viertel aller Exporte werden im Rahmen der Europäischen Union getätigt. Größter Einzel-Exportpartner der Niederlande ist Deutschland (23,5% aller niederländischen Importe und 28,9% aller Exporte 1994). Allerdings rangieren die Niederlande auf der Liste der wichtigsten Handelspartner Deutschlands nicht länger mehr auf Platz zwei, sondern stehen nunmehr nach Frankreich und Italien auf Platz drei. Nach Importen und Exporten getrennt betrachtet, sind die Niederlande ebenfalls um jeweils einen Platz auf der Rangliste der wichtigsten deutschen Handelspartner abgerutscht: Sie sind jetzt drittwichtigster Lieferant Deutschlands und fünfwichtigster Absatzmarkt für deutsche Produkte. Deutschland und die Niederlande bleiben aber auch weiterhin wechselseitig wichtige Handelspartner. 1995 erreichte der Handel beider Länder ein Volumen von mehr als 107 Mrd. DM.

Infrastrukturpolitik und Verkehr

Die Niederlande bilden durch ihre günstige geographische Lage ein bedeutendes Transit- und Verkehrszentrum in Westeuropa. Auf diesen Faktor baute auch die frühzeitige Spezialisierung der niederländischen Volkswirtschaft auf. Sie schlägt sich in der heutigen Wirtschaftsstruktur mit ihrem deutlichen Schwerpunkt auf distributive und finanzielle Dienstleistungen nieder. Die Niederlande verfügen über eine hochentwickelte und gut ausgebaute Verkehrsinfrastruktur sowie über hervorragende Einrichtungen für den Transport und den Umschlag von Gütern. Das Straßennetz verfügt mit rd. 120.000 km über eine hohe Dichte und befindet sich in einem insgesamt sehr guten Zustand. Die rasch

187

steigende Straßenverkehrsdichte übertraf bei weitem die Geschwindigkeit des Ausbaus des Verkehrsnetzes. Der Trend zur Verlagerung des
Güterverkehrs auf die Straße hält weiter an. Das Streckennetz der inzwischen privatisierten niederländischen Eisenbahn beträgt knapp
2.800 km. Der Anteil der beförderten Personen blieb relativ konstant.
Der Schienengüterverkehr zeigte nach der Ausweitung des Container-
verkehrs zunächst einen starken Aufschwung, hat sich inzwischen aber
ebenfalls stabilisiert. Zentrale Drehscheibe des niederländischen Luft-
verkehrs ist der Flughafen Schiphol, in dessen Umgebung eine stark
wachsende Wirtschaftszone entstanden ist. Der weitere Ausbau des
Flughafens bis hin zu den aus Umweltschutzgründen in den 70er Jahren aufgegebenen Plänen zur Einpolderung eines weiteren Teils der
Zuiderzee (*Markerwaardpolder*) stehen derzeit auf der Tagesordnung.
1997 wurden in Schiphol mehr als 30 Mio. Passagiere abgefertigt, das
entsprach einer Steigerung seit 1990 um mehr als 90%. Große Bedeutung für den Gütertransport hat aufgrund der vielen natürlichen und
künstlichen Wasserwege (Gesamtlänge der Binnenwasserstraßen: 5.046
km) die Binnenschiffahrt. Sie befördert fast ein Viertel der gesamten
Gütertransportmenge. Der Anteil des internationalen Güterverkehrs
beträgt fast 80%. Weitere 30% der in den Niederlanden transportierten
Gütermenge entfällt auf die Seeschiffahrt. Die niederländische Handelsflotte umfaßt mehr als 350 Schiffe. In Europa liegen die niederländischen Seehäfen beim Güterumschlag an der Spitze. Eine herausragende Stellung nimmt hier der Maashafen und *mainport* Rotterdam ein, der
der größte Hafen der Welt, der größte Containerhafen und der bedeutendste Erdölumschlagplatz in Europa ist. So werden 30% aller über
die See getätigten EU-Ein- und Ausfuhren über Rotterdam abgewik-
kelt. Ohne weitere Ausbaumaßnahmen droht jedoch Rotterdam ein
Ende seines Wachstums.

Die Internationalisierung der Wirtschaft, der Einsatz neuer Technologien und Materialien mindern die Bedeutung traditioneller geogra-
phischer Standortvorteile. So fallen die Standortvorteile des Flughafens
Schiphol im Kampf um den schnell wachsenden Luftfrachtverkehr weniger stark ins Gewicht als die des Seehafens Rotterdam. Andererseits
profitieren vor allem die südlichen Landesteile von der Verlagerung
von Transportachsen. Das ökonomische Gewicht der *Randstad* in der
niederländischen Volkswirtschaft nimmt zwar weiter ab, andererseits
haben die günstige Erreichbarkeit sowie die hochwertigen Faktoren einer Metropole die *Randstad* insbesondere für die Niederlassung internationaler Unternehmen im Rahmen des neuen europäischen Marktes
in den letzten Jahren noch interessanter gemacht.

Energiepolitik

Etwa die Hälfte der in den Niederlanden verbrauchten Elektrizität stammt aus Erdgas (gegenüber einem Anteil von 15%, den die Stromverbraucher selbst erzeugen). Die jährliche Fördermenge Erdgas liegt derzeit bei rd. 2 Mrd. Kubikmeter (bei einer geschätzten Erdgasreserve von über 85 Mrd. Kubikmeter). So wurde die niederländische Steinkohleförderung (in Südlimburg) Mitte der 60er Jahre nach den riesigen Erdgasfunden unter der Nordsee (*Slochteren*) völlig eingestellt. Als eine Art »OPEC-Staat« konnten die Niederlande in den 70er und 80er Jahren immer wieder Haushaltsdefizite durch Zuführung von »fresh money« aus der Erdgasförderung decken. Dabei erwirtschafteten die Erlöse aus dem Erdgas in der Höchstförderphase rund 15% der staatlichen Einnahmen, heute ist es nur noch halbsoviel (1995: 4,1 Mrd. US-Dollar). Die Einnahmen wurden bis Anfang der 90er Jahre vorrangig auch zur Finanzierung der auflaufenden Kosten in den Systemen der sozialen Sicherung benutzt. Erst Anfang der 90er Jahre wurde mit einem Teil der Erlöse aus der Erdgasförderung ein Fonds eingerichtet, mit dem große Infrastrukturprojekte finanziert werden sollen. 1995 flossen rd. 2,8 Mrd. Gulden in diesen Infrastrukturfonds.

Das Erdgas hat die Niederlande zu einem wichtigen Exporteur von Energie gemacht. Jeweils knapp die Hälfte der jährlichen Fördermenge ging in den Export. Konservative Schätzungen gehen davon aus, daß die Niederlande mindestens bis 2030 in der Lage wären, ihren gesamten Energiebedarf aus den heimischen Erdgasquellen zu decken. Anfang der 90er Jahre wurde eine drastische Reduzierung der Fördermenge zur langfristigen Sicherung der Erdgasvorräte beschlossen. Anfang der 90er Jahre schlossen die Niederlande mehrere große Verträge über die Abnahme russischen Erdgases aus Nordwestsibirien ab.

Beim Erdöl sind die Niederlande in der Lage, etwa ein Fünftel ihres Bedarfs selbst zu fördern. Schließlich fand in den Niederlanden kein weiterer Ausbau der Kernenergie nach Abschluß der sog. breiten energiepolitischen Debatte Mitte der 80er Jahre mehr statt (in Betrieb blieb ein kleines Atomkraftwerk bei Borssellen). Der Anteil von Atomenergie an der nationalen Energieerzeugung liegt seit Jahren stabil bei 1,5%.

Umweltpolitik

Umweltplanung spielte in den Niederlanden früher als in vielen Nachbarländern eine bedeutende Rolle. Die Umweltprobleme sind beachtlich: Die intensive Landwirtschaft produziert große Mengen Schadstoffe, viele Bodenflächen sind durch altindustrielle Aktivitäten verseucht, zudem führen die großen Flüsse große Mengen an Schadstoffen mit sich und lagern sie auf niederländischem (Meeres-)Boden ab. Es wurde eine umfangreiche sektorale Umweltschutzgesetzgebung entwickelt. 1989 wurde der erste Nationale Umweltplan (NMP) veröffentlicht. Er konzentrierte sich auf acht Umweltthemen und gruppierte Umweltprobleme nach den jeweils betroffenen ökonomischen Aktivitäten. Ein ergänzender, zweiter Nationaler Umweltplan erstreckt sich auf die Jahre 1994–1998. Leitendes Grundprinzip wurde die sog. nachhaltige Entwicklung, verstärkt wurde der Nachdruck auf die Umsetzung geplanter Maßnahmen und das Kooperationsprinzip (freiwillige Vereinbarungen).

Im Gegensatz zur staatlichen Unterstützung der Transport- und Distributionsfunktion der niederländischen Wirtschaft ist die niederländische Umweltpolitik, die erstmals in den frühen 70er Jahren und dann noch einmal Ende der 80er Jahre hoch auf der politischen Agenda stand, seit der violetten Koalition allen Lippenbekenntnissen und Plankündigungen zum Trotz eher in den Hintergrund gerückt. Ein Beispiel hierfür: Entgegen ihrer Zusage auf der Weltklimakonferenz von Rio de Janeiro, den CO_2-Ausstoß bis zum Jahre 2000 um mindestens 3% unter das Niveau von 1990 zu senken, haben die Niederlande ihre Emissionen in den zurückliegenden fünf Jahren um fast 7% erhöht. Eine Ausnahme von diesem Trend bildet die Einführung von mehreren Ökosteuern auf Energieverbrauch, Abfallbeseitigung und in Form einer Art Wasserpfennig. Neuere Entwicklungen im Umweltrecht beziehen sich auf eine erweiterte zivilrechtliche Haftung von Unternehmen bei Umweltschäden, auf eine Verschärfung der Strafen bei Umweltschäden, auf das 1993 in Kraft getretene Asbestverbot sowie auf den Abschluß eines Vertrages zwischen Staat und Produzenten in Sachen Umweltauflagen für die chemische Industrie mit dem Ziel, den Schadstoffausstoß an Schwefeldioxid und Stickoxiden bis zum Jahr 2000 um 70% zu senken.

Im Naturschutz verfügen die Niederlande inzwischen über sechs Nationalparks. Ein besonders wichtiges Element ist dabei der Ankauf wertvoller naturnaher Flächen und ihre Vernetzung. Der Ankauf und die Bewirtschaftung dieser Flächen geschieht entweder durch den Staat selbst oder durch anerkannte Naturschutzverbände, die hierfür vom Staat finanziell unterstützt werden.

Wirtschaftsförderung

Staatliche Wirtschaftspolitik konzentriert sich seit Mitte der 80er Jahre auf die Förderung einiger zukunftsträchtiger Branchen und Technologien. Das galt in den letzten Jahren besonders für den Sektor *Transport/Verkehr*, vor allem in Bezug auf die Transitfunktion der Niederlande (neue Trassen für Hochgeschwindigkeitszüge, Beschlußfassung über die Güterfernverbindung der *Betuwelijn* zwischen Rotterdam und dem Ruhrgebiet; Erweiterung des Flughafens Schiphol; staatliche Deicherhöhungsprogramme entlang der großen Flüsse im Hinterland; Anlage der sog. Zweiten *Maasvlakte* zur Erweiterung des Rotterdamer Hafens; Computerisierung und Containerorientierung des Hafenausbaus von Rotterdam).

In der Forschungspolitik wollen die Niederlande im Rahmen einer marktorientierten Innovationsförderung bis zum Jahr 2000 drei bis fünf führende wissenschaftlich-technologische Institute gründen. Hintergrund des neuen Elans in der Forschungspolitik sind Zahlen des Jahres 1994, wonach in nur zwei Jahren die Niederlande im weltweiten Vergleich der Forschungs- und Entwicklungsaktivitäten vom sechsten auf den vierzehnten Platz zurückgefallen sind. Investitionen im Bereich der Bildungspolitik sowie der Forschungs- und Technologiepolitik sollen künftig eine höhere Priorität erhalten. So will man in den Niederlanden verhindern, daß die Industrie zwar stark ist, wo es um die Produktion solcher Massengüter geht, die über den Preis in der innereuropäischen Konkurrenz wettbewerbsfähig geblieben sind, wohingegen sich die Niederlande bei der Produktion hochwertiger und avancierter Industrie- und Dienstleistungsprodukte offensichtlich schwerer tun.

Die zentralstaatlichen *Subventionen für strukturschwache Branchen* und »kranke« Betriebe wurden stark zurückgefahren oder völlig gestrichen. Klassisches Vorbild ist der in den 60er Jahren vom damaligen niederländischen Wirtschaftsminister *den Uyl* (PvdA) verantwortete Beschluß zur völligen Einstellung des niederländischen Steinkohlebergbaus. Aktuelles Beispiel war Ende 1996 die Weigerung des niederländischen Kabinetts, die Zukunft von *Fokker* mit weiteren Zuschüssen zu sichern. Ein ähnlich traumatisches Erlebnis stellten Mitte der 80er Jahre die hohen staatlichen Zuschüsse für die letztlich dann doch in Konkurs gegangene Schiffswerft RSV dar, deren undurchsichtiges Schicksal später eine parlamentarische Enquêtekommission beleuchtet hat.

Es gibt kaum mehr eigene *regionale Wirtschaftsförderung* durch den Zentralstaat. An ihre Stelle trat eine Konzentration auf die Einwerbung von EU-Sozialfondsmittel für strukturschwache Regionen (die neue Polderprovinz Flevoland kommt wegen ihrer geringen Bevölkerungsdichte in den Genuß der höchsten Förderprämie). Aufsehen erregte Mitte 1997 ein Gutachten des SER, in dem dieser ab 1998 den völligen Verzicht auf EU-Strukturfondsmittel für niederländische Regionen forderte, um auf diese Weise zu einer Konzentration der europäischen Fördermittel auf die strukturschwächsten Regionen beizutragen. An die Stelle der früheren Vorrangstellung für periphere Regionen trat eine finanziell umfangreiche *Förderung großstädtischer Sanierungs- und Revitalisierungsprogramme* für die vier größten Städte des Landes durch den Zentralstaat. Seither gilt die Förderung der Großstädte im Westen als Strukturaufgabe des Zentralstaats, was sich institutionell in der Schaffung eines eigenen Staatssekretärs und einer Sonderstellung der Großstädte in vielen Politikprogrammen und Finanzierungsströmen zeigt.

Grundprinzipien der niederländischen Wirtschaftsordnung

Niederländische Wirtschaftswissenschaftler lehnen es überwiegend ab, den Begriff der »Sozialen Marktwirtschaft« als Leitbild für die niederländische Wirtschaftsordnung zu gebrauchen. Statt dessen verwenden sie den Begriff der *overleg-economie*. Der Begriff *overleg* hat im Deutschen keine Entsprechung. Er wird meist mit »Verhandlung« übersetzt, trifft damit aber nicht den stärker offene und gemeinsame Beratschlagung meinenden Sinngehalt des Begriffs. Im Gegensatz zu Verhandlungen stellt das Ergebnis meist keinen verbindlichen Pakt dar und beläßt somit den einzelnen Teilnehmern einen größeren Freiheits- und Handlungsspielraum. Es handelt sich eher um ein Verfahren zur Suche nach Kompromissen und weniger um die Ausprägung eines vorgegebenen sozialen Konsenses. Bei durchaus stark voneinander abweichenden Auffassungen der Teilnehmer in Grundsatz- und Detailfragen werden vornehmlich praktikable Lösungen in Beratungs- und Verhandlungsrunden gesucht. Das geschieht beispielsweise dadurch, daß man sich in Verhandlungen auf das Finden eines gemeinsamen Schnittstellenbereichs konzentriert, von dem aus Lösungen entwickelt und Verhandlungspakete geschnürt werden können. Unterschiede in anderen Fragen bleiben bestehen, werden aber nicht als Blockademittel benutzt.

Diese Suche nach Kompromissen geschieht im Rahmen eines dichten und auch stark institutionalisierten Verhandlungsnetzwerkes. Es gibt kein anderes europäisches Land, in dem sich die Spitzenvertreter von Gewerkschaften, Arbeitgebern und Zentralstaat derart oft und regelmäßig am Verhandlungstisch gegenüber sitzen.

In der internationalen Literatur werden die Niederlande häufig auch als *mixed economy* bezeichnet. Damit wird angedeutet, daß es sich bei der niederländischen Wirtschaftsordnung um eine Mischform handelt, die sowohl den Markt- wie den Bürokratiemechanismus als konstituierende Bestandteile kennt und in der wichtige wirtschafts- und sozialpolitische Beschlüsse gemeinsam von Staat, Arbeitgebern und Arbeitnehmerorganisationen getroffen werden. Zwar verfügt der niederländische Staat heute nur noch über wenige Unternehmen und Beteiligungen, dennoch bleibt die rahmensetzende, ordnende und mitsteuernde Rolle des Staates für die niederländische Wirtschaft beträchtlich. Noch immer ist der Staat an der Entstehung und Verteilung von rd. 45% des BIP beteiligt. Etwa ein Fünftel der Ausgaben des Staatshaushaltes entfallen auf sozialpolitische Maßnahmen und Transferleistungen.

Obwohl die niederländische Arbeitsmarkt- und Sozialpolitik seit 1945 durch stark korporatistische Strukturen geprägt ist, wies die Wirtschaftspolitik immer schon eine stärker unternehmensnahe, liberale Prägung auf. So zeigen die Niederlande nicht nur in der Steuerpolitik, sondern auch in der Wirtschaftsordnungspolitik eine stark liberale Grundhaltung: Sichtbarer Ausdruck bis 1997 war das völlige Fehlen einer kartellrechtlichen Regelung (mit Ausnahme eines durch den SER erarbeiteten freiwilligen Verhaltenskodex). Eine neue gesetzliche Regelung ist unter EU-Harmonisierungsdruck erst Anfang 1998 in Kraft getreten.

Entsprechend den Grundgedanken liberalen Wirtschaftsverständnisses, avancierten Privatisierung und Deregulierung zum Leitfaden der neuen niederländischen Wirtschaftspolitik seit Mitte der 80er Jahre. Eingeleitet und umgesetzt wurde die Privatisierung von Staatsbetrieben und die Beendigung staatlicher Beteiligungen (Post, Bahn, DSM, DAF).

Planungselemente und Politikberatung

Die staatliche niederländische Wirtschaftspolitik vollzieht sich seit dem Zweiten Weltkrieg stärker planförmig als in Deutschland, aber weitaus weniger planförmig als z. B. in Frankreich. Es gibt keine staatliche Planung der Wirtschaftsentwicklung. Dennoch finden sich auf zentralstaatlicher Ebene gleich mehrere Instanzen, deren indikative Planungen und volkswirtschaftliche Modellrechnungen wichtige wirtschafts- und finanzpolitische Eckwerte setzen. Wichtigste Planungsbehörden und

-institute sind das *Centraal Planbureau*, das *Centraal Bureau voor de Statistiek* sowie das *Sociaal Cultureel Planbureau*. Als Einrichtungen wissenschaftlicher Politikberatung ist neben dem *Sociaal-Economisch Raad* (SER) vor allem der seit 1972 mit vielen öffentlichen Gutachten in Erscheinung getretene *Wetenschappelijk Raad voor het Regeringsbeleid* (WRR) hervorzuheben. Aufgabe des WRR ist es, neue Problemlagen zu erforschen, bestehende Probleme im größeren Zusammenhang zu analysieren und neue Perspektiven staatlicher Problemlösung auszuloten.

Das auf Grundlage von Ideen des niederländischen Nobelpreisträgers und Sozialisten Jan *Tinbergen* 1945 gegründete *Centraal Planbureau* (CPB; Zentrales Planungsamt, das sich selbst mit »Niederländisches Institut für Wirtschaftspolitische Analyse« übersetzt) erarbeitet kurz- und mittelfristige Prognosen über makroökonomische Daten. Es legt im Frühjahr den sog. zentralen Wirtschaftsplan (*Centraal economisch plan*; CEP) vor, der aber eher eine Art Jahresprognose darstellt. Jeweils im Herbst zur Eröffnung des neuen parlamentarischen Jahres erstellt das Zentrale Planungsamt die sog. »zentrale Wirtschaftsprognose« (*macro-economische verkenningen*; MEV), die wiederum eher eine Art statistische Unterbauung des neuen Haushaltsplanes ist. Die in enger Zusammenarbeit mit dem Statistischen Amt erstellten Prognosen und Daten geben eine Empfehlung für die Erstellung staatlicher Programme, aber auch für die Aktivitäten der Sozialpartner. Seit Mitte der 80er Jahre lassen alle größeren politischen Parteien ihre Wahlprogramme öffentlich vom CPB auf sozialökonomische und finanzpolitische Konsequenzen hin begutachten.

Einrichtungen der niederländischen Verhandlungsökonomie

Nach dem Ersten Weltkrieg wurde ein »Hoher Rat der Arbeit« (*Hoge Raad van Arbeid*) als Beratungsorgan der Regierung und Plattform für Besprechungen auf dem Gebiet der Sozialgesetzgebung, des Arbeitsrechtes und der Tarifpolitik eingerichtet. Er umfaßte Vertreter der Arbeitgeber und Arbeitnehmer sowie Beamte und Wissenschaftler. Die Spitzenverbände wurden hier zum ersten Mal auf nationaler Ebene und auf paritätischer Basis an der Gestaltung der Arbeits- und Sozialpolitik beteiligt. Die Gründung des »Hohen Rates« hatte staatsrechtliche Konsequenzen. Gemäß Artikel 87 der niederländischen Verfassung ist seither die Einrichtung ständiger Beratungsgremien der Regierung an ein förmliches Gesetz gebunden. Damit ist eine starke staatsrechtliche Stellung der Institutionen der niederländischen Verhandlungsdemokratie sichergestellt.

Stiftung der Arbeit

Die *Stichting van de Arbeid* (SvdA) geht auf die gemeinsame Initiative der Organisationen der Sozialpartner zurück, die im Widerstand gegen Nazideutschland zu einer bis dato unbekannten engen Zusammenarbeit angehalten worden waren. Unmittelbar nach der Befreiung erfolgte die Gründung der SvdA auf privatrechtlicher Grundlage. Initiatoren waren die dem Versäulungssystem der Vorkriegszeit zugehörigen nationalen Dachorganisationen der Arbeitnehmer, der industriellen Arbeitgeber, des Mittelstandes und der Landwirtschaft. An dieser Zusammenstellung hat sich mit Ausnahme der 1968 zugelassenen Angestelltengewerkschaft MHP und der Fusionsprozesse im Arbeitnehmer- und Unternehmerlager nichts verändert.

Innerhalb der SvdA ist eine weitgehende Parität zwischen Arbeitnehmern und Arbeitgebern verankert worden. Sie gilt auch für die rund zwanzig Fachausschüsse und Arbeitsgruppen. Das Arbeitsgebiet der SvdA erstreckt sich satzungsgemäß auf die sozialen Aspekte des Wirtschaftslebens von der Lohnpolitik über die Sozialversicherung bis hin zu allen weiteren Aspekten der Regelung der Arbeitsbeziehungen im privatwirtschaftlichen Bereich. In der unmittelbaren Nachkriegszeit nahm die SvdA im Rahmen der national ausgehandelten und staatlich kontrollierten Lohn- und Tarifpolitik einen herausragenden Platz ein. Die Aufgaben der SvdA veränderten sich 1950 mit der Gründung des Sozial-Ökonomischen Rates (SER), der die offiziellen Beratungsaufgaben der SvdA übernahm, ohne daß die geplante Auflösung der SvdA und ihr Aufgehen im SER stattfand. Zwischen beiden Institutionen – die im gleichen Gebäude untergebracht sind – gibt es heute eine Vielzahl von funktionalen, personellen und organisatorischen Verflechtungen.

Obwohl innerhalb dezentralisierter Arbeitsbeziehungen die Rolle der SvdA eigentlich anachronistisch erscheint, unterstreichen alle Beteiligten den hohen Nutzen einer derartig »freien« Gesprächs- und Verhandlungsplattform, auf der eine Vielzahl spezialisierter Materien behandelt und politische Grundsatzberatungen geführt werden können. So war die SvdA an den zentralen Verhandlungen zwischen Sozialpartnern und Regierung immer entscheidend beteiligt. Die öffentlich sichtbare Renaissance der SvdA fand ihren deutlichsten Ausdruck in dem Ende 1982 in enger Beratung mit der Regierung zustande gekommenen »historischen« *Abkommen von Wassenaar*. Zu den bekanntesten neueren Zentralabkommen in der »Stiftung der Arbeit« zählt die 1993 abgeschlossene Vereinbarung »Ein neuer Kurs«, worin Lohnmäßigung, Beschäftigungszuwachs und Mitbestimmung als zentrale Themen verknüpft worden sind.

Sozial-Ökonomischer Rat

Der *Sociaal-Economische Raad* (SER) umfaßt heute 33 Mitglieder (bis Ende der 80er Jahre: 45 Mitglieder), die formell von der Krone ernannt werden. Zwei Drittel der SER-Mitglieder werden paritätisch durch die gesetzlich als repräsentativ anerkannten Organisationen von Arbeitnehmern und Arbeitgebern zur Ernennung durch die Krone vorgeschlagen. Ein Drittel der SER-Mitglieder werden als unabhängige Sachverständige von der Krone ernannt. Mit der Gründung des SER 1950 wurde erstmals auf nationaler Ebene die Parität für ein Gremium angewendet, das sich auch mit wirtschaftspolitischen Fragen beschäftigt. Genau genommen gibt es eine doppelte Parität zwischen Arbeitnehmer- und Arbeitgebervertretern einerseits und den drei konstituierenden Teilgruppen (Kapital, Arbeit, Sachverständige) andererseits.

Die Kronmitglieder verkörpern das Prinzip des Sachverstandes im SER. Die meisten dieser unabhängigen Sachverständigen rekrutieren sich aus dem Kreis von Professoren für Rechts-, Sozial- und Wirtschaftswissenschaften. Ex officio sind darüber hinaus der Präsident der Niederländischen Bank sowie des *Centraal Planbureau* Mitglieder des SER als Vertreter der Krone. Die Kronmitglieder haben über die Einbringung ihres Sachverstandes eine Art Vermittlerrolle zwischen den Sozialpartnern inne, nehmen Anstoßfunktionen wahr, um eventuelle Pattsituationen zu überwinden und verkörpern zugleich die Rolle der Vertreter allgemeiner Interessen. In vielen Kommissionen und Ausschüssen des SER übernehmen sie den Vorsitz.

Der *Vorsitzende* des SER wird von der Krone nach vorheriger Anhörung aus dem Kreis der SER-Mitglieder ernannt. Hierbei hat sich die Praxis herausgebildet, den Vorsitzenden aus den Reihen der Sachverständigen zu wählen, wobei er als ungeschriebenes Recht der Zustimmung aller vertretenen Gruppen bedarf. Die beiden Stellvertreter wählt der SER selbst, der hierbei die beiden Gruppen berücksichtigt, denen der Vorsitzende nicht angehört.

Der SER nimmt laut Gesetz eine Doppelfunktion wahr als Spitzenorgan der öffentlich-rechtlichen Wirtschaftsorganisation (PBO) einerseits und als oberstes wirtschafts- und sozialpolitisches Beratungsorgan der niederländischen Regierung andererseits. Die erstgenannte Funktion als Verwaltungsorgan blieb von untergeordneter Bedeutung. Als Spitzenorgan der niederländischen Wirtschaft kommt dem SER ein eigenes Verordnungsrecht zu, von dem aber nur sehr begrenzt Gebrauch gemacht worden ist.

In seiner wichtigsten Funktion ist der SER als Beratungsorgan der Regierung nach Artikel 87 der niederländischen Verfassung tätig. Der SER kann auch aus eigenem Antrieb gutachterlich tätig werden, was allerdings nur selten geschieht. Ziel der Gutachten ist es primär, der Regierung die in offenen Verhandlungen (*overleg*) zwischen den Sozialpartnern sichtbar werdenden Standpunkte zu verdeutlichen. Der SER ist keine Einrichtung wissenschaftlicher Politikberatung. Die Regierung war bis zu einer Gesetzesänderung im Jahr 1994 verpflichtet, bei allen Maßnahmen auf dem Gebiet der Sozial- und Wirtschaftspolitik ein Gutachten des SER einzuholen. Der Adressatenkreis der SER-Gutachten ist ebenso wie der Kreis der Auftraggeber gesetzlich auf einzelne Ministerien begrenzt worden. Eine Gutachterfunktion für das Parlament blieb mit Verweis auf Gewaltenteilungsaspekte ausdrücklich ausgeschlossen. Mehr als 60% aller Gutachten werden vom Ministerium für Soziales und Arbeit angefordert.

Obwohl gesetzlich verankert, ist der SER keine staatliche Institution. Die Kosten werden über Abgaben finanziert, die alle in den Handelskammern eingetragenen Unternehmen zu entrichten haben. Die SER-Gutachten werden durch beinahe 100 Kommissionen und Unterkommissionen vorbereitet, an denen insgesamt rund 500 Vertreter von Interessenorganisationen teilnehmen. Vorbereitung und Ausführung der anfallenden Arbeiten übernimmt ein Sekretariat, das aus etwa 160 Mitarbeitern besteht und einem Generalsekretär untersteht.

In Ausübung seines Verordnungsrechtes tagt der SER prinzipiell öffentlich. Erst seit den 70er Jahren setzte sich das Öffentlichkeitsprinzip für alle Plenar- und Ausschußsitzungen durch. Unter den Bedingungen der Versäulung kamen bei kontroversen Abstimmungen bis Ende der 60er Jahre konfessionell bedingte Unterschiede innerhalb der Gruppen der Arbeitnehmer und Arbeitgeber zum Tragen, während später Gewerkschaften und Arbeitgeber sich bei strittigen Punkten eher als Block gegenüberstanden. Anfang der 90er Jahre setzte eine Renaissance einheitlicher Gutachten von Gewerkschaften und Unternehmerlager im SER ein.

8 Arbeit und Beschäftigung

Arbeitsbeziehungen in der niederländischen Verhandlungsökonomie

1907 schränkte erstmals ein Gesetz über den Arbeitsvertrag (*Wet op de Arbeidsovereenkomst*) den Bereich der (industriellen) Arbeitsbeziehungen ein. Eine umfassende privatrechtliche Regelung des Tarifvertrages erfolgte gesetzlich im Jahre 1927 (*Wet op de collectieve arbeidsovereenkomsten*). Im Jahre 1937 kam das Gesetz über die Verbindlich- und Unverbindlicherklärung kollektiver Tarifverträge durch den Staat zustande. Erstmals wurde damit eine grundsätzliche Mitverantwortung des Staates in der Lohnpolitik anerkannt. Weitere relevante Gesetze sind die Regelung über den gesetzlichen Mindestlohn (1968), das Gesetz über die Lohnfindung (1970) sowie das Gesetz über die gleiche Entlohnung von Männer und Frauen (1987). Ein umfassendes »Gesetzbuch zum Arbeitsrecht« gibt es nicht in den Niederlanden. Materien wie das Streikrecht sind überhaupt nicht gesetzlich geregelt.

Nach 1945 wurden zwar die gesetzlichen Regelungen der Vorkriegszeit wieder in Kraft gesetzt, allerdings galt dies nicht für die Wiederherstellung der Tarifautonomie von Gewerkschaften und Arbeitgebern. Statt dessen wurde ein kompliziertes Gefüge für den Bereich der Lohnpolitik geschaffen. Die Bedeutung der Branchenebene war stark eingegrenzt, alle wichtigen Parameter wurden in Verhandlungen der Spitzenorganisationen auf zentralstaatlicher Ebene festgelegt.

1968 wurden Tarifverträge erstmals auf Unternehmens- und Branchenebene ausgehandelt. Zugleich legte das Sozialministerium einen Entwurf für ein Lohngesetz (*Wet op de Loonvorming*) vor, der auf massive Kritik stieß. Der Staat behielt sich das Recht vor, unter bestimmten Umständen in die Tarifabschlüsse einzugreifen. Das Gesetz war so umstritten, daß es erst 1970 angenommen wurde, nachdem die Regierung die Vertrauensfrage gestellt hatte. Im Vorfeld der Entscheidung hatten die Gewerkschaften erstmalig zu einem eintägigen landesweiten politischen Streik aufgerufen. Zudem zogen sich die sozialistische und katholische Gewerkschaftszentrale aus Protest für kurze Zeit aus den SER- und SvdA-Beratungen zurück. Bei einer Gesetzesnovellierung im Juni 1976 ist der berüchtigte, aber niemals angewandte Artikel 8 geräusch- und konfliktlos aus dem Gesetz entfernt worden.

Die progressiv-konfessionelle Regierung *den Uyl* legte unter dem Eindruck der ersten Ölkrise 1974 ein Ermächtigungsgesetz (*Machti-*

gingswet) vor, mit dem sie zeitlich befristet in die Lohn- und die Arbeitsmarktentwicklung eingreifen konnte. Das Gesetz traf auf keinen größeren Widerstand, obwohl die Möglichkeit zu dezentralen Tarifverhandlungen fast vollständig ausgeschlossen wurde und so in der Praxis eine staatlich geführte Lohnpolitik wieder ins Leben gerufen wurde.

Im Dezember 1970 griff die Regierung erstmals zum Instrument eines befristeten Lohnstopps. Um die inflationstreibende Lohn- und Preisspirale besser in den Griff zu bekommen, schlug der SER 1972 einen »Sozialvertrag« (*sociaal contract*) für 1973 zwischen Staat und Sozialpartnern vor. Eine Regierungskrise verhinderte diesen ersten historischen »tripartistischen« Pakt. Die Sozialpartner schlossen statt dessen in der SvdA Ende 1972 einen förmlichen bilateralen Pakt (*centraal akkoord*) ab. Die Suche nach einem zentralen Abkommen zwischen Regierung, Gewerkschaften und Arbeitnehmer ist seither in den Niederlanden zu einem neuen Ritual der Wirtschafts- und Sozialpolitik geworden. Richtungsweisend werden vor allem die Abkommen von 1972, 1982, 1986, 1989 und 1993 genannt.

Tarifpolitik

Der »Akkord van 1982«, das berühmte Abkommen von Wassenaar, stellte in sechs knappen Artikeln die Freiheit der Tarifpartner förmlich wieder her. Tarifpolitik sollte wieder primär Angelegenheit der Sozialpartner werden, und im Rahmen der Tarifpolitik sollte eine größere Differenzierung nach Branchen und Regionen möglich sein. Das Abkommen von 1982 steht für eine grundlegende Umkehr der Rolle des Zentralstaats in der Einkommens-, Arbeits- und Sozialpolitik zugunsten von Marktprozessen und Tarifautonomie.

Der gewachsene Abstand der Gewerkschaften zur Sozialdemokratie, aber auch die gemeinsame Angst von Arbeitgeberverbänden und Gewerkschaften, daß der niederländische Zentralstaat sie in wichtigen Fragen außen vor lassen würde, leitete Anfang der 90er Jahre in den Niederlanden *eine Renaissance der bilateralen Zusammenarbeit der Sozialpartner* ein. Diese neue Einmütigkeit beruhte wesentlich auf Vorleistungen seitens der Gewerkschaften, die traditionelle Standpunkte aufgaben bzw. für verhandlungsfähig erklärten. Generelles Ziel ist die Kombination aus mehr Flexibilität, wie von den Arbeitgebern gefordert und von den Gewerkschaften unterstützt, mehr Sicherheit, vor allem für Teilzeit- und Flexarbeiter, und einer besseren Vereinbarkeit von Berufsarbeit und Familienfürsorge. Die Organisationen der Sozialpartner gerieten unter zusätzlichen Druck, als ihnen im politischen Raum die Verantwortung für die aus dem Ruder gelaufenen Kosten der Arbeitsunfähigkeitsversicherung zugeschrieben wurde.

Im öffentlichen Dienst fand in den 90er Jahren eine beinahe geräuschlos vollzogene Angleichung der Arbeitsbedingungen mit denen der Privatwirtschaft statt. Verabschiedet wurde ein einheitliches und gemeinsames Mitbestimmungsgesetz für Beschäftigte im öffentlichen Dienst und in der privaten Wirtschaft.

Trotz aller radikalen Töne seitens der Gewerkschaften, seitens der Arbeitgeberverbände und der Manager internationaler Konzerne blieben die Niederlande in den 80er und 90er Jahren von einem bemerkenswerten »sozialen Frieden« geprägt. Sparmaßnahmen des Staates bei den Beamtengehältern und weiteren sozialen Leistungen lösten Mitte der 80er Jahre mehrfach umfangreiche Streikaktionen im öffentlichen Dienst aus. Nachdem die Niederlande nachfolgend jahrelang von größeren Arbeitskämpfen verschont blieben, kam es 1993 zu Streiks in der Metallindustrie und erstmals seit 1983 auch wieder zu Arbeitsniederlegungen im öffentlichen Dienst. Der Anteil von Streiks und durch Streiks verlorener Arbeitstage rangiert aber stets am untersten Ende der europäischen Vergleichsskala.

Einkommenspolitik und Lohnentwicklung

Die Einkommenspolitik bildet wie schon in der Nachkriegszeit auch heute noch indirekt eine wichtige Rahmenbedingung für den stabilitätspolitischen Kurs der Regierung. Die Regierung verfügt weiterhin über gesetzliche Möglichkeiten, in den Lohnfindungsprozeß einzugreifen. Und niederländische Regierungen zögern auch nicht, dies zu tun, wenn die Lohnentwicklung sich allzu deutlich von ihren Vorstellungen entfernt. So griff die Regierung 1993 in die Lohnentwicklung ein, nachdem sich die Wettbewerbsfähigkeit der niederländischen Wirtschaft verschlechtert hatte. Für 1994 trat quasi eine Art Lohnstopp in Kraft. Zusätzlich wurden in den Tarifabschlüssen seit 1994/95 in mehreren Branchen neue Niedriglohngruppen eingeführt. Übergeordnetes Ziel der Politik ist es, die Kosten des Faktors Arbeit im internationalen Vergleich möglichst sinken zu lassen. 1997 stiegen die Kontraktlöhne im privatwirtschaftlichen Bereich um 2,5%, für das Jahr 1998 wird eine etwas höhere Wachstumsrate vorausgesagt.

Seit 1968 kennen die Niederlande ein *System gesetzlich festgelegter Mindestlöhne*. Hierfür gilt das Gesetz über Mindestlohn und Mindesturlaubsgeld (WMM). Es gewährt allen niederländischen Arbeitnehmern zwischen 23 und 65 Jahren den Anspruch auf einen Lohn in Höhe eines sicheren Existenzminimums, einschließlich eines gesetzlichen Anspruchs auf Urlaubsgeld in Höhe von 8% des Lohns. Für Jugendliche gibt es einen – inzwischen wieder abgesenkten – eigens gesetzlich geregelten Jugendmindestlohn. Dieser ist nach dem Alter gestaffelt und reicht derzeit von monatlich 649 hfl. für 15jährige bis 1.839 hfl. für 22jährige. Die Tarifabschlüsse für jugendliche Beschäftigte liegen durchschnittlich 10% über den Sätzen des gesetzlichen Jugendmindestlohns. Ab 23 Jahre gilt zur Zeit ein gesetzlicher Mindestlohn von 2.163,20 hfl./Monat. Der Minimumlohn für Teilzeitarbeitskräfte wird als anteiliger Betrag in Relation zur Arbeitszeit festgelegt.

Länderberichte internationaler Wirtschaftsorganisationen hielten den Niederlanden bis in die 90er Jahre regelmäßig vor, daß der niederländische Arbeitsmarkt zu starr sei. Nach wie vor kennen die Niederlande außerordentliche Schutzrechte auf dem Arbeitsmarkt. Jede Entlassung bedarf der schriftlichen Genehmigung durch die Regierung (in der Praxis übertragen auf den regionalen Arbeitsamtdirektor nach Mitsprache durch die Sozialpartnerausschüsse beim Arbeitsamt). Massenentlassungen werden in der Regel nur dann genehmigt, wenn die Lebensalters- resp. Betriebszugehörigkeitsverteilung der Beschäftigten berücksichtigt wird. Der gesetzliche Minimumlohn ist weitgehend intakt geblieben. Für bestimmte Gruppen von Langzeitarbeitslosen ist eine nach oben begrenzte Entlohnung knapp oberhalb des gesetzlichen Mindestlohns vorgesehen. Zudem wird seit einiger Zeit verstärkt die Frage diskutiert, ob eine Einstellung von Langzeitarbeitslosen auch unterhalb des Mindestlohnes sinnvoll ist.

Entwicklung der Beschäftigung

Ende 1995 gab es rd. 10,5 Millionen Niederländer und Niederländerinnen im Alter zwischen 15 und 64 Jahren. Von ihnen werden nach Abzug der durch Ausbildung, Krankheit oder ähnliches nicht dem Arbeitsmarkt zur Verfügung stehenden Personen rd. 6,5 Mio. zur potentiellen Berufsbevölkerung gerechnet. Durch den Zugang der geburtenstarken Jahrgänge erhöhte sich die potentielle Berufsbevölkerung zwischen 1970 und 1995 um 40%. Von dieser Gruppe hatten rd. 6 Mio. ein Arbeitsverhältnis (Steigerung gegenüber 1970: 30%). Umgerechnet in Vollzeit-Äquivalente nahm die Zahl der Arbeitsplätze in den letzten 25 Jahren nur um 15% zu. Dahinter verbirgt sich die starke Zunahme von Teilzeit-Arbeitsverhältnissen. Waren vor zwanzig Jahren von je 10

Arbeitsplätzen noch 9 Ganztagsstellen, so sind es Mitte der 90er Jahre nur noch sechs. Insgesamt wurden in den 80er Jahren rd. 800.000 Arbeitsplätze geschaffen, derzeit kommen jährlich rd. 100.000 Stellen neu hinzu. Ähnlich tiefgreifend verlief die Veränderung in der Berufsstruktur. Waren 1960 noch 43% aller Berufe in den Bereichen Handwerk, Industrie und Transport angesiedelt, so lag deren Anteil 1994 nurmehr bei 23%. Gleichzeitig stieg der Anteil nichtindustrieller Berufe in der Industrie auf 46,5% an. Der Anteil gering qualifizierter Arbeit am Gesamtarbeitsvolumen hat sich in den Niederlanden zwischen 1973 und 1993 um mehr als 20% verringert, gleichzeitig stieg dieser Anteil bei den im gleichen Zeitraum neu geschaffenen Jobs um 13%.

Ende 1997 waren knapp 375.000 Niederländer arbeitslos. Die *Arbeitslosenquote* hatte noch 1970 bei nur 0,7% gelegen und erreichte nach einem dramatischen Anstieg Mitte der 80er Jahren einen neuen Nachkriegsrekord mit über 10%. Ende der 80er Jahre konnte diese Tendenz umgebogen werden. Die Arbeitslosenquote liegt in den Niederlanden nach OECD-Standards derzeit lediglich bei 5,6%. Rund 70.000 der Arbeitslosen erfüllten nicht die in den Niederlanden von den Arbeitsämtern benutzten Kriterien, um als arbeitslos registriert zu werden (Suche nach einem mindestens 12stündigen Beschäftigungsverhältnis, dauerhaft dem Arbeitsmarkt zur Verfügung stehend, Einschreibung beim Arbeitsamt).

International gilt die *Arbeitsteilnahme* in den Niederlanden als außerordentlich gering, obgleich der Arbeitsteilnahmegrad zwischen 1970 und 1995 immerhin von 57 auf 63% und allein in den letzten zehn Jahren um 6% gestiegen ist. Dabei vollzogen sich zwei Entwicklungen: Die Arbeitsteilnahme von Männern sank zwischen 1970 und 1995 wegen der höheren Beteiligung an Vorruhestandsregelungen um fast 10 Prozentpunkte auf 76%. Von den niederländischen Arbeitnehmern zwischen 55 und 64 Jahren steht nur rund ein Viertel noch in einem Arbeitsverhältnis (resp. 42% aller 50–64jährigen und 17% bei den 60–64jährigen). Ähnlich niedrig lag die Arbeitsteilnahme türkischer und marokkanischer Arbeitnehmer, die in den Niederlanden leben (jeweils rd. 30%). Dramatisch war der Anstieg der Arbeitsteilnahme von Frauen in den Niederlanden: sie stieg zwischen 1970 und 1995 um fast 20 Prozentpunkte auf 49% an.

Die sinkende Arbeitsteilnahme älterer Beschäftigter ist zu einem großem Teil dem erheblichen Umfang der Nutzung von Vorruhestandsregelungen (VUT) geschuldet. Hierdurch wurde bei einem Regelpensionsalter von 65 Jahren die Altersgrenze im Laufe der achtziger Jahre de facto auf etwa 60 Jahre gesenkt.

Arbeitszeitentwicklung

Die Arbeitszeit von Arbeitnehmern wird in den Niederlanden seit 1919 in einem eigenen, ausgesprochen detaillierten Gesetz, dem Arbeitsgesetz, geregelt. Nach mehreren Kampagnen der Gewerkschaften zur Arbeitszeitverkürzung gilt inzwischen eine Regelarbeitszeit von 38 Stunden. Anfang der 90er Jahre gelang in einigen Branchen (wie z. B. dem Bankwesen) der Einstieg in die 36-Stunden-Woche. Die durchschnittliche Arbeitszeit betrug in den Niederlanden 1995 aufgrund der hohen Teilzeitquote nur 32,6 Stunden. Männer arbeiten wöchentlich fast zehn Stunden mehr als Frauen. Teilzeitbeschäftigte waren Ende 1994 im Durchschnitt gut 20 Stunden beschäftigt, die Arbeitszeit von Flexarbeitnehmern lag drei Prozentpunkte darunter. Tarifvertraglich werden seit Anfang der 80er Jahre sog. arbeitszeitverkürzende Tage geregelt (1994: durchschnittlich 7 ATV-Tage). Durch die zugenommene Flexibilisierung der Arbeit arbeitet heute beinahe jeder zweite Beschäftigte regelmäßig abends, nachts oder am Wochenende.

Teilzeitarbeit

Mitte der 90er Jahre verfügen die Niederlande trotz intakt gebliebenen Arbeitnehmerschutzrechte über einen der vermutlich flexibelsten Arbeitsmärkte in Europa. Je nach Definition können zwischen neun und dreizehn Prozent aller Beschäftigten als reine *Flexarbeiter* bezeichnet werden (Arbeitnehmer mit einer wechselnden Anzahl Stunden, einem zeitlich befristeten Arbeitsvertrag von weniger als einem Jahr und ohne Aussicht auf eine anschließende Festanstellung). Auffällig ist der hohe Anteil jugendlicher Arbeitnehmer, die ein Flexarbeitsverhältnis innehaben (knapp 46% aller Flexarbeiter). Flexarbeit ist eine unter Jugendlichen verbreitete Form, um Ausbildung und Arbeit zu verbinden und gleichzeitig eine häufig gewählte Form des Eintritts in das Arbeitsleben. Flexarbeit wird von zwölfmal soviel Frauen wie Männern ausgeübt. Die Entlohnung von Flexarbeitern ist niedrig, mehr als 60% verdient pro Woche weniger als 40 Gulden über dem Mindestlohn.

Insgesamt ist jede vierte Stelle in den Niederlanden inzwischen ein Teilzeit- oder Flexarbeitsverhältnis. Mehr als 57% aller neu geschaffenen Stellen der letzten zehn Jahre waren *Teilzeitarbeitsplätze*. Auch ihren aktuellen Jobzuwachs – 1996 mehr als 100.000 neue Stellen – verdanken die Niederländer vor allem ihrer Bereitschaft, Teilzeitstellen anzunehmen. Zwischen 1983 und 1993 nahm die Beschäftigung ausgedrückt in Arbeitsjahren um 12% zu, gleichzeitig stieg aber die Zahl der

Stellen um 20%. Jeder dritte Erwerbstätige arbeitet inzwischen zwischen 15 und 30 Stunden pro Woche.

In keinem anderen Industriestaat hat Teilzeitarbeit eine ähnliche Bedeutung wie in den Niederlanden. Über ein Drittel aller Beschäftigten arbeitet kürzer als die Vollzeitnorm; bei den berufstätigen Frauen liegt dieser Anteil heute über zwei Drittel. Zum Vergleich: In Deutschland liegt die Teilzeitquote derzeit bei 19%. Die Entwicklung ist relativ jungen Datums. Erstaunlicherweise kam dieses Wachstum zustande, ohne daß es staatliche Subventionen oder eine gezielte Gesetzgebung zur Förderung von Teilzeitarbeit gab. Wesentlichen Anteil an dem Teilzeit-Boom trägt die Bereitschaft des übergroßen Teils der niederländischen Berufsbevölkerung, auch ohne vollen Lohnausgleich kürzer zu arbeiten und auf Überstunden zu verzichten. Zugleich wäre diese Entwicklung wohl unmöglich gewesen, hätten nicht die großen Gewerkschaftsbünde die Förderung von Teilzeitarbeit in ihrer Tarif- und Arbeitspolitik tatkräftig unterstützt.

Eines der Hauptkennzeichen der Entwicklung auf dem niederländischen Arbeitsmarkt ist die *steigende Erwerbstätigkeit von Frauen*. Hier muß man jedoch die international ungewöhnlich niedrige Ausgangsposition berücksichtigen: Ende der 60er Jahre waren weniger als 30% der Frauen im berufsfähigen Alter auch berufstätig. Das unter Einfluß der konfessionellen Versäulung lange Zeit vorherrschende Frauenleitbild sah vor, daß die (verheiratete) Frau an den häuslichen Herd gehört und sich als Mutter um die Erziehung der Kinder kümmert. Längere und bessere Ausbildung, staatlich unterstützte Gleichberechtigung, der Wunsch nach wirtschaftlicher Unabhängigkeit sowie nach einem Wiedereinstieg in den Beruf nach der Erziehung der Kinder führte dazu, daß Frauen massiv auf den Arbeitsmarkt drängten. Zählten 1975 noch 85% aller verheirateten Männer zur Gruppe der Alleinverdiener, so hat sich dieser Anteil bis 1994 auf 50% vermindert. Heute sind 56 von 100 niederländischen Frauen berufstätig. Inzwischen gehen 80% aller verheirateten Frauen in den Niederlanden einem Teilzeitbeschäftigungsverhältnis nach. Während der Anteil berufstätiger Mütter mit einem Vollzeitjob in den Niederlanden niedriger liegt als in jedem anderen europäischen Land (1994: 6%), liegt der Anteil berufstätiger Mütter mit einem Teilzeitverhältnis andererseits höher als in jedem anderen europäischen Staat (1994: 41%).

Neue Überlegungen zielen ab auf eine verbesserte rechtliche Absicherung von nicht-berufstätigen Lebensphasen im Arbeits- und Sozialrecht. Als neues gesellschaftliches Leitbild wird die selbstbestimmte Kombination und Verknüpfung von Berufsarbeit und »familiärer Fürsorge« propagiert. Gerade der hohe Anteil des Dienstleistungssektors an neu geschaffenen Stellen erleichterte in den Niederlanden die Frauenerwerbstätigkeit; demgegenüber wird in der traditionell weiterhin von Männern dominierten Industrie fast keine Teilzeitarbeit angeboten. Andererseits bot der hohe Frauenanteil dem Dienstleistungssektor eine gute Chance, die Lohnkosten niedrig zu halten. Zwei Fünftel aller Frauen finden ihren Teilzeitjob in den Bereichen Gesundheitswesen, Fürsorge, Bildung und Einzelhandel.

Inzwischen haben immerhin 17% aller berufstätigen Männer ein Flex- resp. Teilzeit-Arbeitsverhältnis. Allerdings hat Teilzeitarbeit unter männlichen Arbeitnehmern einen anderen Stellenwert: Es handelt sich um eine zeitlich befristete Erscheinung, meist am Anfang oder Ende der eigenen Arbeitskarriere. Bei niederländischen Frauen handelt es sich eher um eine inzwischen dauerhafte Form der Vereinbarung von bezahlter Berufs- und unbezahlter Haus- resp. Familienarbeit.

Eine wesentliche Voraussetzung für die Nachhaltigkeit des Teilzeitbooms war, daß die arbeits- und sozialrechtlichen Benachteiligungen von Teilzeitbeschäftigten schrittweise abgebaut worden sind. Anfang der 90er Jahre hatte schon in über 80% der Tarifverträge die proportionale Bezahlung für Teilzeitarbeitnehmer Eingang gefunden. Bei der Lohnfortzahlung im Krankheitsfall gibt es keinen Unterschied mehr, ebensowenig wie beim gesetzlichen Mindestlohn, bei der Arbeitslosenversicherung sowie beim Kündigungs- und Mutterschaftsschutz. Das Problem der Altersversorgung ist für Teilzeitarbeiter nicht so gravierend wie in Deutschland, da es in den Niederlanden eine Grundrente gibt, die unabhängig von der Höhe geleisteter Beiträge gezahlt wird. Im Gegensatz zu Deutschland greift in den Niederlanden die soziale Sicherung für jeden Arbeitnehmer ungeachtet seiner Arbeitszeit, d. h. niemand muß mindestens 610 Mark verdienen, um sozialversichert zu sein.

Zeitarbeitsvermittlung als niederländisches Phänomen

Im Verhältnis zur Größe der Bevölkerung haben die Niederlande eine der größten Zeitarbeitsbranchen der Welt. Die Zeitarbeitsbüros vermitteln indirekt fast genauso viele Stellen wie die öffentlichen Arbeitsämter. Heute sind insgesamt mehr als 2.500 Organisationen mit der Vermittlung und Überlassung von Arbeitnehmern tätig. Arbeiteten 1985 täglich 0,6% aller Beschäftigten im Auftrag eines Zeitarbeitsbüros, steigerte sich deren Anteil zehn Jahre später bereits auf 2,15% (zum Vergleich: Deutschland 0,6%). Jeder vierte niederländische Erwerbstätige hat schon einmal in Diensten eines Zeitarbeitsbüros gestanden. Die Zurverfügungstellung von Arbeitskräften wird im Arbeitsversorgungsgesetz (*Arbeidsvoormingswet*) geregelt.

Zeitarbeit bedeutet für viele Niederländer den Einstieg in den Arbeitsmarkt. Insbesondere für ausländische Arbeitnehmer im industriellen Sektor und für viele jugendliche Schulabgänger bilden Zeitarbeitsbüros eine wichtige Anlaufstation für eine Beschäftigungsaufnahme. Fast 30% aller Zeitarbeits-Einsätze münden inzwischen in ein festes Arbeitsverhältnis. Im Jahre 1991 wurde die Arbeitsvermittlung gesetzlich erheblich liberalisiert. Seither übernehmen Zeitarbeitsfirmen für ihre Kunden auch die Suche und Auswahl von festen Mitarbeitern.

Neue Wege der Arbeitsmarkt- und Beschäftigungspolitik

Arbeitsmarktpolik hat in den Niederlanden bislang eine gegenüber der Tarif- und Sozialpolitik stark untergeordnete Bedeutung gehabt. Nach dem Zweiten Weltkrieg schien die Vollbeschäftigung diesen Politikzweig weitgehend entbehrlich zu machen, seit der Zunahme der Arbeitslosigkeit erwies sich die bestehende Arbeitsverwaltung als unfähig, ihrer neuen Aufgabenstellung gerecht zu werden. Ende der 80er Jahre fand vor dem Hintergrund der Massenarbeitslosigkeit eine Umstellung von einer bis dato fast ausschließlich passiven auf eine stärker aktive Arbeitsförderpolitik statt. Seit 1980 haben die Niederlande so gut wie alle im europäischen Bereich diskutierten arbeitsmarktpolitischen Vorschläge mehr oder weniger ausprobiert.

Zu den Konstanten der Arbeitsmarktpolitik zählen neben der Förderung von Teilzeitarbeit vor allem die anhaltend niedrige Tariflohnpolitik sowie die Betonung von Schulungsmaßnahmen. Noch bis Anfang der 90er Jahre lag der Akzent der niederländischen Sozialpolitik darauf, daß ein soziales Auffangnetz ein menschenwürdiges Leben ohne Arbeit sichert. Das geschah durch die Anbindung und Anpassung aller Sozialleistungen an bestimmte Quoten des gesetzlichen Minimumlohns, der seinerseits jährlich der Einkommens- und Kaufkraftentwicklung angepaßt wurde (*Koppelung*). Anfang der 90er Jahre wurde ein Gesetz eingeführt, das die automatische Koppelung von Löhnen und Sozialleistungen an eine bestimmte Quote im Verhältnis von aktiver/nichtaktiver Berufsbevölkerung bindet (zur Zeit beträgt die Meßzahl 82,65%; die reale Quote lag 1996 bei 81,3%).

Eine *Neuorientierung der Arbeitsmarktpolitik* erfolgte seit 1987. Als Organisationsprinzip wurde die Tripartisierung der Verwaltungsvorstände und die Kommunalisierung/Regionalisierung der Arbeitsämter gewählt. Ziel ist die Zusammenfassung von Vermittlung, Beratung und Umschulung hinter einen Schalter. Zukünftig soll sich die öffentliche Arbeitsförderung vorrangig auf die besonderen Problemgruppen des Arbeitsmarktes richten.

Leitbild der Regierung *Kok* seit 1994 ist eine neuerliche Akzentverschiebung weg von bloßer Schulung hin zur aktiven staatlichen Wiedereingliederung von Arbeitslosen auf dem Arbeitsmarkt. Die aktive Arbeitsmarktpolitik für Langzeitarbeitslose erhält durch die Schaffung mehrerer Formen von *öffentlich subventionierten Arbeitsplätzen* eine konkrete Gestalt, die nach dem zuständigen Sozialminister und Sozialdemokraten als *Melkert-Jobs* bezeichnet werden:

- *Melkert-I*: Schaffung von zusätzlichen Arbeitsplätzen für schwer vermittelbare Gruppen im öffentlichen Dienst und im quartiären Sektor (Festanstellung zu einem Teilzeit-Mindestlohn);

- *Melkert-II*: finanzielle und steuerliche Anreize für Arbeitgeber zur Einstellung schwer vermittelbarer Arbeitnehmer (zu einem Tarif, der max. 120% des gesetzlichen Mindestlohns betragen darf) bei gleichzeitiger Vermeidung von Verdrängungskonkurrenz zu bestehenden Arbeitsverhältnissen (Anstellung begrenzt auf längstens zwei Jahre; die maximale Förderprämie beträgt 6.000 Gulden pro Jahr);

- *Melkert-III*: Übernahme ehrenamtlicher Tätigkeit mit Weiterzahlung der Sozialhilfe als Lohn (ab 1996 können Betroffene zur Annahme verpflichtet werden; Voraussetzung ist, das eine Gemeinde sich für derartige Jobs im Rahmen eines Programms bewirbt; darauf basiert die Zuweisung von zuvor festgesetzten Kontingenten);

- In der Stadt Leeuwarden und in einem Stadtbezirk von Amsterdam werden in einem (begrenzten) Experiment die Arbeitslosen mit einem »Bewerbungs-Check« über 18.000 hfl. ausgestattet, den der Unternehmer, der sie einstellt, bei der Gemeinde einlösen kann (sog. *Melkert-IV*).

Bislang ist es aber kaum gelungen, diese Beschäftigten anschließend auf dem regulären Arbeitsmarkt wieder einzugliedern. Faktisch fungieren die sog. Stellenpools (*banenpool*) als »Schlußbaustein«. Die Attraktivität dieser Maßnahmen wird dadurch belegt, daß die *banenpool*-Kontingente völlig ausgeschöpft wurden, zahlreiche Kandidaten stehen auf Wartelisten. Insgesamt will die niederländische Regierung mit staatlichen Zuschüssen 20.000 Stellen für Langzeitarbeitslose in der privaten Wirtschaft und 40.000 im öffentlichen Sektor schaffen, indem man den bisher Arbeitslosen ihre staatliche Unterstützung als Arbeitsvergütung mitgibt.

Eine besondere gesetzliche Regelung (*Jeugdwerkgarantiewet*) besteht seit einem zentralen Abkommen zwischen Regierung und Sozialpartnern Mitte der 80er Jahre für arbeitslose Schulabgänger bis 27 Jahre, die länger als 6 Monate ohne Arbeit sind. Gemeinden garantieren für alle Angehörigen dieser Gruppe einen Arbeitsplatz. Die meisten dieser sog. JWG-Arbeitsplätze sind im öffentlichen Dienst entstanden; die Privatwirtschaft bietet nur einen Bruchteil dieser Plätze an. De facto werden die JWG-Stellen bevorzugt in den vier größten Städten des Landes zur Bekämpfung der nach wie vor sehr hohen Jugendarbeitslosigkeit unter Marokkanern und Türken eingesetzt.

9 Das Poldermodell auf dem Weg zum postindustriellen Sozialstaat

Entwicklung des niederländischen Sozialstaats

Sozialpolitische Maßnahmen spielten zwar in der niederländischen Geschichte immer schon eine gewisse Rolle, aber noch bis weit hinein ins 20. Jahrhundert überließ der Staat die Regelung der sozialpolitischen Versorgung vorwiegend privaten und vor allem kirchlichen Trägern. Der niederländische Sozialstaat hat sich in seinen heutigen Grundzügen erst nach 1945 entwickelt. Bis in die dreißiger Jahre orientierten sich die Niederlande im wesentlichen an den Grundprinzipien der Bismarckschen Sozialpolitik (Beitragsprinzip; Arbeitnehmerversicherungen gegen Unfall, Invalidität, Alter und Krankheit). Nach 1945 fand ein *Wechsel in der Orientierung der niederländischen Sozialpolitik* statt. Während der Emigration erlebten die niederländischen (Sozial-)Politiker in Großbritannien die Diskussion um die von Beveridge angestoßene Reform zum Aufbau eines umfassenden Wohlfahrtsstaates. Diese Erfahrung brachte nach 1945 die Niederlande dazu, ein gemischtes System aufzubauen. Im wesentlichen besteht es aus Arbeitnehmerversicherungen, für die das Beitrags- oder Äquivalenzprinzip gilt (Arbeitslosigkeit, Krankengeld), Volksversicherungen, für die das Solidaritäts- oder Steuerprinzip gilt (Altersgrundrente, Arbeitsunfähigkeitsrente, Krankenversicherung), betrieblichen Zusatzrenten sowie staatlichen Sozialleistungen (Kindergeld, Sozialhilfe). Treibende Kraft beim Aufbau des neuen Systems war in der Nachkriegszeit eine große Koalition aus Katholiken und Sozialisten.

Seit Ende der achtziger Jahre begann in den Niederlanden mit zu-
nehmender Geschwindigkeit der *Umbau des Sozialstaates* in Richtung
Kostenbeherrschung und Leistungsbegrenzung. Gleichzeitig wurde die
Wiedereingliederung von Problemgruppen in den Arbeitsmarkt wich-
tigste Zielperspektive. Die niederländischen Sozialleistungen erreichten
Anfang der 80er Jahre einen Umfang von weit über 30% des BIP. Sie
lagen damit um 15 Prozentpunkte höher als die sozialen Leistungen in
Deutschland oder im Durchschnitt aller OECD-Staaten. Mitte der 90er
Jahre und nach mehreren umfangreichen Reformen im System sozialer
Sicherheit lagen die Niederlande mit ihren Sozialausgaben nur noch
unwesentlich über dem europäischen Mittelwert.

Am Beginn der vorläufig letzten Etappe in der Weiterentwicklung
des niederländischen Versorgungsstaates stand 1989 eine sog. Brandre-
de des damaligen christdemokratischen Premierminister *Lubbers* vor
Studenten der Katholischen Universität Nijmegen. Sein Urteil »Unser
Land ist krank« schlug hohe Wellen, weil nie zuvor ein niederländischer Regierungschef das Anspruchsdenken der eigenen Landsleute so
drastisch an den Pranger gestellt hatte. Seitdem hat die Diskussion um
das niederländische System der sozialen Sicherheit eine neue Qualität
erreicht.

Nach ersten Anläufen, die Auszahlungshöhe der meisten Sozialleistungen um 10 Prozentpunkte zu senken, konzentrierte sich der Umbau zunächst auf die Zweige der Arbeitnehmerversicherungen. In der
Arbeitslosenversicherung wurden die Bezugsbedingungen verschärft.
In mehreren Stufen wurde die Lohnfortzahlung im Krankheitsfall zunächst für eine bestimmte Frist, dann 1995 insgesamt auf die Arbeitgeber übertragen, die damit einen starken Anreiz erhalten haben, um den
relativ hohen Krankenstand in niederländischen Betrieben zu senken.
Politisch sperrigster Brocken war die Reform der bisherigen Arbeitsunfähigkeitsrente (WAO). Sie war als Schlußstück des niederländischen
Wohlfahrtsstaates gedacht, wurde seit dem Anstieg der Massenarbeitslosigkeit Ende der siebziger Jahre zunehmend genutzt, um freigesetzte
Arbeitnehmer bis zum 65. Lebensjahr mit einer Arbeitsunfähigkeitsrente auszustatten. Dies hielt die offiziellen Arbeitslosenquoten niedrig
und war sowohl für den betroffenen Arbeitnehmer, für Arbeitgeber
wie für die Gewerkschaften eine attraktive, aber zunehmend schwer
finanzierbare Lösung. Entsprechend schwer taten sich sowohl Gewerkschaften und Sozialdemokratie, die WAO-Rente auf den Prüfstand zu
stellen. Es bedurfte einer parlamentarischen Enquête-Kommission und
einer schweren Regierungskrise, um die Sozialpartner aus der WAO-
Ausführungsorganisation zu entfernen und Maßnahmen zu vereinba-

ren, die ein weiteres Anwachsen der Leistungsbezieher vermeiden sollten (z. B. periodische Untersuchungen, Verschärfung von Zumutbarkeitsregeln).

Weitere, inzwischen meist an der Lobby der Ärzte und Pharmaindustrie gescheiterte Reformmaßnahmen betrafen eine Systemänderung und Kostendämmung im Gesundheitswesen. In der neuen Regierung unter Wim *Kok* verlagerte sich seit 1994 die Reformtätigkeit auf verschiedene Zweige der sog. Volksversicherungen (Hinterbliebenenversicherung, Kindergeld) und die Sozialhilfe. In der Hinterbliebenenversicherung wurde erstmals das Leitbild der berufstätigen Frau zugrunde gelegt und der versicherte Personenkreis drastisch reduziert. Das neue Sozialhilfegesetz wird von dem Gedanken getragen, daß die Wiedereingliederung in den Arbeitsmarkt höchste Priorität einnimmt. Zugleich wurden Teile der Sozialversicherung in das liberale »Privatisierungsprojekt« aufgenommen (Krankengeld, Arbeitsunfähigkeitsrente), wenngleich es im Augenblick danach aussieht, als ob die meisten Arbeitgeber ab 1998 zunächst im öffentlichen Zweig der Arbeitsunfähigkeitsversicherung bleiben werden.

Strukturen des niederländischen Sozialstaates

Das System sozialer Sicherung in den Niederlanden umfaßt im Kern Sozialleistungen im Falle von Krankheit, Arbeitslosigkeit, Unfall und Invalidität, Altersrenten, Kindergeld sowie Waisen- und Witwenbeihilfen. Das niederländische System kombiniert das Prinzip von steuerfinanzierter Volksversicherung (Alters-Grundrente, Arbeitsunfähigkeitsrente, Krankenversicherung) mit dem von beitragsfinanzierten Arbeitnehmerversicherungen (Arbeitslosigkeit, Krankengeld), betrieblichen Zusatzrenten sowie staatlichen Sozialleistungen (Kindergeld, Sozialhilfe). Systematisch setzt sich das System der sozialen Sicherung aus vier (bzw. mit Einschluß von privaten Versicherungen aus fünf) Teilen zusammen.

Volksversicherungen

Bis 1998 gab es vier Volksversicherungen, und zwar eine Altersrente (AOW), eine Hinterbliebenenrente (ANW), eine Arbeitsunfähigkeitsrente (WAA) sowie die Erstattung von Sonderleistungen im Gesundheitswesen (AWBZ). Das gemeinsame Kennzeichen der Volksversicherungen liegt darin, daß alle Einwohner der Niederlande in ihnen pflichtversichert sind. Für ihre Finanzierung sind Abgaben zu entrich-

Kürzung Mindesteinkommen, Kürzung Sozialhilfe, Abschaffung Invalidenrente, Kürzung Krankengeld, Ende der Rentenversicherung ... »Bei mir bist du schön ..., wir leben von der Stütze, wir leben durch das Krisen-Komitee ...«

Karikatur: Rob Wout (1991)

ten, die mit der Lohn- und Einkommenssteuer in einem Betrag einbehalten werden (als Beitragshöhe für 1998 gilt: AOW = 16,5%; ANW = 1,4%; AWBZ = 9,6%). An der Finanzierung der Volksversicherungen sind die Arbeitgeber nicht beteiligt. Die Verwaltung von Altersrente, Hinterbliebenenrente und Kindergeld liegt bei der Sozialen Versicherungsbank, die Verwaltung der Gesundheitsversicherung bei den Krankenkassen, und die Verwaltung der Arbeitsunfähigkeitsrente liegt bei einer 1995 neu geschaffenen unabhängigen Institution für alle Arbeitnehmer-Versicherungen, nachdem man den öffentlich-rechtlichen

Branchenvereinigungen der Sozialpartner ihre Zuständigkeit auf diesem Feld entzogen hat.

Die Höhe der Leistungen der Volksversicherungen hängt von der Höhe des gesetzlichen (Brutto-)Mindestlohns (GML – dieser betrug 1998: 2.276,30 hfl/Monat) und dem Personenstand des Leistungsempfängers ab. Alleinstehende erhalten derzeit 50–70% des GML, Alleinerziehende 90%, zusammenlebende Paare (Ehepartner, Wohngemeinschaften, zusammenlebende Blutsverwandte) erhalten zusammen 100% des GML. Mit neuen Gesetzen wird versucht, den Mißbrauch gerade bei den schwer zu kontrollierenden Zusammenlebenden einzuschränken.

Altersrente: In den Niederlanden existiert eine vom Staat garantierte Grundrente in Form einer Volksversicherung. Die Grundrente ist für jedermann gleich und beträgt für einen Alleinstehenden maximal 70% des gesetzlichen Mindestlohns (1998: 1.792,82 hfl/Monat). Die Grundrente ist ein Umlagesystem, wobei die heutigen Steuerpflichtigen und Berufstätigen die Renten von morgen finanzieren. Typisch ist ein hohes Maß an Kapitalstockfinanzierung. Die Altersrente ist bisher bei Reformvorhaben noch unangetastet geblieben. Langfristig bereitet die Finanzierung dieses Rentensystems als Folge der zunehmenden »Vergreisung« der Bevölkerung große Probleme. Erwogen wird eine Erhöhung des gesetzlichen Rentenalters (von 65 auf 67 Jahre), fest geplant für die nächste Legislaturperiode ist bereits die Einrichtung eines staatlichen Sondervermögens zur AOW-Finanzierung.

Allerdings bildet die AOW-Rente nur eine Grundrente. Etwa 10% aller Rentenbezieher verfügen über keine weiteren Einkommensquellen. Für die meisten Arbeitnehmer wird die AOW-Rente durch eine betrieblich oder tarifvertraglich vereinbarte Altersversorgung aufgestockt.

Hinterbliebenenversorgung: Als Teil der Koalitionsvereinbarungen nahm Ende Dezember 1995 ein neues Hinterbliebenenrenten-Gesetz (ANW) die letzten parlamentarischen Hürden. Es ersetzt das bisherige Witwen- und Waisenrenten-Gesetz (AWW). In der ab 1996 auf eine neue gesetzliche Grundlage gestellten Hinterbliebenenversorgung ist die Gleichstellung von Mann und Frau in der ehemaligen Witwenrente eingeführt worden. Der Kreis der Leistungsbezieher (maximale Rente: 70% des gesetzlichen Mindestlohns) ist drastisch eingeschränkt worden, insofern seit 1996 eine Einkommensprüfung stattfindet und davon ausgegangen wird, daß im berufsfähigen Alter grundsätzlich eine Erwerbstätigkeit zumutbar ist.

AWBZ-Gesetz: Das Gesetz zur Abdeckung nicht versicherbarer Risiken, chronischer Krankheiten und der intramuralen Versorgung regelt die Kosten für Arzneimittel, für die im übrigen ein Festpreissystem und ein Positivkatalog bestehen, die Kosten für einen Krankenhausaufenthalt sowie alle Kosten, die in Deutschland durch die Pflegeversicherung abgedeckt werden (seit 1996 werden aus AWBZ-Mitteln auch die Altenheime finanziert). Herausgenommen aus dem Katalog der AWBZ-Krankenversicherung wurden u. a. alle Zahnbehandlungskosten für Erwachsene.

Arbeitnehmerversicherungen

Neben den Volksversicherungen bestanden bis Anfang 1996 vier Arbeitnehmerversicherungen gegen die Risiken Arbeitslosigkeit, Arbeitsunfähigkeit, Lohnfortzahlung im Krankheitsfall sowie eine Krankenversicherung. Hierbei handelt es sich um Pflichtversicherungen für alle Arbeitnehmer. Ihre Finanzierung erfolgt aus Beiträgen, die vom Lohn einbehalten werden, und aus Arbeitgeberbeiträgen. Die Höhe der Leistungen dieser Arbeitnehmerversicherungen ist im Prinzip beitragsabhängig und vom Vermögen unabhängig. Arbeitgeber zahlen in den Niederlanden rund ein Fünftel der Sozialbeiträge, während der Hauptanteil direkt von den Arbeitnehmern getragen wird. Insgesamt belaufen sich die Sozialbeiträge in den Niederlanden auf rund 37% des Bruttolohns.

Vorruhestandsregelung: Die Nutzung von Vorruhestandsregelungen (VUT) hat bei einem gesetzlichen Regelpensionsalter von 65 Jahren die Altersgrenze de facto auf etwa 60 Jahre gesenkt. Im Baugewerbe und in einigen anderen Bereichen erlauben tarifvertragliche Regelungen sogar ein Ausscheiden im Rahmen der VUT mit 57,5 Jahren. Entsprechend stark wuchs die finanzielle Belastung für Sozialversicherung und Unternehmen. Seit einiger Zeit gibt es eine starke Tendenz zu einer Änderung resp. völligen Abschaffung der VUT.

Arbeitslosenversicherung: Die Leistungen der Arbeitslosenversicherung sind abhängig von der Erwerbsbiographie vor der Arbeitslosigkeit, vom Lebensalter sowie vom zuletzt verdienten Lohn. Mit steigendem Lebensalter und längerer Beschäftigungsdauer in der Referenzperiode steigt die Zeitdauer, in der das Arbeitslosengeld gewährt wird. Die Dauer der lohnbezogenen Arbeitslosengeld-Zahlung ergibt sich aus der individuellen Arbeitsbiographie und variiert zwischen sechs Monaten und fünf Jahren. Nach Dänemark sind die Nettoauszahlungen im Falle von Arbeitslosigkeit in den Niederlanden höher als in allen anderen EU-Ländern. Das WW-Gesetz besteht aus zwei Versicherungen, die man grob mit der Unterscheidung zwischen Arbeitslosengeld und Arbeitslosenhilfe gleichsetzen kann: einer sog. Wartegeld-Versicherung (*Wachtgeld*; hier besteht eine Verbindung zwischen dem Versicherten und der Branche, in der der Versicherte zuletzt tätig war) und einer anschließenden Arbeitslosigkeits-Versicherung (hier existiert keine solche Verbindung zwischen Branche und Versicherten mehr). Erstere wird allein durch den Arbeitgeber (2,2%) finanziert, der Prämiensatz für letztere wird von Arbeitnehmern (6,45%) und Arbeitgebern (4,15%) aufgebracht.

Lohnfortzahlung im Krankheitsfall: Die Versicherung zur Lohnfortzahlung im Krankheitsfall ist 1996 privatisiert worden. Ziel der Neuregelung war es, die Anreize für Unternehmer zur Senkung des relativ hohen Krankenstandes zu erhöhen. Seit März 1996 ist es allein Sache der Unternehmen, ein Jahr lang für die Lohnfortzahlung im Krankheitsfall zu sorgen. Die Höhe des Krankengeldes hängt vom zuletzt verdienten Lohn und vom Personenstand ab und ist gesetzlich in der Höhe auf 70% begrenzt. Unternehmer entscheiden, ob sie die Kosten selbst tragen oder sich hiergegen privat versichern lassen. Bisher existierte ein staatlicher Fonds für das Krankengeld. In ihn zahlten alle Betriebe die gleichen Beiträge ein, so daß sie finanziell von einem hohen oder niedrigen Krankenstand unberührt blieben. In der neuen Situation können die Unternehmen ihr Krankengeldrisiko bei privaten Versicherern abdecken.

Der im Ausland viel beachtete Schritt war aber weniger drastisch, als es den Anschein hat. Schon anderthalb Jahre zuvor war die Regelung eingeführt worden, daß nach zwei Karenztagen Arbeitgeber das Krankengeld für die ersten zwei (Kleinbetriebe) bzw. sechs Wochen (Großbetriebe) zahlen mußten. Dies deckte ungefähr 90% aller jährlich anfallenden Kosten ab. Insofern war der Privatisierungsakt aus Konsolidierungsgründen nicht mehr zwingend nötig. Er spiegelt eher den vorherrschenden politischen Einfluß der Rechtsliberalen in der Sozialpolitik bis 1995 wider.

Entgegen der Berichterstattung in ausländischen Medien ist das Krankengeldgesetz nicht abgeschafft worden, sondern als Schlußstück der privaten Regelung bestehen geblieben. Es gilt weiterhin für Schwangere und Entbindende, für Teilzeitarbeitnehmer, Arbeitnehmer bei Zeitvermittlungsunternehmen sowie für Arbeitnehmer eines in Konkurs gegangenen Betriebes.

Arbeitsunfähigkeitsrente wird nach einer andauernden Krankheit von mehr als einem Jahr bis zum Erreichen des Rentenalters gewährt, schließt also unmittelbar an das Krankengeld an. Die Höhe der WAO- bzw. AWW-Rente richtet sich nach dem zuletzt verdienten Einkommen und dem Grad der Arbeitsunfähigkeit. Die Regelung war bis Anfang der 90er Jahre extrem günstig, kannte keine periodischen Neubeurteilungen des Grades der Berufsunfähigkeit und ließ sogar eine Verrechnung des Berufsunfähigkeitsgrades mit der Arbeitslosigkeit zu. Die Ursache der Arbeitsunfähigkeit spielte für die Inanspruchnahme der Versicherung keine Rolle. Ausführungsorganisation, Vermögensverwaltung und ärztlicher Kontrolldienst lagen in den Händen der Sozialpartner, die fast 20 Jahre lang die WAO-Rente als arbeitsmarktpolitisches Hilfsmittel zweckentfremdeten.

Der Regierungskompromiß von 1993 brachte hier die Wende und sah folgende Maßnahmen vor: regelmäßige ärztliche Kontrollen, Leistungskürzungen, stärkere Anreize zur Wiederaufnahme von Arbeit, Änderungen der Verwaltungsorganisation. Gleichzeitig wurden alle bisherigen Leistungsempfänger einer Neueinstufung des Grades ihrer Beeinträchtigung unterworfen. Zudem wird nunmehr verlangt, jede passende Arbeit anzunehmen, um eine zumindest teilweise Reintegration in den Arbeitsprozeß zu ermöglichen.

In dem Maß, wie die Zahl der Bezieher von WAO-Renten sank, erhöhte sich im übrigen die Zahl der Arbeitslosengeld-Bezieher. Hier wirken die unterschiedlichen Sicherungssysteme wie kommunizierende Röhren. Insofern ist auch jetzt schon abzusehen, daß in dem Maße, wie WAO- und WW-Leistungen zurückgehen, die Inanspruchnahme der Sozialhilfe steigen wird.

Das **Krankenversicherungsgesetz** (*Ziekenfondswet*) regelt die Übernahme jener Kosten, die nicht im AWBZ geregelt sind. Es wird finanziert aus Beiträgen von Arbeitgeber (5,6%) und Arbeitnehmer (1,2%). Eine gesetzliche Krankenversicherungspflicht besteht nur bis zu einem bestimmten Einkommen von derzeit knapp 63.000 Gulden (für höhere Einkommensgruppen und für Reichsbeamte besteht die Verpflichtung, sich privat zu versichern). Leistungen der Krankenversicherungen werden direkt an den Arzt oder das Krankenhaus gezahlt. Die Leistungen der Krankenversicherungen sind in einem genau beschriebenen Katalog festgelegt. Zusatzversicherungen bei den sozialen Krankenversicherungen sind ebenso möglich wie Zusatzversicherungen bei privaten Kassen.

Verwaltungsstrukturen: Die Verwaltung und Ausführung des Arbeitslosengesetzes, des Krankengeldgesetzes, des Arbeitsunfähigkeitsgesetzes sowie der Invalidenrente aus dem Bereich der Volksversicherung geschahen bis Anfang der 90er Jahre durch die sog. Betriebsvereinigungen. Das sind bzw. waren paritätisch besetzte Körperschaften des öffentlichen Rechts, die Teile der öffentlich-rechtlichen Betriebsorganisation (PBO) ausmachen, an dessen Spitze der SER steht.

Die neue Ausführungsorganisation für Arbeitnehmerversicherungen hat den Einfluß der Sozialpartner stark zurückgedrängt, privaten Versicherern den Zugang zu einem neuen Markt erschlossen und eine neue, unabhängig tätige Institution, das LISV (Landelijke Instituut voor Sociale Verzekeringen), geschaffen. Kritisiert wird in einer ersten Evaluation des neuen Gremiums, daß dieses öffentliche und private Aufgaben vermischt. Die Verwaltung und Ausführung der Krankenversicherung liegen bei den sozialen Krankenkassen (*ziekenfondsen*). Die Verwaltung der Vermögen der Arbeitslosenversicherung und der beiden Arbeitsunfähigkeitsversicherungen geschieht durch drei selbständige Fonds.

Es gibt für die Volks- und Arbeitnehmerversicherungen zwei übergreifende Aufsichtsorgane: zum einen den Sozialversicherungsrat (*Sociale Verzekeringsraad*) sowie den Krankenversicherungsrat (*Ziekenfondsraad*).

Betriebsrenten

Da die Volksversicherungen jeweils nur ein Grundeinkommen decken, sind für die meisten Arbeitnehmer gerade im Bereich der Renten zusätzliche Einnahmen notwendig. Dies geschieht entweder über Betriebsrenten oder durch private Zusatzversicherungen.

Viele Arbeitnehmer sind Mitglied einer betrieblichen Altersversorgung. Die Verwaltung der *bedrijfspensioenen* erfolgt meist durch einen Branchenfonds. Hier findet sich ein sehr heterogenes Bild, was den Umfang der Leistungen anbetrifft und die Voraussetzungen, um Mitglied der betrieblichen Altersversorgung zu werden. Dazu gehören eine bestimmte Einkommenshöhe und eine bestimmte Mindestbeschäftigungszeit im Betrieb. Damit wird die Frage der betrieblichen Alterssicherung für Teilzeitarbeiter, Flexarbeiter und *uitzend*-Arbeitskräfte zu einem vordringlichen Problem der Sozialen Sicherheit in den Niederlanden.

Staatliche Sozialleistungen

Staatlich gewährte Sozialleistungen beziehen sich auf das Kindergeld (AKW), auf die Sozialhilfe und auf Wohngeldzahlungen. Bei den ergänzenden Sozialleistungen gelten das Bedürftigkeitsprinzip und eine starke Kommunalisierungstendenz. Die Inanspruchnahme der Sozialleistungen ist noch immer wesentlich an das Familieneinkommen geknüpft (wobei sich an Stelle der Familie der Begriff der eheähnlichen Gemeinschaft ohne Diskriminierung anderer Lebensformen durchgesetzt hat), dies wird aber zunehmend umstrittener. Arbeitnehmernahe Akteure fordern eine Individualisierung von Auszahlungen, um gerade Frauen eine eigenständigere Position und einen leichteren Übergang ins Berufsleben sowie eine bessere Verteilung von Berufsarbeit und Hausarbeit zu ermöglichen. Ergänzende Sozialleistungen können dabei von allen in den Niederlanden lebenden Personen in Anspruch genommen werden und sind nicht an die Staatsbürgerschaft gebunden.

Kindergeld: Bereits Ende der 80er Jahre war das Kindergeld von einer Volksversicherung zu einem staatlich gewährten Zuschuß umgebaut worden. Eine weitere Änderung des Kindergeld-Gesetzes (AKW) mit bislang differierenden Leistungen je Kind nach Familiengröße trat zu Beginn des Jahres 1995 in Kraft. Die neue Kindergeldregelung, durch die für jedes Kind nunmehr der gleiche Betrag gezahlt wird (430,47 hfl/Monat), bringt dem Staat von 1998 an jährliche Einsparungen von einer Milliarde Gulden.

Sozialhilfe: Ende der 80er Jahre führte eine zugespitzte Mißbrauchsdebatte zu einer Neufassung des Sozialhilfegesetzes. Im Jahre 1996 trat ein neues Sozialhilfegesetz in Kraft, das das aus dem Jahre 1967 stammende *Algemeen Bijstandswet* ablöste. Die Höhe der Sozialhilfe ergibt sich aus der Höhe des gesetzlichen Mindestlohns, dem Personenstand, der Vermögenssituation und dem Alter des Empfängers. Die Höhe der Sozialhilfe unterliegt einer Bedürftigkeitsprüfung (eigenes und Partnereinkommen werden angerechnet; eigener Wohnbesitz hingegen wird nur zum Teil angerechnet). Die Sozialhilfe wird in Abhängigkeit vom Personenstand als bestimmter Prozentsatz des gesetzlichen Minimumlohns gewährt. Zur Zeit erhalten Ehepaare und andere Lebensgemeinschaften Auszahlungen in Höhe von 100% des Minimumlohns, Alleinerziehende 90% und Alleinstehende 70% des Minimumlohns.

Alle Formen ergänzender Sozialleistungen werden von den Gemeinden als Pflichtaufgaben im Rahmen des Prinzips der sog. Mitverwaltung ausgeführt. 90% ihrer Kosten erhalten die Gemeinden erstattet. Die bisher dominierende Einheitlichkeit in der Umsetzung im Rahmen kommunaler Sozialpolitik ist durch die jüngst vorgenommenen Reformen grundsätzlich durch einen eigenständigen Zuständigkeitsbereich der Kommunen differenziert und erweitert worden. Das neue Gesetz bietet einen größeren Spielraum für Kommunen, die Regelungen der Sozialhilfe örtlichen Gegebenheiten anzupassen. Sie erhalten das Recht, Zuschläge (bis max. 20%) zu gewähren. Im Gegenzug für ihre erweiterten Rechte und Zuständigkeiten wurden die Gemeinden aber auch stärker in die Arbeitsmarktpolitik eingebunden. So ist die Verantwortlichkeit für die Zuführung von Sozialhilfeempfängern zum Arbeitsmarkt auf die Kommunen übertragen worden. Geplant ist eine enge Verzahnung der städtischen Sozialämter und der Ausführungsorgane der Sozialversicherungen mit der Arbeitsverwaltung, um die Reintegration von Problemgruppen in den Arbeitsmarkt zu fördern. Gleichzeitig spielen die Gemeinden weiterhin eine Schlüsselrolle bei der Umsetzung der zentralstaatlich finanzierten und geregelten Maßnahmen für eine aktive Arbeitsmarktpolitik (subventionierte Arbeitsplätze und Arbeitgeberzuschüsse).

Insgesamt verfügten 1995 rd. 95.000 niederländische Haushalte nur über ein Einkommen an der Schwelle des sozialen Minimums. Dabei fällt eine deutliche Konzentration auf die vier größten Städte auf, in denen sich fast ein Viertel aller Sozialhilfeempfänger ballt, während im übrigen Land ein Durchschnitt von 11 Prozent gilt.

Bei der Verschärfung von Kontrollen geht es einerseits um die Bekämpfung der Formen von Schwarzarbeit bei gleichzeitigem Bezug von Transferzahlungen für Krankheit oder Invalidität oder Bedürftigkeit. Zum anderen geht es um nicht angemeldete Formen des Zusammenlebens, mit denen versucht wird, die höheren Leistungen für Alleinstehende in Anspruch zu nehmen oder die Inpflichtnahme des Partners zu verhindern. Ausgangspunkt für die Verschärfung von Kontrollen war eine von Professor *van der Zwan* 1994 für die Regierung erstellte Untersuchung über Mißbrauch in der Sozialhilfe. Das vernichtende Fazit dieser Untersuchung lautete, daß bei jedem vierten Fall von Sozialhilfe Betrug eine Rolle spielt und vermutlich der Anteil sogar noch höher ist. Da die Kontrollen in der Vergangenheit sehr oberflächlich waren, fühlten sich offensichtlich viele zum Mißbrauch geradezu eingeladen. Inzwischen verlagert sich die Diskussion auf die Frage, ob die mit den Kontrollen beauftragten kommunalen Sozialämter – was einen erheblich erhöhten Verwaltungsaufwand nach sich zog – nicht an den Erfolgen ihrer Kontrollen beteiligt werden müssen. Bislang fließen die Mehreinnahmen dem Reich zu.

Übertragbarkeit auf Deutschland

Für Deutschland erscheinen mit Blick auf das System der Sozialen Sicherung vor allem zwei Aspekte interessant: Erstens zeigen die Niederlande, daß ein erheblicher inhaltlicher und hier auch organisatorischer Wandel innerhalb eines bestehenden Grundsystems möglich ist. Zweitens liegen die Stärken des niederländischen Sozialstaates aus deutscher Sicht weniger in den Reformprojekten der letzten Jahre. Diese waren vor allem dazu da, hausgemachte Schwierigkeiten zu reparieren oder abzustellen. Von weitaus größerer Anziehungskraft sind einige Grundprinzipien der niederländischen Sozialpolitik: Mit der AOW-Grundrente, die in Abhängigkeit vom Familienstand als bestimmter Anteil des gesetzlichen Mindestlohns gezahlt wird, verfügen die Niederlande über ein Mittel zur Vermeidung von größerer Altersarmut und gleichzeitig über ein Mittel, die Alterssicherung von Beschäftigten mit flexiblen Beschäftigungsverhältnissen, von Teilzeitbeschäftigten und Erwerbslosen auf ein recht solides Fundament zu stellen. Zudem hat die Kapitalstockfinanzierung einige Vorzüge gegenüber dem sog. Generationenvertrag in Deutschland. Auch die niederländische Sozialhilfe besitzt aus deutscher Perspektive Vorzüge: Das gilt für die finanzielle Kompensation der Gemeinden, aber auch für die Tatsache, daß der einheitliche Basisbetrag sehr viel transparenter ist als die Vielzahl der dem Bezug von Sozialhilfe in Deutschland vorgeschalteten Hilfen in besonderen Lebenslagen. Schließlich verfügt das niederländische System der sozialen Sicherung und Hilfen mit seiner starken Ausrichtung der Auszahlungsbeträge an dem gesetzlichen Mindestlohn über einen transparenten und quasi-objektiven Maßstab. Allerdings sollte nicht verschwiegen werden, daß die Überschaubarkeit und Nachhaltigkeit der niederländischen Sozialregelungen durch die große Zahl von Änderungsgesetzen stark gelitten hat und heute einen viel fragmentierteren Charakter aufweist als noch vor dreißig Jahren. Es liegen noch keine verläßlichen Studien darüber vor, wie die Bürger in ihrem Staatsverständnis langfristig davon beeinflußt werden, daß die Produkte staatlichen Handelns eine immer kürzere Mindesthaltbarkeit aufweisen.

10 Das niederländische Gesundheitswesen

Dank des umfassenden Krankenversicherungssystems stehen die Einrichtungen und Leistungen des Gesundheitswesens den meisten niederländischen Bürgern offen. Mit einem jährlichen Umsatz von über 60 Mrd. Gulden bildet das Gesundheitswesen zugleich einen wichtigen Wirtschaftszweig, in dem fast jeder zehnte Arbeitsplatz zu finden ist. Die Finanzierung des Gesundheitswesens erfolgt zur Hälfte aus dem AWBZ-Gesetz und dem Krankenkassengesetz. Weitere Finanzierungsquellen bilden Privatversicherungen sowie Eigenanteile von Versicherten. Strukturreformen des Gesundheitswesens zur Eindämmung der Kostenexplosion haben sich in den letzten Jahren auch in den Niederlanden als politisch nur schwer umsetzbar erwiesen.

Das Gesundheitswesen wird in einen Präventivbereich (finanziert aus staatlichen Mitteln) sowie den Primär- und Sekundärbereich (finanziert aus Versicherungsbeiträgen und staatlichen Subventionen) unterschieden. Der *Präventivbereich* umfaßt den Schutz vor gesundheitlichen Problemen, Krankheiten und Unfällen sowie die Früherkennung von gesundheitlichen Risiken für besonders gefährdete Bevölkerungsgruppen. Die Verantwortung liegt bei den gemeindlichen und regionalen Gesundheitsdiensten, den betriebsärztlichen und schulärztlichen Diensten sowie bei den Mütterberatungsstellen. Der *Primärbereich* umfaßt alle nicht fachärztlichen Einrichtungen. Im Mittelpunkt steht der Hausarzt, der selbst behandelt oder eine Überweisung zu Fachärzten vornimmt. In den Niederlanden sind rd. 40.000 praktische Ärzte und knapp 8.000 Zahnärzte tätig. Die Zahl der Kooperationen im Primärbereich hat stark zugenommen und schließt zunehmend die Zusammenarbeit mit sozialen Einrichtungen ein. Der Sekundärbereich, für den der Zugang über den Primärbereich führt, umfaßt alle stationär oder ambulant erbrachten Leistungen medizinischer Spezialisten in Krankenhäusern, Rehabilitationszentren u.ä. In den Niederlanden ist es nicht zur Herausbildung von Wohlfahrtsverbänden nach deutschem Muster gekommen. Ihre Funktion wird durch die kirchlich begründeten Kreuzvereinigungen und durch ambulante Versorgungszentren übernommen. Dezentralität ist ihr gemeinsames Merkmal. Ihre Haupteinsatzfelder sind die Alten- und Kinderpflege sowie die Mütterfürsorge. Die meisten der landesweit rd. 150 Krankenhäuser, 330 Pflegeheime sowie der knapp 90 psychiatrischen Krankenhäuser werden von Glaubensgemeinschaften getragen.

Drogenpolitik

Die niederländische Drogenpolitik kann sich internationaler Beachtung sicher sein. Das gilt nicht nur für den sog. Drogentourismus aus Richtung Deutschland. Bekannt geworden sind in den letzten Jahren die Kontroversen vor allem mit der französischen Regierung. Die Niederlande unterstützen alle internationalen Bemühungen zur Eindämmung und Bekämpfung des Drogenhandels. Gleichzeitig hat die Regierung den privaten Verbrauch von Cannabis-Produkten (unter 30 Gramm) entkriminalisiert und in Form der Zulassung von staatlich kontrollierten *koffieshops* toleriert. Seit 1995 hat die Politik eine etwas härtere Linie gegenüber den bis dahin rasch zunehmenden *koffieshops* eingeleitet; die Entscheidung darüber liegt bei der einzelnen Gemeinde. Während also Drogen weiterhin nicht grundsätzlich legalisiert sind, liegt der Hauptakzent der niederländischen Drogenpolitik aber weniger im polizeilichen als im gesundheitspolitischen Bereich (Vorbeugung und Behandlung). Hierfür geben die Niederlande jährlich rd. 300 Mio. Gulden aus. Die politische Verantwortung für die Drogenpolitik teilen sich entsprechend das Justiz- und das Gesundheitsministerium. So bestehen eine Reihe von kontrollierten Experimenten mit Blick auf Abhängige von harten Drogen (Methadonbehandlung, Fixerräume etc.).

11 Das niederländische Bildungswesen

Umfang des Bildungswesens

Das Bildungsniveau in den Niederlanden hat sich in den zurückliegenden Jahrzehnten stark erhöht. Es existiert ein deutlicher Zusammenhang zwischen Arbeitslosigkeit und Bildungsniveau: Zwar kommt Arbeitslosigkeit auf allen Bildungsstufen vor, doch konzentriert sie sich besonders unter Schulabbrechern und den Abgängern der unteren Schulformen. Ende 1994 verfügten knapp 16% aller Niederländer zwischen 15 und 64 Jahren über einen Primarschulabschluß, knapp 66% über einen Sekundarschulabschluß und schließlich 18% über einen Hochschulabschluß.

1995 betrugen die Gesamtkosten des Unterrichtswesens knapp 35 Mrd. Gulden. Der Anteil der Bildungsausgaben am BIP lag zwar nach 1970 bei über 7 Prozent, Sparmaßnahmen ließen aber diesen Anteil bis 1993 auf 5,8% und damit noch unter die – allerdings von den meisten Ländern nicht erreichte – UNESCO-Norm von 6% absinken. Auch wenn sich die Ausgaben pro Schüler/Student seit den siebziger Jahren verdoppelt haben, weist der Anteil der Bildungsausgaben am staatlichen Gesamthaushalt einen stetigen Rückgang auf (1970: 26,2%; 1992: 17,4%).

Insgesamt waren 1995 im Bildungswesen rd. 250.000 Menschen beschäftigt. Die Anzahl der Schüler, die Vollzeitunterricht erhielten, lag im gleichen Jahr bei rd. 3,2 Millionen. Davon besuchten allein 1,5 Mio. Schüler die Grundschule. Trotz des gestiegenen Bildungsniveaus haben sich die sozialen Unterschiede ebenfalls erhöht (geringerer und absolut sinkender Anteil von Arbeiterkindern an weiterführenden Unterrichtsformen). Gleichzeitig beginnen sich die Bildungsunterschiede zwischen Männern und Frauen zugunsten letzterer langsam einzuebnen, nachdem in den siebziger und achtziger Jahren die Unterrichtsteilnahme von Frauen deutlich gestiegen war und vor allem Mädchen zunehmend versuchen, ein möglichst hohes Ausbildungsniveau zu erreichen. Der Anteil allochthoner Kinder (absolut: 180.000) im Primarunterricht ist zwischen 1985 und 1995 von knapp 7% auf fast 13% gestiegen. In Amsterdam stellen allochthone Kinder bereits die Mehrheit im Primarunterricht (in ähnlicher Größenordnung liegt der Anteil in Rotterdam). In rund 3% aller Primarschulen liegt der Anteil allochthoner Schüler bei über 75% (sog. schwarze Basisschulen). Die besondere Problematik allochthoner (vor allem marokkanischer) Schüler liegt darin, daß ihre Schulabschlüsse niedriger sind und ihre Abbrecherquote höher.

Entwicklung des Bildungswesens

Bereits 1848 wurde in der niederländischen Verfassung die Freiheit des Unterrichts verankert. Zurückgehend auf eine Verfassungsänderung im Jahre 1917, die einen jahrzehntelangen, von den konfessionell-versäulten Gruppen erbittert geführten Schulkampf abschloß, sind in den Niederlanden staatliche und private Schulen vom Gesetzgeber vollständig gleichgestellt – und zwar vor allem in dem Sinne, daß der Staat die Einrichtungen privater Schulträger zu 100% finanziert (Gebäude, Lehrmittel, Lehrergehälter), sofern diese den gleichen Qualitätsanforderungen genügen. Es gibt also in den Niederlanden kein staatliches Schulmonopol. Hiervon profitierten insbesondere die konfessionellen Schulen (überwiegend katholische und protestantische, in letzter Zeit vermehrt auch jüdische, islamische und hinduistische Schulen), aber auch andere Reformschulen (u. a. Montessori-, Waldorf-, Freinet-, Daltonplan- und Jenaplanschulen). Heute noch besuchen mehr als zwei Drittel aller Schüler eine private Schule.

Seit den sechziger Jahren haben mehrere Reformwellen das niederländische Bildungssystem umgestaltet. Eine Reform des Sekundarunterrichts fand 1968 statt, während die Reform des Primarbereichs erst 1985 Gestalt annahm. Das Schulwesen galt als einer der wenigen Bereiche, in denen sich die versäulten Strukturen weitgehend halten konnten, bevor Mitte der neunziger Jahre Sparzwänge und Managementüberlegungen die Versäulung auch im Schulwesen angingen.

Organisationsprinzipien

Das niederländische Bildungswesen wird durch ein Spannungsverhältnis zwischen Zentralität und Dezentralität gekennzeichnet.

Einerseits liegen die Gründung, die Organisation und die grundsätzliche Ausrichtung einer Schule an religiösen Überzeugungen oder pädagogischen Vorstellungen weitgehend in der Hand des Elternwillens (notwendig sind mindestens 200, in Großstädten 300 Eltern, um die Einrichtung einer neuen Schule zu beschließen). Entsprechend vielfältig sind die Strukturen und Verantwortlichkeiten über mehr als 6.000 Schulträger verteilt. Als Schulträger von etwa 75% aller niederländischen Schulen treten Vereine oder private Stiftungen auf (bei den Basisschulen liegt der Anteil sogar bei über 90%, das sind 7.400 von 8.100 Schulen). Die Anstellung der Lehrer erfolgt durch den resp. beim jeweiligen Schulträger. Kennzeichnend für die Niederlande ist der äußerst geringe Anteil weiblicher Lehrkräfte im weiterführenden Sekundar- und Tertiärunterricht sowie die starke Überalterung der Lehrerschaft. Schulträger im privaten Schulwesen sind die jeweiligen Schulvorstände, im öffentlichen Schulwesen die Gemeinderäte.

Andererseits ist die Zuständigkeit für das Schulwesen stark auf nationaler Ebene zentralisiert. Das Parlament resp. das Ministerium für Erziehung und Wissenschaft legt auf der Grundlage der bestehenden Gesetze mit einer großen Zahl von Rechtsverordnungen und Runderlassen den Rahmen der Schulpolitik fest und greift bindend und detailliert in den täglichen Schulbetrieb der öffentlichen und privaten Schulen (Stundentafeln, Fächerkombinationen, Stundenzahlen, Lehrpläne, Examensregelungen, Anforderungen an die Lehrbefähigung des Schulpersonals) ein. Auf nationaler Ebene organisiert ist auch die Schulaufsicht (Inspektion) mit ihren regionalen Außenstellen.

Das Schul- und Bildungswesen in den Niederlanden kennt eine Vielzahl gut organisierter »versäulter« Interessenvertretungen. Differenziert nach Schulformen, religiösen und pädagogischen Richtungen sowie Berufsgruppen, haben sich diese Gruppen auf nationaler Ebene funktional zu sog. Kuppelorganisationen zusammengeschlossen und lange Zeit dem Beratungs- und Konsultationswesen im Bildungsbereich ihren prägenden Stempel aufgedrückt.

Schulpflicht

Für Kinder im schulpflichtigen Alter ist der Schulbesuch kostenlos (Schulgeldfreiheit; Lehr- und Lernmittelfreiheit), für alle Schüler außerhalb des schulpflichtigen Alters ist mit dem Besuch einer Schule (einschließlich der Universitäten) ein Schulgeld bzw. Studiengebühren zu bezahlen, die sich nach der Höhe der Einkommens- und Vermögenssteuer der Eltern richten.

Die Schulpflicht beginnt im Alter von fünf Jahren. Sie umfaßt 12 Jahre Vollzeit-Schulpflicht (8 Jahre Primarunterricht; 4 Jahre Sekundarunterricht) und endet mit dem Schuljahr, in dem der Schüler sein 16. Lebensjahr erreicht. An die Vollzeit-Schulpflicht schließt sich eine einjährige Teilzeitschulpflicht an (zwei Tage die Woche in einer Einrichtung für Teilzeit-Tagesunterricht), sofern der Schüler keine weiterführende Schule besucht oder eine Lehrlingsausbildung im dualen System durchläuft. Die Quote der Schulabbrecher lag Anfang der neunziger Jahre bei rd. acht Prozent.

Aufbau des Bildungssystems

Im einzelnen setzt sich das niederländische Bildungssystem aus folgenden Komponenten zusammen:

- Grundschule (Primarunterricht)
- Spezialisierte Sonderschulen (Sonderunterricht)
- Sekundarunterricht
- Wissenschaftliche Bildungseinrichtungen (Tertiärunterricht)
- Einrichtungen der Erwachsenenbildung.

Die **Grundschule** (*basisschool*) besuchen Kinder zwischen vier und zwölf Jahren. Zwar beginnt die Schulpflicht erst mit fünf Jahren, die meisten Kinder besuchen jedoch bereits mit vier Jahren die Grundschule, da es formal keine vorschulische Erziehung mehr gibt. In den ersten vier Klassen beträgt der Stundenplan 22 Unterrichtsstunden, in den letzten vier Jahren mindestens 25 Unterrichtsstunden. Jede Schule stellt im Rahmen der allgemein geltenden Rahmenbedingungen einen eigenen sog. Schularbeitsplan auf. Verbindliche Unterrichtsfächer sind

Niederländisch, Rechnen, Geschichte, Erdkunde, Naturkunde, Gemeinschaftskunde, Englisch (im letzten Primarschuljahr) sowie sog. ausdrucksfördernde Fächer. Über die Art und Weise des Unterrichts und über die eingesetzten Bücher entscheidet aber die Schule in eigener Regie. Der Schulträger muß organisatorisch sicherstellen, daß Kinder während der Mittagspause in der Schule bleiben können; für die Durchführung der Kinderbetreuung sind die Eltern allerdings selbst verantwortlich. De facto gibt es in der Grundschule keine Wiederholung eines Schuljahres aufgrund mangelhafter Leistungen. Ein formales Abschlußzeugnis wird am Ende der Primarschule meist nicht ausgestellt, die Entscheidung zwischen Benotung und Beurteilung liegt bei der Schule selbst. Ein Zulassungsausschuß bestimmt über die Aufnahme des Schülers in eine weiterführende Schule.

Spezialisierte **Sonderschulen** besuchen Kinder und Jugendliche mit einem besonderen Förderungsbedarf zwischen drei und einundzwanzig Jahren (auch hier gibt es eine Unterteilung in Primar- und Sekundarbereich). Es gibt insgesamt 15 verschiedene Formen von Sonderschulen u. a. für geistig- und körperbehinderte sowie sinnesgeschädigte Kinder. Die Entscheidung über die Aufnahme eines Kindes trifft der Schulträger der jeweiligen Sonderschule. In den letzten Jahren hat zwar die Idee einer möglichst weitgehenden Kooperation von allgemeinen und Sonderschulen Raum gewonnen und sich in einem Sonderschulübergangsgesetz niedergeschlagen, von einer Integration ist man aber auch in den Niederlanden noch weit entfernt. Der Schulbesuch ist kostenlos, in den meisten Fällen schließt dies auch die Beförderungskosten ein.

Kinder und Jugendliche zwischen 12 und 19 Jahren besuchen im Anschluß an die Grundschule eine der vielen Formen des **Sekundarschulwesens**. Spätestens nach dem dritten Jahr der Sekundarstufe müssen sich die Schüler auf einen bestimmten Bildungsgang festlegen. Zur Untermauerung dieser Wahlmöglichkeit wird seit 1993 in den ersten drei Jahren der Sekundarunterricht in den gleichen 15 Fächern erteilt (*basisvorming*). Grundsätzlich kann man drei Formen niederländischer Sekundarbildung unterscheiden:

– Einrichtungen der »voruniversitären« Bildung (VWO: vorwissenschaftliche Sekundarschulen). Der vorwissenschaftliche Unterricht, der auf den wissenschaftlichen Unterricht an einer Universität oder Hochschule vorbereitet, dauert sechs Jahre und kennt drei Formen: Gymnasium (Pflichtfächer: Latein und Griechisch), Athenäum und Lyzeum (Kombination aus Gymnasium und Athenäum im Anfangsjahr).

– Einrichtungen der allgemeinen Sekundarbildung (MAVO: allgemeinbildende Sekundarschulen der Unterstufe; HAVO: allgemeinbildende Sekundarschulen der Oberstufe). Eigentlich verfolgt der
  fünfjährige allgemeinbildende Unterricht der Oberstufe (HAVO)
  das Ziel, Schüler für die höhere Berufsausbildung an einer Fach-
  hochschule des höheren berufsbildenden Unterrichts (HBO) vor-
  zubereiten. Nicht selten findet aber auch ein Übergang zum VWO-
  Unterricht oder zur MBO-Berufsschule statt. Der allgemeinbildende Sekundarunterricht der Mittelstufe (MAVO) dauert vier Jahre.

– Einrichtungen der berufsbildenden Sekundarerziehung. Der berufsbildende Sekundarunterricht kennt eine untere, mittlere und obere
  Stufe (VBO, MBO, HBO sowie die Sonderform des KMBO). Die
  vierjährige Unterstufe der berufsbildenden Sekundarbildung mit be-
  rufsorientierendem Charakter (VBO) nimmt knapp ein Drittel aller
  Absolventen der Grundschule auf, allerdings mit sinkender Tendenz. In den ersten beiden Jahren dominieren die allgemeinbildenden, in den letzten beiden Jahren stärker auch die berufsbildenden
  Fächer. Diese berufsbildende Sekundarbildung der mittleren Stufe
  (MBO) dauert ebenfalls höchstens vier Jahre. Sie schließt sich entweder einem berufsorientierenden oder einem allgemeinbildenden
  Bildungsgang an. Prägend für diesen Ausbildungsgang ist die ver-
  pflichtende Erfahrung am Arbeitsplatz. Die Ausbildung des höheren berufsbildenden Unterrichts (HBO) findet an Fachhochschulen
  statt.

Am Ende jeden Ausbildungsgangs des Sekundarbereichs steht eine Abschlußprüfung. Die Niederlande kennen neben den schulinternen
Prüfungen eine für alle Schüler der entsprechenden Schulform gleiche
Abschlußprüfung (Zentralabitur). Sinken die Leistungen in einem oder
mehreren der Pflichtfächer, muß das entsprechende Fach wiederholt
werden. Die Übergänge im Sekundarbereich sind vielfältig, so daß die
endgültige Wahl der Schulform bis zum Alter von 15–16 Jahren aufge-
schoben werden kann.

Berufsausbildung: Historisch lag im niederländischen Berufsbil-
dungswesen der Akzent immer schon im Bereich der Allgemein-
bildung. Weit weniger ausgeprägt als in Deutschland ist die zwei- oder
dreijährige Lehrlingsausbildung (LLW) im »dualen System« (zwei Tage
Berufsschulunterricht; drei Tage betriebliche Ausbildung) in rd. 300
Ausbildungsgängen. Zulassungsvoraussetzung ist das Abschlußzeugnis
einer Schule für berufsbildenden Sekundarunterricht der Grundstufe.
Wer das Abschlußzeugnis des Sekundarunterrichts besitzt, kann eine

der längeren drei- bis vierjährigen Ausbildungen absolvieren. Für den Teil ihrer beruflichen Tätigkeit erhalten die Lehrlinge den entsprechenden gesetzlichen Mindestlohn. Nach Abschluß der Lehre kann man seine Ausbildung auch an einer Schule des Berufsbildenden Tertiärunterrichts weiterführen.

Der **wissenschaftliche Unterricht** findet in den Niederlanden an 13 allgemeinen und technischen Universitäten, der berufsbildende Tertiärunterricht an rund 80 (Fach-)Hochschulen statt. Drei Universitäten und einige Fachhochschulen haben eine konfessionelle Grundlage, werden aber vollständig vom Staat finanziert. Teilweise aus staatlichen Mitteln finanziert werden die sieben Theologischen Hochschulen. Älteste Universität ist Leiden (gegründet 1575 durch Wilhelm von Oranien), die sich im 17. Jahrhundert zu einem kulturellen und wissenschaftlichen Zentrum in Europa entwickelte (Medizin, Rechtswissenschaft, Naturwissenschaften). Alle Studierenden bezahlen jährlich eine Studiengebühr (*Collegegeld*) in Höhe von rd. 2.500 Gulden. Die umstrittene Reform der 1986 gesetzlich eingeführten staatlichen Studienfinanzierung ist unter dem Einfluß von Sparmaßnahmen in den letzten Jahren immer wieder auf die politische Tagesordnung gerückt worden. Die öffentliche Studienfinanzierung ist an Studienhöchstzeiten, Studiergeschwindigkeit und an die Studienleistungen gekoppelt (so wird die zum Studienbeginn nur als Darlehen gewährte Studienfinanzierung nur bei nachgewiesenen Studienerfolgen schrittweise in ein Stipendium umgewandelt; nach Ende der Regelstudienzeit fallen zudem höhere Studiengebühren an). Die niederländischen Universitäten kennen nur Studienjahre (von September bis Juni), keine Studiensemester. Der wissenschaftliche Unterricht findet seit 1982 in einer Zwei-Phasen-Ausbildung statt. Die erste, vierjährige (höchstens fünfjährige) Studienphase schließt mit dem Doctoraal-Examen ab (Diplomprüfung resp. Staatsexamen; Titel: drs.). Die zweite Studienphase zielt ab auf den Erwerb von Berufspraxis in akademischen Berufen bzw. dient der Nachwuchsförderung des Hochschulpersonals (nach der Promotion wird der Titel »dr.« verliehen). Die Einstiegsphase des wissenschaftlichen Unterrichts, die nach dem ersten Jahr mit einem propädeutischen Examen abgeschlossen wird, ist in den Niederlanden stark verschult. Nach dem Doctoraal-Examen erfolgt die Ausbildung für die als wissenschaftlichen Nachwuchs vorgesehene Gruppe bis zur Promotion innerhalb von rd. 60 Postgraduierten-Schulen, die eng mit den Universitäten verknüpft sind. Seit 1993 überspannt eine Art Hochschulrahmengesetz (WHW) den gesamten Bereich von Universitäten, Fernunterricht und Fachhochschulen.

Die **Erwachsenenbildung** in den Niederlanden baut auf Abendschulen, Fernlehrinstituten und den sog. offenen Schulen (Volksuniversitäten) auf. Einrichtungen der Erwachsenenbildung wurden Mitte der neunziger Jahre von mehr als jedem dritten Niederländer (1979 noch jedem vierten) genutzt. In Heerlen ist seit 1984 die *Open Universiteit* angesiedelt, die ähnlich wie die Fernuniversität in Deutschland Erwachsenen eine wissenschaftliche Ausbildung im Fernunterricht verschafft, ohne allerdings eine dem Abitur vergleichbare Zugangsvoraussetzung zu kennen (statt dessen credit-point-System). Mit nur 1,7% der Betriebskosten (insgesamt 3,5 Mrd. Gulden 1993) liegen die Aufwendungen für Fort- und Weiterbildung der niederländischen Arbeitgeber im internationalen Vergleich am unteren Ende, allerdings sind die Unterschiede zwischen den Betriebszweigen enorm. Seit 1996 gilt ein neues Gesetz über Erwachsenenbildung und Berufsunterricht (WEB), mit dem die unterschiedlichen Formen dieser beiden Bildungszweige verzahnt werden sollen. Als neue Basis dieses Systems soll ein dichtes Netz von 45 regionalen Weiterbildungszentren dienen. Erstmals werden mit dem WEB privatwirtschaftliche Träger mit den nach dem WEO-Gesetz von 1986 staatlich anerkannten privaten Schulträgern auf eine Ebene gestellt, allerdings mit dem wesentlichen Unterschied, daß privatwirtschaftliche Träger keine finanzielle Förderung durch den Staat erhalten.

Aktuelle Entwicklungen

Zu den aktuellen Entwicklungen im niederländischen Schulwesen zählen verstärkte Anstrengungen zur Überwindung noch bestehender Reste der Versäulung und in enger Verbindung damit die Verringerung der Zahl der Schulen durch Fusionen (1994 gab es noch 8.100 Basisschulen; die Zahl der weiterführenden Schulen halbierte sich zwischen 1992 und 1995 auf unter 800; zwei Drittel aller weiterführenden Schulen sind heute breite Schulgemeinschaften). Weitere Tendenzen sind die vergrößerte Freiheit der Schulen zur Auswahl ihrer Schüler sowie die Veröffentlichung von Leistungsbilanzen einzelner Schulen als Mittel im Wettbewerb um die Einwerbung neuer Schüler. Um den Problemen der starken vertikalen Gliederung des Sekundarstufenbereichs entgegenzuwirken, wurden Übergangsklassen und gesamtschulähnliche Schulzentren geschaffen, in denen mehrere Schulformen organisatorisch unter einem Dach untergebracht worden sind. Seit Mitte der neunziger Jahre gibt es als Ausfluß der sog. Scheveninger Gespräche von 1993 über neue Verwaltungsformen im Primär- und Sekundarunterricht Versuche, Einrichtungen öffentlicher und privater Schulen unter ein gemeinsames Dach zu fügen. Auch gerät die Art und Weise, wie die Gemeinden ihre Verantwortung als Schulträger ausgestalten, in Bewegung.

Zu den Zukunftsproblemen des niederländischen Bildungswesens gehört die Schaffung einer neuen Balance zwischen Zentralität und Dezentralität, zwischen Chancengleichheit und Leistungsprinzip sowie zwischen der Freiheit der Schulwahl von Eltern und Schülern einerseits und sozio-ökonomischem Bedarf andererseits. Es gibt einen ungebrochen starken Andrang in die Einrichtungen des weiterführenden Unterrichts. Zudem gibt es ein stark ausgeprägtes Phänomen der »Überqualifizierung«: fast ein Viertel der Berufsbevölkerung war 1995 in einer Funktion tätig, die niedriger lag, als es nach dem Ausbildungsstand möglich wäre. Zu den Schwachpunkten zählen niederländische Kritiker weiterhin das Fehlen eines entwickelten Systems kontinuierlicher Erwachsenenbildung sowie eines betriebsnahen beruflichen Ausbildungssystems.

Weiterführende Literaturhinweise

In deutscher Sprache

Braun, Dietmar (1989): Grenzen politischer Regulierung. Der Weg in die Massenarbeitslosigkeit. Wiesbaden: Deutscher Universitäts-Verlag.

Catling, Christopher (Hg.) (1991): APA Guides Die Niederlande. Berlin u.a.: RV Reise- und Verkehrsverlag.

Euregio Rhein-Waal (Hg.) (1995): Die Niederlande zusammengefaßt. Kleve: Euregio Rhein-Waal.

Kleinfeld, Ralf (1993): Organisationen und Institutionen der Interessenvermittlung in der niederländischen Verhandlungsdemokratie, in: Ralf Kleinfeld/Wolfgang Luthardt (Hg.), Westliche Demokratien und Interessenvermittlung. Marburg: Schüren-Verlag, S. 223–260.

Kleinfeld, Ralf (1997): Das Niederländische Modell. Grundzüge und Perspektiven einer Modernisierung des Sozialstaats. Studie im Auftrag der Enquete-Kommission »Zukunft der Erwerbsarbeit« des Landtages Nordrhein-Westfalen. Düsseldorf: Landtag NRW Information Nr. 12/492.

Lademacher, Horst (1983): Geschichte der Niederlande. Politik – Verfassung – Wirtschaft. Darmstadt: Wissenschaftliche Buchgesellschaft.

Lademacher, Horst (1993): Die Niederlande. Frankfurt/Berlin: Propyläen.

Lemke, Dietrich (1992): Bildungspolitik in Europa. Perspektiven für das Jahr 2000. Eine Analyse europäischer Bildungssysteme. Hamburg: Hamburger Buchwerkstatt (vor allem S. 129–140).

Lepszy, Norbert (1997): Das politische System der Niederlande, in: Wolfgang Ismayr (Hg.), Die politischen Systeme Westeuropas. Opladen: Leske + Budrich (UTB), S. 321–354.

Ministerium für Auswärtige Angelegenheiten der Niederlande (Hg.) (1994): Die Niederlande im Überblick. Den Haag.

Moritz, Hans-Jürgen (Hg.) (1993): Express Reisehandbuch Niederlande. 2. Auflage. Leer: Mundo Verlag.

North, Michael (1997): Geschichte der Niederlande. München: Beck (Beck'sche Reihe 2078).

Römkens, Leon/Karel Visser (1994): Das Berufsbildungssystem in den Niederlanden. Berlin: CEDEFOP – Europäisches Zentrum für die Förderung der Berufsbildung.

Skiera, Ehrenhard (1991): Das Bildungswesen in den Niederlanden. Geschichte, Struktur und Reform. 2. unveränderte Auflage. Gießen: Verlag der Ferber'schen Universitätsbuchhandlung.

Timmermans, Arco (1991): Königreich der Niederlande, in: Winfried Steffani (Hg.), Regierungsmehrheit und Opposition in den Staaten der EG. Opladen: Westdeutscher Verlag, S. 283–314.

Zahn, Ernest (1993): Das unbekannte Holland. Regenten, Rebellen und Reformatoren. München: Goldmann Taschenbuch 12844 (Originalausgabe erschien 1984 im Siedler Verlag, Berlin).

In englischer Sprache

Andeweg, Ruud/Galen A. Irwin (1993): Dutch Government and Politics. Basingstoke: McMillan.

Bletz, Frans/Willem Dercksen/Kees van Paridon (1993): Shaping Factors the Business Environment in the Netherlands after 1992. Den Haag: Netherlands Scientific Council for Government Policy (Preliminary and background studies V-78).

Britannica Online: Stichwort „The Netherlands" (http:/www.eb.com).

CPB Netherlands Bureau for Economic Analysis (Hg.) (1997): Challenging Neighbours. Rethinking German and Dutch Economic Institutions. Berlin u.a.: Springer Verlag.

Daalder, Hans/Galen A. Irwin (Hg.) (1989): Politics in the Netherlands. How much change? Special Issue of Western European Politics (12. Jg., Heft 1).

Gladdish, Ken (1991): Governing from the Centre: Politics and Policy-Making in the Netherlands. London.

Lijphart, Arend (1975): The Politics of Accomodation. Pluralism and Democracy in the Netherlands. 2. Edition. Berkeley: University of California Press.

Ministry of Education, Culture and Science (Hg.) (1996): The development of education. Education policy in the Netherlands: 1994–1996. National report from the Netherlands. International Conference on Education Forty-fifth Session, Geneva 1996. Zoetermeer: MOCW.

Shetner, William Z. (1997): The Netherlands in Perspective. The Dutch Way of Organizing a Society and its Setting. Utrecht: Nederlands Centrum Buitenlanders.

Visser, Jelle/Anton Hemerijck (1997): »A Dutch Miracle«. Job Growth, Welfare Reform and Corporatism in the Netherlands. Amsterdam: Amsterdam University Press. (deutsche Übersetzung erscheint 1998 im Campus-Verlag, Frankfurt/M.)

In niederländischer Sprache

Centraal Bureau voor de Statistiek (Hg.) (1997): Statistisch Jaarboek 1997. Voorburg/Heerlen: CBS.

Metze, Marcel (1996): De Staat van Nederland op weg naar 2000. Nijmegen: SUN (in samenwerking met CBS en IST).

Sociaal Cultureel Planbureau (Hg.) (1996): Sociaal en Cultureel Rapport 1996. Rijswijk/Den Haag: SCP.

Zanden, J.L. van/R.T. Griffiths (1989): Economische geschiedenis van Nederland in de 20e eeuw. Utrecht: Het Spectrum.

Serviceinformationen:
Adressen und Ansprechpartner

Botschaften/Konsulate

Botschaft der Niederlande in der Bundesrepublik Deutschland

Sträßchensweg 10
D- 53113 Bonn
Tel. 0228-530 50
Fax 0228-23 86 21
E-Mail:
ambbonn@nlgovbon.bn.eunet.de

Kernaufgaben der niederländischen Vertretung in Deutschland sind Politik, Wirtschaft und Handel, Entwicklungszusammenarbeit, konsularische Aufgaben sowie Presse- und Kulturangelegenheiten.

Botschaft der Niederlande in der Bundesrepublik Deutschland Außenstelle Berlin

Friedrichstr. 95
D- 10117 Berlin
Tel. 030-201 20 23
Fax 030-201 20 15

Generalkonsulat der Niederlande

Oststraße 10
D- 40211 Düsseldorf
Tel. 0211-361 30 55
Fax 0211-35 90 40

Paßangelegenheiten, konsularischer Beistand, allgemeine Wirtschaftsfragen und -förderung, Kultur-

austausch zwischen den Niederlanden und Deutschland.

Generalkonsulat der Niederlande

Bockenheimer Landstr. 39
D- 60325 Frankfurt
Tel. 069-97 12 01-0
Fax 069-97 12 01-55

Generalkonsulat der Niederlande

Alsterufer 10
D- 20354 Hamburg
Tel. 040-450 33 80
Fax 040-45 03 50 73

Generalkonsulat der Niederlande

Herdweg 60
D- 70174 Stuttgart
Tel. 0711-29 70 80
Fax 0711-226 48 20

Generalkonsulat der Niederlande

Nymphenburger Straße 1
D- 80335 München
Tel. 089-545 96 7-0
Fax 089-545 96 7-67

Botschaft der Bundesrepublik Deutschland

Groot Hertoginnelaan 18-20
NL- 2517 EG Den Haag
Tel. 070-342 06 42
Fax 070-365 19 57

Diplomatische Vertretung der BRD in den Niederlanden. Förderung der bilateralen Beziehungen in den Bereichen Politik, Wirtschaft, Umwelt, Kultur sowie Rechts- und Sozialwesen; Informations- und Kontaktvermittlung bei grenzüberschreitenden Fragen.

Generalkonsulat der Bundesrepublik Deutschland

De Lairessestraat 172
NL- 1075 HM Amsterdam
Tel. 020-673 62 45

Ansprechpartner für alle konsularischen Fragen.

Tourismus

Algemene Nederlandse Vereniging van VVV's
ANVV

Amerfoortstaete, Hogeweg 25
NL- 3814 CC Amersfoort
Tel. 033-475 60 60
Fax 033-472 31 46

Dachverband der Fremdenverkehrs-büros in den Niederlanden.

Nederlands Bureau voor Toerisme
NBT

Postbus 458
NL- 2266 MG Leidschendam
Tel. 070-370 57 05
Fax 070-320 16 54

Niederländisches Büro für Tourismus

Postfach 270580
D- 50511 Köln
Tel. 0221-92 57 17 27
Fax 0221-92 57 17 37

Touristikinformationen über die Niederlande.

TSM - Ministerie van Economische Zaken
Afdeling Tourisme

Bezuidenhoutseweg 30
NL- 2500 EC Den Haag
Tel. 070-379 66 87
Fax 070-379 60 95

Förderung des Tourismus.

Werkgroep Holland Imago
p/a NBT

Postbus 458
NL- 2266 KA Leidschendam
Tel. 070-370 57 05
Fax 070-320 16 54

Luchthaven Schiphol
Amsterdam Airport Schiphol

Postbus 7501
NL- 1118 ZG Schiphol
Tel. 020-601 91 11
Fax 020-604 14 75

Zweitgrößter Flughafen Europas.

Regierungsstellen der Niederlande

Rijksvoorlichtingsdienst (RVD)
Ministerie van Algemene Zaken

Binnenhof 19, Postbus 20009
NL- 2500 EA Den Haag
Tel. 070-356 40 00
Fax 070-356 46 83

Das staatliche Presseamt informiert über das königliche Haus, die Regierungspolitik und Ministerien; erstellt Informationsmaterialien für die staatlichen Organe.

Huis van H.M. de Koningin

Noordeinde 68
NL- 2500 GK Den Haag
Tel. 070-362 47 01
Fax 070-361 52 14

Der Hofstaat unter Leitung des Oberhofmeisters koordiniert die Aufgaben der königlichen Familie.

Eerste Kamer der Staten-Generaal

Binnenhof 21
NL- 2513 AA 's-Gravenhage
Tel. 070-312 92 00
Fax 070-365 38 68

Erste Kammer des niederländischen Parlaments.

Ministerie van Algemene Zaken

Binnenhof 20
NL- 2513 AA 's-Gravenhage
Tel. 070-356 41 00
Fax 070-356 46 83

Büro des Ministerpräsidenten.

Ministerie van Binnenlandse Zaken

Schedeldoekshaven 200
NL- 2511 EZ 's-Gravenhage
Tel. 070-302 63 02
Fax 070-364 78 19

Innenministerium

Ministerie van Buitenlandse Zaken

Bezuidenhoutseweg 67
NL- 2954 AC 's-Gravenhage
Tel. 070-348 64 68
Fax 070-348 48 48

Außenministerium

Ministerie van Economische Zaken

Bezuidenhoutseweg 30
NL- 2594 AV 's-Gravenhage
Tel. 070-379 89 11
Fax 070-347 40 81

Wirtschaftsministerium

Ministerie van Justitie

Schedeldoekshaven 100
NL- 2500 EH Den Haag
Tel. 070-370 68 50
Fax 070-370 79 00

Justizministerium

Ministerie van Onderwijs, Cultuur en Wetenschappen
OCW

Europaweg 4, Postbus 25000
NL- 2700 LZ Zoetermeer
Tel. 079-353 19 11
Fax 079-353 19 53

Ministerium für Bildung und Wissenschaft

Ministerie van Sociale Zaken Werkgelegenheid

Anna van Hannoverstraat 4,
Postbus 90801
NL- 2509 LV Den Haag
Tel. 0800-90 51 (gratis Info)
Fax 070-333 66 55 (Info)

Ministerium für Arbeit und Soziales

Centraal Bureau voor de Statistiek
CBS

Postbus 4000
NL- 2270 JM Voorburg
Tel. 070-337 38 00 / 045-570 60 00
Fax 070-387 74 29 / 045-572 74 40

Sammlung von Angaben über alle Bereiche des Zusammenlebens zu statistischen Zwecken; diese Daten sind allgemein zugänglich.

Politische Parteien

CDA
Christen Democratisch Appèl

Postbus 30453
NL- 2500 GH Den Haag
Tel. 070-342 48 88
Fax 070-364 34 17
E-Mail: bureau@cda.nl
WWW: http://www.cda.nl

PvdA
Partij van de Arbeid

Postbus 1310
NL- 1000 BH Amsterdam
Tel. 020-551 21 55
Fax 020-551 22 50

VVD
Volkspartij voor Vrijheid en Democratie

Koninginnegracht 57
NL- 2514 AE 's-Gravenhage
Tel. 070-361 30 61
Fax 070-36 08 76

D'66
Democraten 66

Noordwal 10
NL- 2513 EA 's-Gravenhage
Tel. 070-362 15 15
Fax 070-364 19 17

Niederländische Medien

Algemeen Dagblad

Meesweg 35
NL- 3068 AV Rotterdam
Tel. 010-406 60 77

Tageszeitung

De Volkskrant

Wibautstraat 148-150
NL- 1091 GR Amsterdam
Tel. 020-562 92 22
Fax 020-562 62 89

Tageszeitung

Het Financieele Dagblad

James Wattstraat 79
NL- 1097 DL Amsterdam
Tel. 020-592 88 88
Fax 020-592 88 00

Het Parool

Postbus 433
NL- 1000 AK Amsterdam
Tel. 020-562 93 33
Fax 020-562 28 22

*Unabhängige Tageszeitung für
Amsterdam und Umgebung.*

NRC Handelsblad

Postbus 8987
NL- 3009 TH Rotterdam
Tel. 010-406 61 11
Fax 010-406 69 67/8

*Landesweite Abendzeitung mit einer
Auflage von 275.000 Stück.*

Trouw

Postbus 859
NL- 1000 AW Amsterdam
Tel. 020-562 94 44
Fax 020-668 03 89

*Unabhängige Tageszeitung mit
christlich-protestantischem
Hintergrund; gegründet als
Widerstandszeitung während der
Besatzungszeit (Auflage
122.500.Stück).*

Elsevier

P.O. Box 152
NL- 1000 AD Amsterdam
Tel. 020-515 92 22
Fax 020-515 99 00

*Wöchentlich erscheinendes Magazin
über Politik und Kultur (vergleichbar mit „Newsweek").*

Vrij Nederland

Raamgracht 4
NL- 1011 KK Amsterdam
Tel. 020-551 8711
Fax 020-624 74 76

Wöchentlich erscheinendes Magazin.

HP / De Tijd

Herengracht 105-107
NL- 1015 BE Amsterdam
Tel. 020-520 92 22
Fax 020-520 92 15
E-Mail: hpdetijd@worldonline.nl

*Monatlich erscheinendes Magazin
über Politik und Kultur.*

Nederlandse Omroep Stichting
NOS

Postbus 26444
NL- 1202 JJ Hilversum
Tel. 035-677 92 22
Fax 035-677 26 49 (Centraal archief)

*Dachorganisation der öffentlich-
rechtlichen Fernsehsender.*

Radio Nederland Wereldomroep
RNW

Witte Kruislaan 55
NL- 1217 AM Hilversum
Tel. 035-672 42 11
Fax 035-672 43 52

*Weltweites Niederländisches Radio
(vgl. Deutschlandradio).*

Netherlands Press Association
GPD

Casuariestraat 3
NL- 2511 VB 's-Gravenhage
Tel. 070-342 04 20
Fax 070-342 05 35

Niederländischer Pressedienst.

Nederlandse Vereniging van
Journalisten

Joh. Vermeerstraat 22
NL- 1071 DR Amsterdam
Tel. 020-676 67 71
Fax 020-662 49 01

*Niederländische Journalisten-
vereinigung.*

Parlementaire Pers Vereniging
p/a Tweede Kamer

Binnenhof 1 a
NL- 2513 AA Den Haag
Tel. 070-318 22 11
Fax 070-318 23 56

Vereniging van Europese
Journalisten
Nederlandse sectie

Populierendreef 145
NL- 2272 RC Voorburg
Tel. 070-386 67 80
Fax 070-387 08 66

*Vereinigung europäischer Journa-
listen in den Niederlanden.*

Universitäten und Bildungseinrichtungen

Universiteit van Amsterdam UVA
Duits seminarium

Spuistraat 210
NL- 1012 VT Amsterdam
Tel. 020-525 30 68 / 525 30 67

*Deutsche Sprach- und Literatur-
wissenschaft.*

Vrije Universiteit Amsterdam
Studierichting Duitse Taal- en
Letterkunde

De Boelelaan 1105
NL- 1081 HV Amsterdam
Tel. 020-444 64 24
Fax 020-444 65 00

*Vollständiges Germanistik-Curri-
culum: Sprachpraxis, Moderne
Sprachwissenschaft, Sprache und*

Literatur des Mittelalters, Neuere deutsche Literaturwissenschaft (16.-20. Jh.), Landes- und Kulturkunde.

Rijksuniversiteit Groningen
Opleiding Duitse Taal-
en Letterkunde

Postbus 716
NL- 9700 AS Groningen
Tel. 050-363 58 50
Fax 050-363 58 21

Bietet Basisstudium mit weitergehender Spezialisierungsmöglichkeit in Germanistik, Altgermanistik, Deutschlandstudien, Übersetzen und Angewandte Linguistik an; Zusammenarbeit mit den Universitäten Berlin, Bremen, Göttingen, Kiel, Leipzig, Münster, Oldenburg und Wien.

Rijksuniversiteit Leiden
Dutch Studies / Nederlandkunde

Postbus 9515
NL- 2300 RA Leiden
Tel. 071-527 22 33
Fax 071-527 54 97
E-Mail:
koetsier@Rullet.LeidenUniv.nl

Die Universität Leiden bietet ausländischen Studenten die Möglichkeit, den niederländischen Abschluß „doctorandus" in Niederlandekunde zu machen.

Centrum voor Duitsland-Studies
Katholieke Universiteit Nijmegen

Postbus 9103
NL- 6500 HD Nijmegen
Tel. 024-361 29 58
Fax 024-361 59 39
E-Mail: CDS@let.kun.nl
WWW: http://www.kun.nl/cds/

Interdisziplinäre Institution der Universität Nijmegen für Unterricht, Forschung und Dienstleistungen, bezogen auf Deutschland und deutschsprachige Länder. Zusammenarbeit mit dem Zentrum für Niederlande-Studien, Münster.

Universiteit Utrecht

Kromme Nieuwe Gracht 46
NL- 3512 HJ Utrecht
Tel. 030-253 91 11
Fax 030-253 60 83

Deutsche Sprachwissenschaften.

Foreign Student Service

Oranje-Nassaulaan 5
NL- 1075 AH Amsterdam
Tel. 020-671 59 15
Fax 020-673 95 31

Hilfestellung für ausländische Studenten in den Niederlanden: allg. Informationen über Studium und Wohnen, Betreuung, Unterstützung bei der Arbeit; Herausgabe einer Zeitung „Newsletter".

Europäische Schule Bergen

Molenweidtje 5 Postbus 99
NL- 1860 AB Bergen
Tel. 072-589 01 09
Fax 072-589 68 62

Erwerb des Reifezeugnisses, das in allen europäischen Ländern anerkannt wird; einzige europäische Schule in den Niederlanden; Kindergarten, Grundschule und weiterführende Schule.

Rheinisch-Westfälische Technische Hochschule
Lektorat für Niederländisch

Eilfschornsteinstr. 15
D- 52062 Aachen
Tel. 0241-80 67 95
Fax 0241-888 82 69

Sprachkurse, Sprachzertifikat.

Gerhard Mercator Universität Duisburg
Niederländische Studien

Lotharstr. 65, LE506
D- 47057 Duisburg
Tel. 0203-379 24 06
Fax 0203-379 24 02

Westfälische Wilhelms-Universität
Zentrum für Niederlandestudien

Alter Steinweg 6-7
D- 48143 Münster
Tel. 0251-414 22 12
Fax 0251-414 22 20

Vergleich der Länder miteinander als auch die Beziehung zueinander in Politik, Gesellschaft und Kultur.

Geschichte

Algemeen Rijksarchief

Postbus 90520
NL- 2509 LM Den Haag
Tel. 070-331 54 00
Fax 070-331 54 99

Reichsarchiv mit den angeschlossenen 12 Provinzarchiven; z.B. geschichtliche Forschungen und Ahnenkunde, Ausleihe für Ausstellungen, Reproduktionen und beglaubigte Kopien, Führungen, etc.

Rijksinstituut voor Oorlogsdocumentatie

Herengracht 380
NL- 1016 CJ Amsterdam
Tel. 020-523 38 00
Fax. 020-523 38 88
E-Mail: riod@info.nl

Archiv über den Zweiten Weltkrieg; Veröffentlichungen über Forschungsarbeiten; Informationen für jeden zugänglich.

Stichting 1940–1945

Postbus 12288
NL- 1100 AG Amsterdam Z.O.
Tel. 020-660 19 45
Fax 020-660 19 75

*Interessenverband der Widerstands-
kämpfer während der deutschen
Besatzung.*

Stichting ICODO

Maliebaan 83
NL- 3581 CG Utrecht
Tel. 030-234 34 36
Fax 030-236 90 37
E-Mail: icodo@icodo.nl

*Hilfsorganisation sowohl für Kriegs-
opfer aus dem Zweiten Weltkrieg als
auch für Opfer aus gegenwärtigen
Kriegsgebieten (z.B. Asylsuchende
und Kriegsflüchtlinge).*

Grenzüberschreitende Zusammenarbeit/Euregio

Euregio

Postbus 6008
NL- 7503 GA Enschede
Tel. 053-461 56 15
Fax 0049-2562-1639

*Grenzüberschreitende Zusammen-
arbeit besonders in den Bereichen
Raumordnung und Infrastruktur,
Wirtschaft und Technologie, Schule
und Bildung, Erholung und Umwelt
sowie auf dem sozial-kulturellen
Sektor.*

Eems Dollard Regio
Ems Dollart Region

Postbus 43
NL-9693 ZG Nieuweschans
Tel. 0597-52 18 18
Fax 0597-52 25 11

Postfach 1202
D-26828 Bunde

Siehe Euregio.

Euregio Maas–Rijn

Postbus 5700
NL- 6202 MA Maastricht
Tel. 043-389 74 92
Fax 043-389 72 87

*Gebiet Aachen, Limburg, deutsch-
sprachige Gemeinschaft in Belgien,
belgisch-Limburg und Lüttich; siehe
Euregio.*

euregio rhein–maas–nord

Rathaus
D- 41050 Mönchengladbach
Tel. 02161-25 92 30
Fax 02161-25 92 39

*Grenzüberschreitende Zusammen-
arbeit im Gebiet von Mittel- und
Nordlimburg, Krefeld und Mönchengladbach sowie der Kreise
Kleve, Neuss und Viersen.*

Euregio Rijn-Waal

Emmericher Straße 24
D- 47533 Kleve
Tel. 02821-79 30 0
Fax 02821-79 30 30

*Gebiet Wageningen, Boxmeer und
Duisburg; Mitglieder sind unter
anderem deutsche und nieder-
ländische Gemeinden sowie
Handelskammern und andere
Behörden; siehe Euregio.*

Nederlands-Belgisch-Duits Grensoverleg

Postbus 6008
NL- 7503 GA Enschede
Tel. 053-461 56 15

*Grenzüberschreitende Zusammen-
arbeit von Deutschland, Niederlande
und Belgien.*

REGIO Aachen e.V.

Theaterplatz 14
D- 52062 Aachen
Tel. 0241-45 52 00
Fax 0241-45 52 25

*Grenzüberschreitende Zusammen-
arbeit im Gebiet Aachen, Düren,
Euskirchen und Heinsberg;
Koordinierung öffentlicher Förder-
vorhaben; Management des grenz-
überschreitenden EU-Interreg-
Förderprogramms; Beratung für
Grenzgänger.*

Werkgemeenschap Grensland Kreis Heinsberg-Limburg

Postbus 99
NL- 6160 AB Geleen
Tel. 046-478 73 33
Fax 046-478 73 99

*Grenzüberschreitende
Zusammenarbeit; siehe Euregio.*

Stichting Bureau voor Duitse Zaken

Postbus 10505
NL- 6500 MB Nijmegen
Tel. 024-360 24 44
Fax 024-360 27 65

*EG-Verbindungsorgan auf dem
Gebiet der Sozialversicherungen in
den Niederlanden und Deutschland.*

Kulturelle Zusammenarbeit und grenzüberschreitender Austausch

Coordinatiecommissie Internationale Culturele Betrekkingen (CICB) DCO / CS

Postbus 20061
NL- 2500 EB Den Haag
Tel. 070-348 61 78
Fax 070-348 47 16

Abteilung des Außenministeriums zur kulturellen Zusammenarbeit.

Nederlandse Taalunie Algemeen Secretariaat

Stadhoudersplantsoen 2
NL- 2517 JL 's-Gravenhage
Tel. 070-346 95 48
Fax 070-365 98 18

Förderung niederländischer Sprache und Literatur im Ausland.

Stichting Genootschap Nederland– Duitsland

Laan van Vollenhove 2779
NL- 3706 HR Zeist
Tel. 030-6355175 und 0299-646979
Fax 0299-646979

Kulturelle Kontakte mit Deutschland durch Veranstaltung von Lesungen etc. in Amsterdam, Den Haag und Nijmegen.

Stichting Platform Duitsland

Postbus 109
NL- 5056 ZJ Berkel Enschot
Tel. 013-533 24 35
Fax 013-533 49 47
E-Mail: a.keij@fontys.nl

Gegründet 1997 in 's-Gravenhage zur Verbesserung des Status der deutschen Sprache im Niederländischunterricht; Grenzüberschreitende Intensivierung der Kontakte zwischen Schülern, Studenten und Dozenten.

Europese Culturele Stichting

Jan van Goyenkade 5
NL- 1075 HN Amsterdam
Tel. 020-676 02 22
Fax 020-675 22 31
E-Mail: ecsinfo@pi.net

Vereinigung zur Förderung des kulturellen Pluralismus in Europa (Schwerpunkt Mittel- und Osteuropa, Mittelmeerraum).

Europees Platform voor het Nederlandse Onderwijs

Nassauplein 8
NL- 1815 GM Alkmaar
Tel. 072-511 85 02
Fax 072-515 12 21
E-Mail:
algemeen@europeesplatform.nl

Verstärkung des europäischen Gedankens in dem niederländischen Bildungswesen mittels Studienbesuchen, Austauschprogrammen, zweisprachigem Unterricht usw.

Studentenvereniging voor Internationele Betrekkingen

Hugo de Grootstraat 27
NL- 2311 XK Leiden
Tel. 071-527 75 59
Fax 071-527 76 00

Förderung von internationalen Beziehungen zwischen Studenten durch Lesungen, Foren, Kongresse sowie Studienreisen usw.

Goethe-Institut

Herengracht 470
NL- 1017 CA Amsterdam
Tel. 020-623 04 21
Fax 020-638 46 31

Vielfältiges Kulturprogramm; Bibliothek und Informationsstelle für deutsche Sprach, Kultur und Landeskunde.

Goethe-Institut Duits Cultureel Centrum

's-Gravendijkwal 50-52
NL- 3014 ED Rotterdam
Tel. 010-436 54 11
Fax 010-436 70 47
E-Mail: goether@luna.nl
neue Adresse ab 1.9.1998:
Westersingel 9
NL-3014 GM Rotterdam

Siehe Goethe-Institut Amsterdam.

Bundesverband für deutschniederländische Kulturarbeit

Alter Steinweg 6-7
D- 48143 Münster
Tel. 0251-414 22 11
Fax 0251-414 22 20

Deutsch-Niederländische Gesellschaft e.V.

Lindenstr. 7
D- 48161 Münster
Tel. 02534-10 57

Gegründet 1951 zur Pflege deutschniederländischer Beziehungen auf den Gebieten des geistigen, kulturellen und wirtschaftlichen Lebens im Grenzgebiet (z.B. Vortragsveranstaltungen, Exkursionen, Tagungen).

Deutsch-Niederländische Gesellschaft e.V. Geschäftsstelle Berlin

Mauerstr. 81-82
D- 10117 Berlin
Tel. 030-22 08 92 70
Fax 030-229 91 13

Pflege freundschaftlicher Beziehungen mit Bürgern, Vereinigungen und Einrichtungen; Forschung nach historischen und kulturellen Gemeinsamkeiten.

Deutsch-Niederländische Gesellschaft zu Aachen e.V. DNG

Rhein-Maas-Str. 2
D- 52066 Aachen
Tel. 0241-60 94 30
Fax 0241-60 39 70

Die DNG besteht aus ca. 300 Mitgliedern und fördert das gegenseitige Kennenlernen von Niederländern und Deutschen durch Veranstaltungen auf unterschiedlichen Gebieten (z.B. Konzerte, Lesungen, Exkursionen usw.).

Deutsch-Niederländische Kulturbörse Kleve

Postfach 1960
D- 47517 Kleve
Tel. 02821-842 67 / 843 58
Fax 02821-845 11

Forum professioneller Kunst beider Länder; Austausch von Kulturangeboten.

**Duitse Internationale Club in Nederland /
Deutscher Internationaler Club in den Niederlanden**

Postbus 65786
NL- 2506 EB Den Haag
Tel. 070-391 41 07

Nederlandse Bond in Duitsland e.V.

Memeler Str. 26
D- 48529 Nordhorn
Tel. 05921-185 07
Fax 05921-778 32

Kümmert sich um soziale und kulturelle Bedürfnisse der in Deutschland lebenden Niederländer und fördert die völkerüberschreitende Verständigung.

Wirtschaft und Arbeit

Nederlands-Duitse Kamer van Koophandel

Postbus 80533
NL- 2508 GM Den Haag
Tel. 070-311 41 14
Fax 070-363 22 18
E-Mail: ndkvk@bart.nl

Bietet Dienstleistungen und Informationen für deutsche Unternehmer in den Niederlanden an; Förderung der bilateralen Handelsbeziehungen zwischen den beiden Ländern.

Deutsch-Niederländische Handelskammer

Postfach 320213
D- 40417 Düsseldorf
Tel. 0211-4987201
Fax 0211-4987222

Bietet Dienstleistungen und Informationen für niederländische Unternehmer in Deutschland an; Förderung der bilateralen Handelsbeziehungen zwischen den beiden Ländern.

Vereniging VNO–NCW

Postbus 93002
NL- 2509 AA Den Haag
Tel. 070-349 03 49
Fax 070-349 03 00

Größter niederländischer Unternehmensverband, dem rund 80.000 Betriebe zwecks wirtschaftlicher, technologischer und sozialer Belange der Firmen angeschlossen sind.

Nederlands Centrum voor Werkloosheidsvraagstukken

Wirdumerweg 41
NL- 9917 PB Wirdum
Tel. 0596-57 18 70
Fax 0596-57 13 32

Informationen über Arbeit & Arbeitslosigkeit.

Sonstige

Het Internationale Gerechtshof

Carnegieplein 2
NL- 2517 KJ 's-Gravenhage
Tel. 070-302 23 23
Fax 070-364 99 28

Internationaler Gerichtshof

European Bureau of Library Information & Documentation Associations

Postbus 43300
NL- 2504 AH Den Haag
Tel. 070-309 06 08
Fax 070-309 07 08
E-Mail: eblida@nblc.nl
WWW:
http://www.kaapeli.Fi/~eblida

Dachorganisation von Nationalbibliotheken, Informations-, Dokumentations- und Archivorganisationen sowie einzelnen Instituten in Europa.

Autorenverzeichnis

Hermann W. von der Dunk, Prof. Dr., geb. 1928, ist emeritierter Ordinarius an der Universität Utrecht für Neueste und Kulturgeschichte. Er publizierte Bücher, Essays und Aufsätze über niederländische, deutsche und allgemein-europäische Geschichte sowie über geschichtstheoretische und historiograghische Themen.

Ralf Kleinfeld, Dr., geb. 1952, ist Akademischer Oberrat im Fach Politikwissenschaft an der FernUniversität Hagen. Forschungsschwerpunkte: Niederlande-Forschung, Vergleich europäischer Wohlfahrtsstaaten, Verbändeforschung, Kommunalpolitik.

Bernd Müller, Dr. phil., studierte niederländische Philologie und Germanistik an den Universitäten von Münster, Amsterdam und Löwen, promovierte an der Universität von Amsterdam. Lebte 12 Jahre in Amsterdam und arbeitete in dieser Zeit an der Journalistenschule in Utrecht und an der Freien Universität Amsterdam. Seit 1997 Leiter des Landespresse- und Informationsamtes NRW und Sprecher der Staatskanzlei.

Kees van Paridon, Prof. Dr., ist Mitarbeiter beim Wissenschaftlichen Rat für Regierungspolitik der Niederlande. Seit 1992 ist er außerdem auch außerordentlicher Professor des Lehrstuhls für »Geschichte und Struktur der deutschen Wirtschaft nach 1945 und der niederländisch-deutschen Wirtschaftsbeziehungen«. Er veröffentlichte zahlreiche Studien über Strukturpolitik, Arbeitsmarkt und Wettbewerbsposition sowie über die deutsche Wirtschaft und die niederländisch-deutschen Wirtschaftsbeziehungen.

Günther Schmid, Prof. Dr., Direktor der Abteilung Arbeitsmarktpolitik und Beschäftigung am Wissenschaftszentrum Berlin für Sozialforschung (WZB) und Professor für politische Ökonomie an der Freien Universität Berlin.

Kurt P. Tudyka, Prof. Dr. rer. pol., ist emeritierter Professor an der Katholischen Universität Nijmegen, dort Lehrstuhlinhaber für politische Wissenschaft und Internationale Beziehungen von 1972 bis 1992; seit 1997 wohnhaft in Bonn.

160 Seiten
Broschur
85 Abbildungen in Farbe
und schwarz-weiß
durchgehend zweisprachig
Deutsch und Niederländisch
1. Auflage September 1998
ISBN 3-929979-41-1
DM 32,– | ÖS 234,– | sFr. 29,50

Hallo Nachbar! ... Dag Buurvrouw!

Nederlands-Duitse betrekkingen in cartoons
Deutsch-niederländische Beziehungen in der Karikatur

*Herausgegeben von der Botschaft der
Bundesrepublik Deutschland in Den Haag
und Walther Keim*

Weltweit gibt es kaum zwei Länder, die politisch und wirtschaftlich enger miteinander verflochten sind als Deutschland und die Niederlande. In der gegenseitigen Wahrnehmung treten aber auch Vorbehalte gegen den anderen zutage, die oft eigene Unsicherheiten und Ängste spiegeln.

Führende Karikaturisten beider Länder kommentieren in 85 Karikaturen aus den Jahren 1949 bis 1998 das wechselvolle Verhältnis zwischen Deutschen und Niederländern. In ihren Zeichnungen greifen sie unter anderem auf: die deutsche Besatzung 1940 – 1945, die deutsche Wiedervereinigung, die Rolle der Niederlande und Deutschlands in der Europäischen Union, Ausländerfeindlichkeit, genmanipulierte Lebensmittel, Drogen- und Abtreibungsrecht. Abgerundet wird der Band durch elf nicht minder amüsante und scharfsinnige Beiträge deutscher und niederländischer Autoren.

Der Anhang stellt Karikaturisten und Autoren in kurzen Biographien vor und hält eine Chronologie der deutsch-niederländischen Beziehungen seit 1946 bereit.

agenda global

Christian P. Scherrer

**Ethno-Nationalismus
im Zeitalter der Globalisierung**

Ursachen, Strukturmerkmale und Dynamik
ethnisch-nationaler Gewaltkonflikte

**Mit seiner Studie legt Christian
P. Scherrer das erste Buch zum
Ethno-Nationalismus aus
globaler Perspektive vor.**

Christian P. Scherrer

**Ethno-Nationalismus im
Zeitalter der Globalisierung**

Ursachen, Strukturmerkmale und
Dynamik ethnisch-nationaler
Gewaltkonflikte

agenda global, Band 9
400 Seiten
DM 38,–
öS 277,–
sFr 35,–
ISBN 3-929440-97-0

**„Ethno-Nationalismus im Welt-
system" von Christian P. Scherrer
erschien 1996 im agenda Verlag.**

Zum Buch

Ethnische Kriege machen zwei Drittel aller Gewaltkonflikte
aus. Der globale Trend zum Ethno-Nationalismus hat sich
seit dem Ende der Kolonialzeit kontinuierlich verstärkt.
Ethnizität ist aber weder ein Erklärungsgrund noch ein
Feigenblatt, wenn andere Deutungen versagen: Ethnische Gewalt ist eine Antwort auf schwere, anhaltende Krisen.

Krieg und Flüchtlingselend in der Dritten Welt haben auch
hierzulande weite Kreise der Bevölkerung schockiert. Über
die Ursachen und die Mechanik der Gewaltausbrüche aber
ist nur wenig bekannt. Scherrers Buch klärt auf: über De-
kolonialisierung und Separatismus, über staatliche Instabilität und Zerfall, über die vergessenen Kriege unserer Zeit.
Für Wissenschaftler und politisch Interessierte gleichermaßen geeignet.

Der Autor

Dr. phil. Christian P. Scherrer, geb.
1954, ist Leiter des Ethnic Conflict
Research Project (ECOR) in Tegelen/
NL. Er war Lehrbeauftrager an der
Universität Zürich und arbeitete als
Konfliktforscher u.a. für INGOs und
verschiedene UN-Organisationen.
Von 1990 bis 1995 betrieb er Feld-
studien in Kriegsgebieten der Dritten
Welt, u.a. in Zentralamerika, Südost-
asien, Nordost- und Zentralafrika.

agenda Verlag • Hammer Straße 223 • 48153 Münster • Tel.: (0251) 79 96 10 • Fax: (0251) 79 95 19

Ein philosophisches, historisches und friedenswissenschaftliches Plädoyer für eine globale Friedensordnung.

Volker Bialas

Die zwei Gesichter

einer neuen Erde

Weltherrschaft und Kooperation als widerstreitende Prinzipien planetarischer Neuordnung

agenda Frieden, Band 24
140 Seiten
DM 34,–
öS 248,–
sFR 31,50
ISBN 3-89688-008-X

Zum Buch

Wie wird die Welt im 21. Jahrhundert aussehen? Wird es ein „Ende der Geschichte", einen „Kampf der Kulturen" à la Huntington geben? Die Industrienationen des Westens schikken sich an, ihre ökonomischen Interessen weltweit durchzusetzen – wenn nötig, auch mit militärischer Gewalt. Alles in allem: Die Perspektiven sind beunruhigend.

Volker Bialas kritisiert die Weltherrschaftsambitionen des Westens und entwirft eine Vision für das kooperative Zusammenleben der Völker. Wesentlich für eine solidarische Weltgesellschaft sind die Durchsetzung der individuellen und sozialen Menschenrechte und die gleichberechtigte Teilhabe der Staaten am internationalen Wirtschaftsgeschehen.

Das Buch richtet sich an alle, die über die Möglichkeit einer globalen Friedensordnung intensiv nachdenken wollen. Anstoß zum Weiterdenken geben die zahlreichen Bezüge zu philosophischen und theologischen Friedensentwürfen.

agenda Verlag • Hammer Straße 223 • 48153 Münster • Tel.: (0251) 79 96 10 • Fax: (0251) 79 95 19

agenda

Schriftenreihe des
Österreichischen Studienzentrums
für Frieden und Konfliktlösung – ÖSFK (Hrsg.)
– Studien für europäische Friedenspolitik –

Gerald Mader / Wolf-Dieter Eberwein / Wolfgang R. Vogt

Europa im Umbruch

Chancen und Risiken der Friedensentwicklung nach dem Ende der Systemkonfrontation

2 Band

Koordination: Wolf-Dieter Eberwein

Der zweite Band einer umfassenden Reihe zur Friedensgestaltung in Europa

ÖSFK (Hrsg.)

Gerald Mader,
Wolf-Dieter Eberwein,
Wolfgang R. Vogt

Europa im Umbruch

Chancen und Risiken der Friedens-
entwicklung nach dem Ende der
Systemkonfrontation

Schriftenreihe des ÖSFK
Studien für europäische
Friedenspolitik, Band 2
346 Seiten

1997
DM 42,– / öS 307,– / sFr 39,–
ISBN 3-89688-006-3

Zum Buch

Dieser Band 2 des ÖSFK-Forschungsprogramms »Friedens-macht Europa« (insgesamt zehn Bände) leistet eine systematische Bestandsaufnahme der Strukturbedingungen und Entwicklungstendenzen innerhalb Europas und im internationalen System mit Beiträgen von Jan Bongaerts, Michal Buchowski, Ernst-Otto Czempiel, Pál Dunay, Wolf-Dieter Eberwein, Hartmut Elsenhans, A.J.R. Groom, Marc Holitscher, Christoph Hubig, Zaki Laïdi, Egon Matzner, Dieter Ruloff, Udo Ernst Simonis, Peter Wallensteen und Petra Weyland.

Die Schriftenreihe wird gefördert vom Bundesministerium für Unterricht und kulturelle Angelegenheiten, Wien, und vom Bundesministerium für Wissenschaft, Forschung und Kunst, Wien.

Die »Studien für europäische Friedenspolitik«

dokumentieren in zehn vorgesehenen Bänden die Ergebnisse eines bis zum Jahre 1998 angelegten Forschungsprogramms des Österreichischen Studienzentrums für Frieden und Konfliktlösung (ÖSFK). Das Programm sieht die systematische Erfassung der friedens- und sicherheitspolitischen Bedingungen und Entwicklungen nach dem Ost-West-Konflikt vor. Es erschließt perspektivisch Möglichkeiten für die zivilisierte Friedensgestaltung in Europa.

agenda Verlag • Hammer Straße 223 • 48153 Münster • Tel.: (0251) 79 96 10 • Fax: (0251) 79 95 19

Österreichisches Studienzentrum
für Frieden und Konfliktlösung
(Hrsg.)

Gerald Mader/Wolf-Dieter Eberwein/
Wolfgang R. Vogt

**Europäische Friedens-
ordnung**

Konturen einer Sicherheitsarchitektur

Studien für europäische Friedenspolitik, Band 3

392 S.

DM 42,–
öS 307,–
sFr 39,–
ISBN 3-89688-020-9

**Die »Studien für europäische
Friedenspolitik«**

dokumentieren in zehn vorgesehenen Bänden die Ergebnisse eines bis
zum Jahre 1998 angelegten Forschungsprogramms des Österreichischen Studienzentrums für Frieden
und Konfliktlösung (ÖSFK). Das
Programm sieht die systematische
Erfassung der friedens- und sicherheitspolitischen Bedingungen und
Entwicklungen nach dem Ost-
West-Konflikt vor. Es erschließt
perspektivisch Möglichkeiten für
die zivilisierte Friedensgestaltung in
Europa.

Zum Buch

Dieser Band 3 des ÖSFK-Forschungsprogramms
»Friedensmacht Europa« (insgesamt zehn Bände) befaßt
sich mit den institutionellen und interessenpolitischen
Grundlagen für die Entwicklung einer integrierten euro-
päischen Sicherheitsarchitektur mit Beiträgen von Jacques
Attali, Patricia Bauer, Didier Bigo, Carl Conetta, Martina
Fischer, Heinz Gärtner, Wilfried Gerhard, Laurent
Goetschel, Wilfried Graf, Jutta Koch, Volker Matthies,
Peter Robejsek, Georg Schöfbänker, Henning Sørensen,
Albert Statz, Ronald Tuschl, Lutz Unterseher und
Christoph Zürcher.

agenda Verlag • Hammer Straße 223 • 48153 Münster • Tel.: (0251) 79 96 10 • Fax: (0251) 79 95 19

agenda Zeitlupe

Dr. med. Doris Saynisch

Arzt und Patient:
Die bedrohte Beziehung

Ein ärztlicher Befund

Endlich kämpft eine Ärztin für das, was viele Patienten seit langem fordern: die Wiederentdeckung der „Sprech-Stunde".

Ein streitbares Buch, eine engagierte Autorin, ein Thema, das viele bewegt.

Dr. med. Doris Saynisch

**Arzt und Patient:
Die bedrohte Beziehung**

Ein ärztlicher Befund

agenda Zeitlupe, Band 12

112 Seiten

DM 19,90
öS 145,–
sFr 19,–
ISBN 3-89688-012-8

Zum Buch

In atemberaubendem Tempo hat sich der Gesundheitssektor seit den 50er Jahren entwickelt. Die grandiosen medizinischen Erfolge aber zeitigten ihre Folgen: Selbstherrlichkeit und kalte Künstlichkeit prägen die moderne Medizin. Auf der Strecke geblieben ist die menschliche Nähe, das Gespräch zwischen Arzt und Patient.

Dr. med. Doris Saynisch, Internistin im Ruhestand, unterzieht ihren Berufsstand und die Arzt-Patienten-Beziehung einer (selbst-)kritischen Prüfung. Dabei greift sie auf eigene Erfahrungen ebenso zurück wie auf die ärztliche und gesundheitspolitische Praxis anderer Länder.

Die Besinnung auf den Kontakt zwischen Arzt und Patient als Ausdruck von Menschlichkeit, von Geben und Nehmen und von ethischer Übereinstimmung – das sind die zentralen Forderungen der Autorin. Ein engagiertes, gut verständliches und durchaus polemisches Sachbuch, das seine Leser finden wird.

Die Autorin

Dr. med. Doris Saynisch, geb. 1921, Ärztin im Ruhestand, praktizierte jahrzehntelang als Internistin in Berlin und Hamburg. Seit Beginn der achtziger Jahre befaßt sie sich eingehend mit strittigen Themen im Schnittfeld Medizin und Gesellschaft. Sie pflegt den intensiven Diskurs mit Fachkollegen, Philosophen und Ethikern und hat in bis dato über 100 Leserbriefen – u.a. an *Die Zeit, Die Welt*, die *FAZ*, die *Ärztezeitung* und die *Medical Tribune* – zu medizin-ethischen Fragen Stellung bezogen.

agenda Verlag • Hammer Straße 223 • 48153 Münster • Tel.: (0251) 79 96 10 • Fax: (0251) 79 95 19

Johann S. Ach,
Mechthild Bedenbecker-Busch,
Matthias Kayß (Hrsg.)

Grenzen des Lebens – Grenzen der Medizin

Ist moralisch erlaubt,
was medizinisch machbar ist?

Edition Volkshochschule, Band 3
1997
ISBN 3-89688-017-9
192 S., DM 29,80

*Die Edition Volkshochschule wird heraus-
gegeben von der Volkshochschule Münster.
Die Publikationsreihe dokumentiert, analysiert
und beschreibt neue Wege im Prozeß lebens-
langen Lernens. Edition Volkshochschule ist ein
Organ aus der Praxis für die Praxis der
modernen Weiterbildung.*

Zum Buch

Der rasante technologische Fortschritt in der Medizintechnik
hat uns im Laufe der letzten Jahrzehnte eine Fülle neuer, aber
auch zunehmend problematischer Behandlungs- und Eingriffs-
methoden beschert. Doch diese immensen technischen Möglichkeiten lassen die Frage immer dringlicher erscheinen: Dürfen
wir alles, was wir können? Wie ist ein verantwortungsbewußter
Umgang mit den Grenzbereichen menschlichen Lebens zu gewährleisten?

Dieses Buch leistet einen wichtigen Beitrag zur unverzichtba-
ren öffentlichen Debatte über Möglichkeiten und Grenzen der
Medizin. Es diskutiert ethische Grundfragen in verschiedenen
zentralen Bereichen. Zur Sprache kommen Themen wie Abtreibung, Sterbehilfe, Organtransplantation, pränatale Diagnose und
Gentechnologie.

Mit Beiträgen von Johann S. Ach, Dieter Birnbacher,
Susanne Boshammer, Christina Hölzle, Matthias Kayß,
Dorothee Kleinschmidt, Christa Runtenberg, Ludwig Siep,
Urban Wiesing.

agenda Verlag • **Hammer Straße 223** • **48153 Münster** • **Tel.: (0251) 79 96 10** • **Fax: (0251) 79 95 19**

Bernd Müller/Friso Wielenga
(Hrsg.):

Kannitverstan?

Deutschlandbilder aus den Niederlanden

1995
agenda Zeitlupe, Band 6
208 Seiten
DM 19,80
ISBN 3-929440-63-4

Eine differenzierte und nuancenreiche
Analyse, die zeigt, daß das Bild der
Deutschen in den Niederlanden besser ist
als sein Ruf. Mit der ersten
deutschsprachigen Ausgabe des
Clingendael-Reports.

agenda Verlag • Hammer Straße 223 • 48153 Münster • Tel.: (0251) 79 96 10 • Fax: (0251) 79 95 19